U0138435

醫生，
我可以運動嗎？

家庭必備16種運動處方

The complete guide
to teaching exercise to special populations

摩克‧庫爾森 Morc Coulson 著

吳春諭 譯

目錄

前言

　　早在我非常年輕的時候，就很注重身體活動，尤其是運動更是我生活中重要的事。我很幸運擁有拳擊的天賦，而且從小到大一直都有幸遇到願意協助栽培我這項潛能的人。維持強健的體能是拳擊運動中不可或缺的一環，也是我能繼續待在我所熱愛的拳擊界裡的關鍵。此外我也感受到隨之而來的好處——在心理上和情緒上產生一種幸福安適的感覺。因此我鼓勵任何有意從事體力活動指導教練的人多充實知識，以幫助各行各業的人都能像我一樣從中感受到益處。不論你有豐富經驗還是才剛入門，《醫生，我可以運動嗎？——家庭必備16種運動處方》所提供的各種健康狀況相關應用與理論知識，都會是極有裨益的參考資訊。

東尼・傑佛瑞斯　　職業拳擊手

　　西元2008年奧運拳擊比賽銅牌得主。職業賽：七勝一平局。業餘賽：95場。代表英國出賽：56次。2008年BBC東北地區體壇年度風雲人物。2008年歐洲盃業餘拳擊錦標賽銀牌得主。2005年歐洲盃業餘拳擊錦標賽銅牌得主。2004年歐洲盃業餘拳擊錦標賽銅牌得主。

致謝

　　只是想扼要的對所有協助過本書的人表達感謝，特別是攝影克里斯・希倫和我的妻子羅芮塔，她提醒我男人的皮膚比女人厚，而這就是為什麼她老是覺得冷的原因！

摩克・庫爾森
2011

引言

　　本書的主要目的是提供實用資訊給那些指導「特殊族群」（即有特殊健康顧慮者）做體力活動的業界人士或有志入門的人。而對於那些本身就是特殊族群一員，也有心做些體力活動的個人來說，這本書也很有參考價值。本書的取材設計也可以作為加強專業資格訓練的學習手冊，因為書中的資訊都是根據最新的研究文獻，或是相關專業機構發表的報告。有些書中不斷提到的名詞對部分讀者來說可能很陌生。舉例來說，「體力活動」（physical activity）就泛指任何可以增加能量消耗的動作、運動或是活動。它的範圍廣泛，從健身中心的運動到修剪花草或洗車之類的活動都包含在內；另一個讀者可能較陌生的詞彙是部分診斷檢驗中所用到的測量單位名稱——毫莫耳（mmol），簡單來說就是指非常微小的量。例如檢驗血液中膽固醇含量時，所使用的單位就是每公升毫莫耳（mmol/l）。

▶▶ 特殊族群

　　「特殊族群」（special population）這詞彙並沒有全球公認的定義，但它通常是指有特定健康問題的一群人之統稱。這個名詞可能源自於健身行業，健身教練要經過合格的訓練並取得證照才能為那些顯然是「健康人士」之外，有特殊顧慮的人規劃指導體力活動課程。換句話說，那些有特殊健康問題的人要找的並不是一般合格的健身教練，他們需要的是特別針對那些健康問題而設計的特殊訓練計畫。根據英國衛生部於2001年成立的國家品質保證架構（The National Quality Assurance Framework）中的規範，負責為中低風險病患規劃並指導體力活動課程的人，最起碼得是通過認證具備合格運動轉介資歷的第三級高級指導員。當病患經過確診後，通常會在家庭科醫師的診所或醫療中心接受評估並訂定出個別的體力活動計畫，再由合格的人員指導（通常是由英國健康照護服務NHS補助的醫療團隊成員），這套方案統稱為運動轉介（exercise referral）。

然而接受運動轉介方案的人可透過不同的途徑轉介。首先，看過家庭科醫生後就診斷出某種健康問題，而獲得醫師認可安排轉介；另一方面，一般個人也可能經由其他機制轉介至家庭科醫生。舉例來說，那些打算指導他人進行體力活動課程的人，絕對要做一些檢測以確認當事人是否「健康合宜」能夠進行活動。而體力活動準備就緒問卷（Physical Activity Readiness Questionnaire, PAR-Q）就是目前應用最廣泛的表格之一（詳見本章稍後附錄一）。這是由加拿大運動生理協會製作的簡短問卷，它有助於篩檢出有心血管、肺部以及代謝疾病的危險因子。如果表格顯示沒有危險因子（所有問題都回答「否」），代表當事人可依照其體能狀況進行低度至中度的體力活動課程；倘若表格顯示出有任何危險因子（當事人對問卷中的某項問題回答「是」），則建議在進行體力活動課程之前，先將當事人轉介至家庭科醫生，以評估是否適合進行運動轉介計畫，只不過醫師的認定標準往往因人而異。本書的內容特別綜合了各種健康狀況——從不太需要醫療介入的年輕族群，到需要密集醫療諮詢的心血管疾病患者都包含在內，以廣納眾多不同的族群。對頁表格的標示簡單明瞭，讓讀者清楚了解有哪些健康狀況是作者認為獲得醫師許可是做體力活動的先決條件；而哪些則是他建議最好能有。此外表格中也列出作者認為個別健康族群的體力活動指導員所必須具備的特殊認證。目前有許多訓練課程提供訓練及認證，足以符合本書中所列舉的多種健康狀況所需，然而針對部分健康狀況所能選擇的訓練課程可能十分有限，有些甚至還不存在。

各健康狀況所需的醫療許可與資歷				
健康狀況	醫療許可		特殊資格	
	必要	建議需要	必要	建議需要
肥胖		✓（要確認是否有任何健康狀況）	✓（L4）	
糖尿病	✓（第一型）	✓（第二型）	✓（L4）	
慢性阻塞性肺病	✓			✓（L3）
氣喘		✓		✓（L3）
高血壓	✓			✓（L3）
高血脂症		✓		✓（L3）
關節炎		✓		✓（L3）
骨質疏鬆症		✓		✓（L3）
帕金森氏症		✓		✓（L3）
多發性硬化症	✓			P（L3）
心血管疾病	✓		✓（BACR）	
中風	✓		✓（BACR）	
年輕者				✓（L2）
年長者				✓（L2）
失智者		✓		✓（L2）
產前與產後		✓（若目前不太活動）	✓（L2）	

※註解：

L2＝具備第二級指導員認證

L3＝具備第三級高級指導員認證

L4＝具備第四級專家級指導員認證

BACR＝英國心臟復健協會（British Association for Cardiac Rehabilitation）

▶ 3

健康暨健身產業中現有的訓練課程，以及整個證照與資格標準的體制（即所謂的國家職業標準National Occupational Standards）等相關資訊，可參考英國主動式休閒產業的技能領域委員會（註釋：技能領域委員會Sector Skills Council是由國家補助，企業主導的組織。主要目的在減少技能落差與不足、提高生產力、提升不同經濟領域的勞動力、改善學習的供給。目前英國共有25個技能領域委員會。資料來源：駐英代表處文化組）技能精進（Skills Active）網站www.skillsactive.com。另外還有一個稱為體適能專業教練註冊機構（Register of Exercise Professionals）的網站www.exerciseregister.org.uk提供各層級認證的相關資訊，以及如何註冊成為體適能專業教練一員。

>> 關於本書

本書分為四個部分。首先，第一章闡述體力活動與健康關係，以及低度體力活動（即久坐不動或活動不足）所潛藏的風險。此外也概略敘述專業機構所建議的運動準則，以及有多少英國人遵循這些建議。第二部分（2～13章）涵蓋的對象是那些由單一潛在風險引發某種健康問題的特殊族群，而且在某些情況下，體力活動確實會降低該風險。這些章節提到的「特殊族群」分別是：肥胖、糖尿病、慢性阻塞性肺病、氣喘、高血壓、高血脂症、關節炎、骨質疏鬆症、帕金森氏症、多發性硬化症、心血管疾病和中風。每一章的編排方式分為以下幾節。

○ 怎麼一回事？

每一章的開始都會先敘述相關的健康狀況。其中有幾章敘述得比其他章更深入，但這並不表示要藉此區分其重要性，事實上本書中提到的所有健康狀況都同等重要。

◯ 盛行率

此單元是要顯示，估計到底有多少人是處於該健康狀況。作者僅依據本書出版前所能獲得的研究調查資訊，並信賴其正確性。部分健康狀況的屬性讓人難以估算出精確的數據。此外，書中提供的數據依其研究調查出處，有些是涵蓋全球的估算數據，有些則只有英國的數據。

◯ 症狀

第2～13章陸續說明與特定健康問題相關的各種症狀。然而讀者應當了解，症狀不一定都會出現，在某些情況下可能合併出現多種症狀，但也許只會出現一兩種症狀。

◯ 危險因子

所有在第2～13章中討論到的健康問題各有其因素造成（也許跟生活型態有關，或者是因為遺傳的關係），這些因素就是所謂的「危險因子」。就是這些因素增加了人們罹患特定健康問題的機率。在此要特別強調的是，即便人們具有任何這些因素，也只表示有罹患特定健康問題的風險，並非一定會得病。舉例來說，膽固醇高的人不一定到最後都會罹患心臟病；而高血壓的人也不見得就會承受中風之苦。

≫ 診斷

每種健康問題都有相對應的各種診斷檢測。有些檢測只能在醫療院所由合格的專業人員操作，有些則不必。在部分章節中會出現「測驗區」，意思是那些檢測可以在醫療院所外進行，因為它們原本的設計就不是作為診斷檢測之用。它們的作用只是確定受測者的健康狀況，在該測驗中到底屬於哪個程度，方便日後再

做相同測驗以比較是否有進步。為有健康問題的人做檢測時會有一些禁忌症，所以在執行任何檢測之前最好先諮詢醫師或專家的意見，並且事先讓接受測試的人填妥「知情同意書」或「自主同意」表格（參見本章稍後的附錄二）。

○ 體力活動的好處

關於體力活動對特定健康狀況有所助益的資訊，在某幾章裡資料十分豐富，但在其他章則是相對有限。會出現這種情況的部分原因是受限於該健康狀況現有的研究成果。此章節的內容將試圖區分「心血管型活動」和「阻力型活動」所帶來的助益。

○ 體力活動指導原則

在每章中的這一節內文將說明一般性的指導原則，包括與心血管型活動以及阻力型活動相關的活動型態、活動頻率、活動強度和持續時間。此外內文中也彙整了多個不同研究來源所提出的相關注意事項。有些健康狀況的指導原則非常明確，是各個專業團體都公認的；至於其他健康狀況的指導原則就比較像是一般常規，也許不同的專業團體會有不同的規範。內文中的活動指導原則建議當事人在進行心血管型活動和阻力型活動時該做到什麼強度。本書引用兩種方法來衡量心血管強度：最大心跳率百分比法（percentage maximal heart rate, %HRmax）和運動自覺量表（rate of perceived exertion, RPE）。至於阻力強度則以最大重複量（repetition maximum, RM）來衡量。（參見本章稍後的附錄三和附錄四）。

本書第三部分（14～17章）所要探討的那些特殊族群，體力活動對他們來說並不會降低風險，因為一般認為那是生活中必然要做的事。這些族群包括，年輕者、年長者、產前與產後婦女以及失能身心障礙者。本書的最後一部分第18章概括列舉了各個特殊族群的常用藥物。提供此資訊的目的並不是拿它當作用藥指示，而是作為檢視健康問題與藥物治療進展的參考，方便你快速檢索。然而本章

節的內容確實有意要讓讀者了解某些特定藥物的副作用，這些知識在進行體力活動時可能會有幫助。

附錄一
體力活動準備就緒問卷

請誠實回答下列問題

- 你的醫師是否告訴過你，你有心臟疾病只能做醫師建議的活動？
- 你活動時會覺得胸痛嗎？
- 過去一個月以來，你是否在不活動時也有過胸痛的感覺？
- 你是否有過因暈眩而失去平衡或發生失去意識的情形？
- 你是否有骨骼或關節問題，活動過後可能會變得更糟？
- 你是否有在服用醫師開立的血壓或心臟疾病用藥？
- 你是否知道你有任何不適合活動的原因？

有一個或以上的問題回答「是」

在開始進行更多體力活動或測試體適能之前，應先徵詢醫師的意見。和你的醫師討論你想從事哪類活動。

所有問題都答「否」時

如果所有的問題你都回答否，你就可以相當放心：

- 開始進行更劇烈的體力活動 —— 慢慢開始再逐漸加重分量。
- 接受體適能評估 —— 這是了解你基本體適能程度的好辦法。此外也建議測量你的血壓。

若有下列狀況，應暫緩增加活動量：

- 如果你因為感冒或流行性感冒等疾病一時覺得不舒服。
- 如果你懷孕或疑似懷孕 —— 先請教你的醫師。

請注意：若你的健康狀況有變，上述的任何問題你改變回答為「是」，告訴你的健身教練或體適能專業指導員。詢問他們是否應該調整你的體力活動計畫。

「我已經詳細閱讀、充分理解並完成此調查表。我所有的問題都得到完整解答。」

姓名 ＿＿＿＿＿＿＿＿＿＿＿＿＿＿＿＿＿＿＿＿

簽名 ＿＿＿＿＿＿＿＿＿＿＿＿＿＿＿＿＿　　日期 ＿＿＿＿＿＿＿＿＿＿＿＿

父母或監護人簽名 ＿＿＿＿＿＿＿＿＿＿＿＿　　見證人 ＿＿＿＿＿＿＿＿＿＿＿

請注意：這份體力活動調查的有效期限自簽字日期起12個月內有效，若期間你的健康狀況有變，上述7個問題有任何一題你改變回答為「是」，此份調查自動失效。

資料來源：體力活動準備就緒問卷PAR-Q，2002年。加拿大運動生理協會授權重製。

附錄二
典型的知情同意書表格

為了評估心血管功能、身體組成,以及其他的體適能項目,自願簽署同意書以進行下列一項或多項測驗(在方框內打勾):

☐ 有氧能力測驗 ☐ 肌力測驗

☐ 水中秤重 ☐ 柔軟度測驗

測驗說明

有氧能力測驗是在室內腳踏車或跑步機上進行。每隔幾分鐘強度會逐漸增加,持續15分鐘。一旦出現疲累或不舒服的情況,你和我們都可以隨時中止測驗。水中秤重的程序是接受測驗的人要完全沒入水池或水缸中(透過呼吸器材呼吸。這個檢測能精確的評估你的身體組成。至於肌力測驗,你可以選擇舉起啞鈴、槓鈴等自由重量器材(free weights),計算舉起的次數,或者使用運動健身器材。這些測驗的目的在評估身體主要肌群的力量。而在柔軟度測驗時,你要做一些伸展運動,過程中我們會測量你關節的可動範圍。

風險與不適

在進行有氧能力測驗期間有可能會發生某些變化,包括異常的血壓反應、暈眩、心律不整和心臟病病發。相關人員將盡一切可能防範這些情況發生。萬一真有狀況發生,現場有急救設備和訓練有素的專業人員能夠加以處理。如果你原本就害怕溺水,水中秤重的過程可能會讓你覺得不適。測量期間在水裡透過呼吸器材呼吸應該能減輕這方面的不適。必要時也可改用其他方法檢測身體組成。做肌力測驗和柔軟度測驗時有可能拉傷肌肉或扭傷韌帶,但機率很低。此外完成測驗過後的24至48小時期間,你會感到肌肉痠痛。然而只要在進行測驗前先做暖身運動,即可降低此風險。若發生肌肉痠痛情形,相關人員將示範合適的伸展運動以減輕不適。

做測驗的好處

這些測驗可以讓我們評估你的體力活動效能,以及鑑定你的體適能程度。測驗結果將用來為你量身設計出安全的個人運動計畫,而我們有嚴格的保密措施保護相關記錄。

詢問

有關於體適能檢測過程的任何問題都歡迎提出。若你有任何疑問或需要更多資訊,請提出來讓我們能更深入解說。

自主同意

你同意做這些體適能測驗完全出於自願。若你沒有意願做測驗,可以選擇不簽同意書。

我已經仔細閱讀過內容,並且充分了解測驗程序。我同意參加這些測驗。

報名者簽名 ＿＿＿＿＿＿＿＿＿＿＿＿＿＿＿＿＿＿ 日期 ＿＿＿＿＿＿＿＿＿＿＿＿

附錄三
最大心跳率百分比法（%HRmax）

最大心跳率百分比法是最常用來測量心血管強度的一種方法。舉例來說，若某個人打算增進其有氧適能，通常會建議他運動時的心跳程度應該達到他最大心跳率的70%到80%之間（有氧區）。運用這方法之前必須先知道當事人的最大心跳率。對一般大眾而言，不建議一開始就做測試以得知精確的最大心跳率，需不需要做測試得先經過評估。目前有許多方法可以推估最大心跳率，其中最簡單的方式之一是下列的公式：

預估最大心跳率＝220－年齡

衡量心跳率的單位是每分鐘心跳次數（即bpm）。一旦用此公式得出預估的最大心跳率之後，你就必須確認個別對象適用的百分比。舉例來說，在第一章肥胖章節中，一般建議從事的心血管型活動要達到最大心跳率的40%到85%之間。假如想進行活動的對象年紀是20歲，接著可依照下列的步驟算出他們的心跳率範圍。

舉例
20歲所做運動介於40%到85%HRmax

步驟1
預估最大心跳率是220－年齡（20歲）＝ 每分鐘心跳200次（bpm）

步驟2
40% 最大心跳率（%HRmax）＝200 × 40%＝ 每分鐘心跳80次（bpm）

步驟3
85%最大心跳率（%HRmax）＝200 × 85%＝ 每分鐘心跳170次（bpm）

　　由這個例子可知，20歲的人進行40%到85%最大心跳率的運動，其心跳速率應該在每分鐘心跳80～170次之間。這方法顯然存在著一些問題，因為並不是每一個人都有機會接觸或者知道如何使用心率監測器。此外，大部分的人都不太會測量自己的心跳速率，尤其是在運動時。基於這個緣故，有個替代方法可以用來衡量運動的強度就是運動自覺量表（RPE，參見附錄四）

附錄四
柏格運動自覺量表（Rate of Perceived Exertion, RPE）

　　這個特別的方法是許多年前由瑞典斯德哥爾摩大學知覺暨心理物理學教授柏格（Dr Gunnar Borg）所設計的，基本上它是一種量尺，用來衡量人們在活動時主觀的感受。如下列圖表所示，量尺標準有兩種：6～20分以及0～10分。兩種版本都有人用，甚至0～10分版本還更多人使用。為了配合本書的初衷採用的是6～20分版本，因為它在低強度的活動中比較方便使用。

柏格運動自覺量表		
6～20分	**0～10分**	**預估最大心跳率**
6	0 完全沒感覺	
7 輕鬆之至	0.3 幾乎沒感覺	
8	0.5 稍微有感覺	50%
9 非常輕鬆	0.7	55%
10	1 非常弱	60%
11 相當輕鬆	1.5	65%
12	2 弱	70%
13 有點吃力	2.5	75%
14	3 普通	80%
15 吃力	4	85%
16	5 強	88%
17 非常吃力	6	92%
18	7 非常強	96%
19 吃力之至	8	98%
20	9	100%
	10 極強	
	11	
	絕對是極限	

※資料來源：更改自美國運動醫學學會（American College of Sports Medicine, ACSM）2009年《*ACSM's Guidelines for Exercise Testing and Prescription*》第八版，倫敦Lippincott Williams & Wilkins 出版社。

　　圖表中每個級距都對應到一個預估最大心跳率，因而在使用上方便許多。譬如在第12頁所舉的例子中，活動對象應該實行40%到85%最大心跳率的運動，若依據運動自覺量表的6〜20分版本，他的活動要達到7〜15分間的水準，換句話說，介於「輕鬆之至」到「吃力」之間。利用這種方法免除了使用心率監測器可能會碰上的問題。

附錄五
最大重複量（RM）

　　為個人規劃某一強度的阻力運動（重量應該是多少）時，可利用此人最大能力的倍數來規劃。舉例說明，某個人以往所能舉起的最大重量就是所謂的一次最大重複量（1RM)。以此類推，此人可以舉起某重量10次（到第11次就再也舉不起來）這個重量就稱為10次最大重複量或10RM。市面上許多已發表的指導原則通常只以重複的次數來表達，例如10～15reps。在大部分情況下10～15reps的意思是10～15 RM，也就是說可重複舉起10～15次（但無法再多）的最高重量。最大重複量也可以用來對照某人最大可舉重量的百分比率。譬如在附表中，假如某個人能夠舉起某一重量5次但到第6次都會失敗（5 RM），那麼他所舉起的重量就是其最大能力的86%。然而對此方法不熟悉的人在使用時要特別小心，最好能夠花一段時間練習體驗它是否很管用。

最大重複量（RM）與最高舉重量百分比率（% of max）的對照表	
RM	% of max
1	100
2	93.5
3	91
4	88.5
5	86
6	83.5
7	81
8	78.5
9	76

體力活動與健康

1

- 積極活動對健康有許多潛在的好處，譬如較低的疾病風險，包括冠狀動脈性心臟病、中風、第二型糖尿病以及某些類型的癌症。
- 英格蘭地區的人們活動量低。資料顯示，大約60%的男人和72%的女人都達不到每天30分鐘中等強度活動、每週至少5天的水準。
- 在2～15歲的年齡層中，大約70%的男童和60%的女童一週中每天都至少有60分鐘以上的體力活動。然而30%的男童和40%的女童每天的活動量不到30分鐘。
- 相較於收入高的人，收入低者更傾向於低活動量。
- 在英格蘭體力活動不足的代價（治療費用以及因無法工作而造成的間接成本）據估計一年超過100億英鎊。
- 較高的風險主要發生在有身體接觸或是激烈的競技運動上，以及大量的健身訓練過程中。
- 活動量低的成年人其腰圍增大的可能性比活動量高的人多一倍。
- 活動所產生的益處遠超過其風險。
- 許多具公信力的健康指南都建議，每人每天應該至少花30分鐘時間從事中等強度的活動。

>> 英國人的活動量

　　大家都同意常運動的生活方式有益健康，而大量研究證據也顯示，規律的體力活動可降低許多因缺乏活動引發慢性健康問題的發生率，其降低幅度可達50%。這點非常重要，不僅單從健康的觀點來看，光想到一年就得花費英國100億英鎊以上的代價就足以彰顯它的重要性。一般說來，針對成年人的體力活動或運動通常的建議是，一週至少要有5天、每天至少花30分鐘時間從事起碼為中等強度的活動（例如輕快步行、騎單車或爬樓梯），上述活動也可拆開，在一天之內分次進行，每次10分鐘或以上。

表1.1	低度、中度與高度體力活動的區分標準
活動程度	說明
低度	活動程度低或根本不活動
中度	過去一星期內有1到4天花30分鐘或以上做中等強度的體力活動
高度	過去一星期內至少有5天花30分鐘或以上做中等強度的體力活動

　　2008年的英格蘭健康調查公布了1997至2006年之間有多少成年人和兒童達成體力活動指導原則的概況。報告中將體力活動程度分為低度、中度與高度，而其區分標準參見附表1.1。

　　這份報告調查了包括男女在內，英格蘭地區成年人和兒童的體力活動程度，結果顯示在男性成人部分，達成一週至少要有5天、每天至少花30分鐘時間從事起碼為中等強度活動的比例，從1997年的32%增加至2006年的40%；女性成人部分，則是從21%增加至28%（參見圖1.1）。報告還揭露了成年人與兒童間巨大的

差異，年齡在 2～15歲的兒童中約有70%的男童和60%的女童，一週內每天都至少進行60分鐘以上的體力活動。換句話說，兒童達成體力活動指導原則的人數幾乎是成年人的一倍。

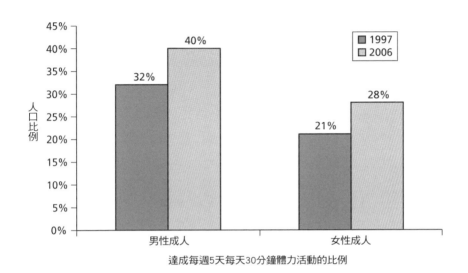

達成每週5天每天30分鐘體力活動的比例

圖1.1成年男女達成體力活動指導原則的比例

雖然整體而言達成體力活動最低限度建議量的人有逐年增加的趨勢，但是75歲及以上的人其比例卻很低。而大家也都同意，大部分英格蘭地區成年人參與體力活動的程度，還達不到能享受活動對健康所帶來的全然好處。報告裡也陳述了民眾從事的活動類型。例如，與1998年相比，2006年有更高比率的男性和女性參與走路、競技運動與運動。在男性部分，1998年參與快步走的比率為32%而2006年增為38%。同樣的，參與競技運動與運動的比率則從42%增加至46%；在女性部分，1998年快步走的比率為24%到了2006年增為30%。至於競技運動與運動的比率則從36%增加至39%。2009年英國文化調查發表的一份報告，探討英格蘭

地區成年人在2005 / 6至2006 / 7年間所參與的活動。這份報告名為《參與調查》（*Taking Part Survey*），它詢問受訪的成人之前四個星期內至少參加過一次的活動。在這些活動中，參與室外的足球活動以及慢跑、越野跑和路跑的人數在這段期間都有增加；而去室內或室外游泳的人數則是減少，參見附表1.2。

表1.2	2005至2007年成年人的活動調查記錄	
活動型態	**百分比**	
	2005 / 6	2006 / 7
游泳或跳水（室內）	15.7	14.5
健身房內健身活動	13.8	13.8
騎單車（健身、消遣、訓練或競賽）	9.7	10.0
司諾克撞球、花式撞球、撞球	8.0	7.7
足球、包括五人制足球（室外）	7.0	7.6
健身、有氧、舞蹈運動	6.9	6.8
高爾夫球、小型高爾夫球賽、推桿	5.6	5.5
慢跑、越野跑、路跑	5.1	6.2
游泳或潛水（室外）	4.0	3.4
保齡球	3.6	3.7

　　因體力活動不足而造成的主要問題之一是肥胖程度。譬如2006年英格蘭健康調查的報告指出，體力活動程度與身體質量指數（Body Mass Index, BMI）及腰圍相關，跟體力活動程度高的人相比，體力活動程度低的人無論男女往往都具有較高的BMI值和粗大的腰圍（詳見第二章）。2006年的調查裡出現了一個有趣的問

題，是有關官方宣導的體力活動指南。回答此問題的人中，只有27%介於16～64歲間的男性和29%同年齡層的女性，認為自己知道相關的體力活動建議，大部分的成年人都自認為算是經常活動，甚至超過三分之二的成年人表示他們想做更多的體力活動，只不過工作繁重和缺乏休閒時間等因素讓他們無法如願。

表1.3	英國的體力活動目標　2004年訂定※
國家	政府的目標
英格蘭	
成人	到2020年，將採行最低限度體力活動建議量（每星期至少有5次以上花30分鐘做中等強度的體力活動）的16歲以上成年人之比率提高至50%，這意謂著整體平均每年得增加1%。
兒童	提高每星期最少花兩小時從事高品質競技運動的英格蘭學童比率，從2002年的25%提升至2006年的75%，而到2008年要達到85%。
威爾斯	
年長者	到2012年，將65歲至74歲間中風的年齡標準化死亡率降低20%，同時縮小最貧窮與最富裕族群之間的差距。
蘇格蘭	
成人	到2022年，將採行最低限度體力活動建議量（每星期至少有五次以上花30分鐘做中等強度的體力活動）的16歲以上成年人之比率提高至50%，這意謂著整體平均每年得增加1%。
兒童	到2022年，將16歲及以下的兒童遵從最低限度體力活動建議量（一星期至少有5天，每天花1小時做中等強度的體力活動）的比率提高至80%，同樣的，這意謂著整體平均每年得增加1%。

※此資料缺少愛爾蘭

至於這個理由，日常生活中就能輕易做到的體力活動，像是步行、騎單車、栽種花草以及社交性質的競技運動都在建議名單上。基於對上述情況的關切，英國策略小組在2004年提出了英格蘭、威爾斯與蘇格蘭地區的體力活動目標（參見附表1.3）。然而這是個極具野心的目標，就目前英國人參與的程度來看，在15年內參與的人數得增加一倍以上才能達成。

⏩ 體力活動不足的健康風險

2002年世界衛生組織一篇報告指出，體力活動不足是已開發國家十大死亡原因之一，在全球每年造成190萬人以上死亡。世界衛生報告估計，讓已開發國家負擔沉重的所有疾病中約有3%是由體力活動不足引起的，而其中20%的冠狀動脈性心臟病以及10%的中風都肇因於體力活動不足（根據報告每星期少於2.5小時中等強度的體力活動，或每星期1小時的劇烈活動）。目前有很多已發表的研究報告探討到底體力活動不足（或者久坐不動）與健康風險的關連程度有多大。要完整討論這些報告有困難，不過很多報告都列出相同的風險，其中一些如下：

- 冠狀動脈性心臟病
- 中風
- 某些癌症
- 糖尿病
- 高血壓
- 骨質疏鬆症
- 肥胖
- 焦慮和憂鬱
- 骨關節炎
- 大腦功能

- 疼痛問題

○ 冠狀動脈性心臟病（簡稱冠心病）

資料顯示在英國有關冠心病死亡案例中約38%都可歸咎於體力活動不足或久坐不動的生活型態。冠心病也是導致英國24%男性和14%女性過早死亡的禍首。

○ 中風

眾所周知中風（詳見第13章）是西方世界第二大死亡原因，僅次於心臟病。據估計全球10%左右的死亡案例都是中風造成的（初次中風的患者約1600萬人，死於中風的人數約570萬）。研究顯示與低活動程度的人相比，從事中度體力活動的人較少罹患中風或因中風因素死亡。

○ 癌症

大約3%過早死亡的人是大腸直腸癌造成的。據估計西元2000年這一年單在英格蘭地區就有超過7000名婦女因乳癌而過早死亡。有很多報告都指出，規律的體力活動與降低罹患大腸癌的風險有關，降幅可達50%。

○ 糖尿病

綜合多方的資料顯示，在英國確診為第二型糖尿病患者的人數超過150萬人。一般公認規律的體力活動可以降低罹患非胰島素依賴型糖尿病的風險，降幅可達50%。對於具有葡萄糖耐受不良症狀的族群而言，規律的體力活動也同樣能降低其風險（詳見第3章）。

○ 高血壓

根據2003年英格蘭健康調查的資料顯示，高血壓危害了英國1600萬以上的人口，它直接導致半數左右的中風與心臟病發。所以高血壓每年造成62,000人不必要的死亡。大家都了解規律的體力活動可以預防或延緩高血壓的形成，除此之外也有助於降低血壓的收縮壓和舒張壓達10毫米汞柱（詳見第6章）。

○ 骨質疏鬆症

據估計每3位50歲以上的英國婦女、每12位同齡男性裡就有一位會因為骨質疏鬆而承受脊椎、髖部或腕部骨折之苦。同樣的資料顯示，每年65歲以上的人中有三分之一會跌倒，而85歲以上則高達一半的人跌倒。因此有必要從事規律的負重式體力活動以幫助正常的骨骼發育。年長婦女進行肌力訓練和其他形式的運動，經研究證明可有效降低髖部骨折的風險達降50%（詳見第9章）。

○ 肥胖

英國國家醫療服務資訊中心在2009年發表的一份報告指出，2007年英格蘭地區有24%的成年人列為肥胖，而65%男性和56%女性則屬於體重過重（包含前面的肥胖人口在內）。大家都很清楚與久坐不動的生活方式相比，規律的體力活動能降低個人變肥胖的風險達50%（詳見第2章）。

○ 焦慮和憂鬱

焦慮和憂鬱造成的心理影響普遍存在於英國人中，但實際人數有多少卻很難評估，因為有許多人飽受煎熬卻從沒向外尋求援助。儘管存在著眾多不同的影響，相關領域的研究也差異頗大，但是一般說來規律的體力活動似乎能夠：

• 舒緩焦慮和憂鬱的症狀

- 改善心情並且提升自尊
- 預防發展成輕度的憂鬱

○ 骨關節炎

根據美國關節炎、肌肉骨骼及皮膚疾病國家研究院的資料，在45歲以前男性比較容易發生骨關節炎，但在45歲以後則是女性較容易得病，而在年紀較大的人身上更是常見。研究顯示關節太少承受壓力會增加罹患骨關節炎的風險（過度承受壓力也會）。

○ 腦部（認知）功能

英國65歲以下的失智人口粗估約18,500人左右。一般認為規律的體力活動可增進並保護腦部功能。

○ 疼痛問題

有許許多多疼痛問題都可藉由規律的體力活動加以改善。持續參加運動課程的常見好處譬如：

- 有助於維持關節健康
- 控制關節炎和骨關節炎的症狀
- 有助於改善失能者的體力
- 有助於預防下背疼痛
- 有助於應付下背和膝蓋疼痛

由於有太多的狀況都跟身體活動（或者不活動）有關，而歷年來所做的相關研究更是多得不可勝數，做成摘要簡直是不可能的任務。然而英國衛生部在2004年出版的報告裡，有份摘要總結歸納了體力活動對特定健康問題的影響。

表1.4	體力活動對特定健康問題之影響的研究證據一覽表	
健康問題	證據等級 （低度/中度/高度）	預防效果 （弱/中等/強）
冠心病	高度	強
中風 —— 缺血性 —— 出血性	 高度 中度	 中等 弱
周邊血管疾病	無資料	
肥胖和過重	中度	中等
第二型糖尿病	高度	強
骨質疏鬆	高度	強
骨關節炎	無資料	
下背疼痛	中度	弱
憂鬱	低度	弱
心智功能	低度	中等
癌症 —— 整體 —— 大腸 —— 直腸 —— 乳癌 —— 肺 —— 攝護腺 —— 子宮內膜	 中度 高度 中度 高度 低度 中度 低度	 中等 強 沒影響 中等 中等 不明確 弱

　　表1.4是取材自該份報告經簡化、修改後的簡表，標示出與某些特定健康問

題相關的現有文獻其研究證據的品質與強度。證據等級（低度/中度/高度）是作為綜合指標以顯示現有研究文獻的數量與品質。表中也評估了體力活動對特定健康問題的潛在預防效果。

你可以看得出來，基於諸多健康上的理由，每個人都應該將體力活動納入日常作息中。2004年英國衛生部的報告裡有個重要的統計資料強化了上述論點：常活動身體的人其過早死亡的風險比活動不足的人低了20～30%。此外也指出活動不足的人其心臟病發的風險比常活動者多一倍。為了推廣宣傳，衛生部將體重一般、每星期消耗能量500至1000仟卡（相當於走6至12哩左右，大約每星期走10,000步至20,000步）的個人歸類為經常活動身體的人。不過要強調的是，體力活動並非「特效藥」，體力活動需要持續一輩子，因為久坐不動的行為或者體力活動不足都會為往後的生活帶來諸多不利的影響。舉例來說，體力活動不足導致的健康問題可能從孩童時代就開始了，但通常遲至中年甚至老年時，這些問題才會演變為嚴重的疾病，甚至過早死亡。

⏩ 體力活動的風險

雖然規律的體力活動所產生的益處，遠超過其負面或不利的影響，不過仍然要提醒身體使力還是具有某些風險，參見附表1.5所舉的例子，只是這些後果多半是在運動強度、持續時間，或是兩者兼具的過度使力情況下造成的。有一點需要特別澄清，研究結果中那些與體力活動及其「風險」相關的傷害（不論其類型為何）大部分都是從事競技運動（不管是比賽還是消遣）造成的。

在競技運動中，一較高下的特質和投入的拚勁都代表著受傷的風險非常高。至於運動類型的活動如健身和體適能運動就較少發生傷害，特別是外因性的傷害（詳見表1.5）。另外還有一點要提出說明，參與中等至激烈程度運動（不論是競技運動或運動）的人發生肌肉骨骼傷害（如肌肉、肌腱、韌帶或軟骨）的風險

高過從事低強度運動的人。費力活動所能造成的最嚴重傷害無疑就是死亡。幸運的是心因性猝死的案例非常稀少，年輕族群中更是罕見。在英國每年最多500個案例，而其中大部分原因是潛在的心臟病。雖然如此，一般認為體適能程度也在其中扮演了重要的角色。

表1.5	體力活動的潛在風險
國家	政府的目標
風險	說明
肌肉骨骼傷害	費力活動造成的傷害基本上有兩種，第一種——「外因性」傷害是由某種外力造成的，例如足球場上鏟球動作導致腿部骨折；第二種——「內因性」傷害則是身體內部因素造成的，例如肌肉用力過度導致撕裂傷或斷裂。
骨關節炎	研究顯示競賽運動期間所受的傷害會增加罹患骨關節炎的風險。其原因在於一再重複的動作造成了磨損，或是高度衝擊導致直接傷害。
心臟問題	費力活動可能會引發心臟病發作之類嚴重的冠心病意外。不幸的是，歷年來因心臟病發而死亡的運動菁英或普通運動員人數不少。
上癮	人們可能對運動上癮，甚至在無法運動時會經歷戒斷症狀例如焦躁和不耐煩。幸好會費力運動到產生健康問題的人數，就比例來說非常低。

舉例來說，Albert and colleagues（2000年）的研究報告顯示，那些平時不常做激烈運動的人，在運動中或之後發生心因性猝死的風險是規律做激烈運動者的兩倍。出乎意料的是，根據Albert et al.的研究結果顯示，其中也有性別的差異。比起女性、兒童以及那些做中等強度體力活動的人，規律做激烈運動的男性風險最高。

>> 運動指導原則

　　要定出放諸四海皆準的運動指導原則有困難，不過英國衛生部2009年的首席醫療官員年度報告比較了英國、美國和澳洲所建議的中等強度體力活動之一般準則。詳細資料參見附表1.6，準則的適用對象區分為兒童、年輕人和年長者。

　　本書中針對各特殊族群所採用的一般性體力活動指導原則（參考多方有公信力的資料修改而成），都會明確提及心血管型與阻力型活動的運動強度、持續時間、運動頻率。因此最好能深入了解這些用語，以及所謂的活動「量」，因為講到健康狀況的風險時常會提到這字眼。

表1.6	中等強度體力活動的一般原則		
	兒童	年輕人	年長者
英格蘭	每天60分鐘	一週5次每次30分鐘	一週5次每次30分鐘
蘇格蘭	一週大部分日子每天60分鐘	一週大部分日子每天30分鐘	一週大部分日子每天30分鐘＋每週3次肌力與平衡運動
威爾斯	一週5次每次60分鐘	一週5次每次30分鐘	一週5次每次30分鐘
北愛爾蘭	每天60分鐘	一週5次每次30分鐘	一週5次每次30分鐘
美國	每天60分鐘	每週150分鐘或每週75分鐘激烈活動＋每週2天肌力活動	每週150分鐘或每週75分鐘激烈活動＋每週2天肌力活動
澳洲	每天60分鐘	一週大部分日子每天30分鐘	一週大部分日子每天30分鐘

○ 運動強度

　　大部分的體力活動指南（國際認可的資料來源）都建議要達到中等強度的水準，但是這很難估算，主要是因為運動強度的衡量標準是根據心跳速率，所以常會因人而異。譬如對體適能不佳的人來說，只要快步走就能達到中等強度的水準，相反的體適能很好的人卻得相當快速的跑步才能達到相同的水準。雖然如此有很多資料都提供了一般認為是輕度、中度或激烈程度運動的範例（通常是以具有一般標準體重和體適能的個體為基準）。表1.7是根據Ainsworth and colleagues（2000年）的研究結果製成，列舉了一些普通活動及其各別的平均運動強度。表中也運用了一種稱之為代謝當量（metabolic equivalents' , METs）的測量法，用來衡量體力活動的能量消耗（身體用掉的能量）比起靜止休息時增加的幅度。1 MET是指身體靜止休息時所用掉的能量，也就是所謂的休息代謝率（resting metabolic rate, RMR）。由此推論，2 METs用掉的能量就是休息時的兩倍。以表1.7第三欄為例，數據代表的是體重60公斤的人運動了30分鐘總共消耗的能量（以仟卡為單位）。由於現在很多食物都標示含有多少仟卡熱量，因此表中的資料可以方便大家估算運動消耗的能量與食物作比對。

○ 持續時間

　　許多具國際公信力的運動指南都建議，從事中等強度的體力活動時間至少要持續30分鐘，然而對習慣了某些生活型態的人來說，不見得都能做到。之所以會這麼建議的理由是，認定持續30分鐘以上才比較能夠產生健康上的助益。目前有很多研究結果證明，一天中多次短暫活動累積起來，其對健康的助益不亞於一整段較長時間的活動。不過有一點得特別強調，30分鐘是最起碼的標準，所以要留意：肥胖的人一天可能得進行45～60分鐘或更久的中等強度體力活動，才能真正達到減重的目的。而在一天之內累積多次短暫活動可以讓人比較容易達成目標。

表1.7	常見的體力活動之強度及其能量消耗		
常見的活動	強度	強度（METs）	能量消耗（仟卡）體重60公斤活動了30分鐘
熨衣服	輕鬆	2.3	69
打掃	輕鬆	2.5	75
走路 —— 每小時2哩	輕鬆	2.5	75
油漆／粉刷	中等	3.0	90
走路 —— 每小時3哩	中等	3.3	99
使用吸塵器打掃	中等	3.5	105
打高爾夫走路、揮桿	中等	4.3	129
打羽毛球	中等	4.5	135
網球 —— 雙打	中等	5.0	150
快走 —— 每小時4哩	中等	5.0	150
修剪草坪	中等	5.5	165
騎單車 —— 每小時10～12哩	中等	6.0	180
有氧舞蹈	激烈	6.5	195
騎單車 —— 每小時12～14哩	激烈	8.0	240
游泳 —— 和緩的自由式	激烈	8.0	240
網球 —— 單打	激烈	8.0	240
跑步 —— 每小時6哩	激烈	10.0	300
跑步 —— 每小時7哩	激烈	11.5	345
跑步 —— 每小時8哩	激烈	13.5	405

�‎ 運動頻率

比較簡單的說法是「多久一次」。譬如，頻率可以一天為基準——每天多少次；或者以週為基準——每週多少次。通常有氧和阻力訓練的運動處方都是每週幾次。

◎ 活動量

簡單的說，活動量指的是持續時間和運動強度兩者綜合。一般而言，體力活動量越高的人（或者體適能程度越佳者）其罹患冠心病、第二型糖尿病之類疾病的風險比那些活動量不足的人低。這種效果見圖1.2，也就是所謂的「劑量－反應」效應。換句話說，劑量越高（活動量或者在這例子裡指的是體適能程度），反應越大（降低致病風險）。

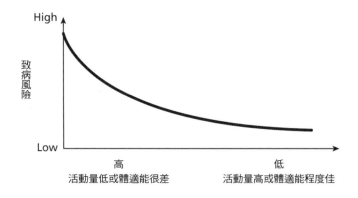

圖1.2　致病風險與體力活動或體適能程度的影響

【延伸閱讀】

- Ainsworth, B.E., Haskell, W.L., Whitt, M.C., Irwin, M.L., Swartz, A.M., Strath, S.J., O'Brien, W.L., Bassett, D.R., Schmitz, K,H., Emplaincourt, P.O., Jacobs, D.R. & Leon, A.S. (2000) Compendium of physical activities: an update of activity codes and MET intensities. Medicine and Science in Sports and exercise, 32: S489-S504

- Albert, C.M., Mittleman, M.A., Chae, C.U., Lee, I.M., Hennekens, C.H. & Manson, J.E.(2000) Triggering of sudden death from cardiac causes by vigorous exertion. New England Journal of Medicine, 343:1355-1361

- American College of Sports Medicine(2009a) ACSM's exercise management for persons with chronic disease and disabilities (3rd edn). Champaign, IL: Human Kinetics

- American College of Sports Medicine (2009a) ACSM's guidelines for exercise testing and prescription (8th edn). London: Lippincott Williams & Wilkins

- Department for Culture, Media and Sport (2009) Taking part: The national survey of culture, leisure and sport 2007-2008. HMSO

- Department of Health (2004) At least 5 a week: Evidence on the impact of physical activity and its relationship to health. London: Department of Health

- Department of Health (2009) Annual Report of the Chief Medical Officer. London: Department of Health

- Health Survey for England (2008) Healthy lifestyles: Knowledge, attitudes and behaviour. Leeds: NHS Information Centre for Health and Social Care

- Health Survey for England (2006) CVD and risk factors adults, obesity and risk factors children. Leeds: NHS Information Centre for Health and Social Care

- NHS Information Centre, Lifestyle Statistics(2009) Statistics on obesity, physical activity and diet: England, February 2009. London: NHS Information Centre for Health and Social Care

- World Health Organization (2002) The World Health Report 2002. Reducing risk, promoting healthy life. Geneva: WHO Press

肥胖
的體力活動

2

重　點

- 在2007年，據估計英格蘭地區16歲以上的成人人口中有24%算是肥胖。
- 女性發生病態肥胖的可能性比男性高（分別為3%與1%）。
- 16.8%年齡介於2～15歲的男童以及16.1%的女童其體重等級屬於肥胖。
- 2006年腰圍凸出的成人有37%，而1993年則是23%。婦女腰圍變得粗大的可能性比男性高（分別為41%與32%）。
- 8至15歲體重等級為肥胖的兒童中，有三分之二（66%）的女孩和60%的男孩認為自己體重過重。
- 在英格蘭地區體力活動程度低是造成肥胖增加的重要因素。
- 已經肥胖或體重過重的人，體力活動可以降低致死或發病風險。
- 肥胖或體重過重的人若要減重，建議進行體力活動並配合節食。
- 想減重的人得實踐公認的建議運動量：一週至少5天，每天至少30分鐘以上中等強度的體力活動，這是最低標準。可是為了不讓肥胖上身，或許有必要每天花45～60分鐘做運動；至於已經成功減重的人每天可能得花60～90分鐘做運動才能夠維持下去不復胖。
- 一些日常活動例如快步走或騎單車其減重效果絲毫不亞於找健身教練上運動課程。

⏩ 怎麼一回事？

一般來說，肥胖這字眼是用來形容一個人依其身高而言體重超載。2007年威爾莫爾和科思提爾（Wilmore and Costill）提出他們更具體的定義，一個人身上要是有過多的體脂肪（男性超過25%，女性超過35%）就可歸類為肥胖。美國運動醫學學會更進一步明確定義肥胖：一個人體脂肪多到會增加致病風險的百分比。想知道體脂肪百分比的數值，最簡便的方法之一（但並非最精確）就是利用身體質量指數BMI間接估算出來。這是很常用的方法，只要將體重除以身高平方（即身高乘以身高）。

○ 身體質量指數

BMI ＝ 體重（kg）/ 身高平方（㎡）

根據英國國家健康及臨床卓越研究院（National Institute for Health and Clinical Excellence, NICE）的標準，BMI在25以下屬於低風險，BMI介於25至29.9之間列為過重，而30或以上則算是肥胖（詳見表2.1）。BMI的麻煩之處是它沒考量到身體組成（脂肪和瘦肉組織），因此要是有人勤於做阻力訓練增加了不少肌肉，而其BMI值依然歸類為肥胖，可是他的風險跟那些因體脂肪過多而具有相同BMI值的肥胖者並不相同。除此之外，這個方法經證明應用在懷孕或哺乳的婦女以及那些認定為身體衰弱者身上並不準確。

關於造成肥胖的原因，一些特定的基因與肥胖有關，有證據顯示出生後頭幾個月體重就過度增加或許便跟遺傳因素有關。

事實上，肥胖父母的子女變成肥胖者的風險，遠高於擁有正常體重父母的孩子。在飲食導致的肥胖方面，高能量又便宜的食物垂手可得是直到最近一段時間才有的事（特別是在已開發國家），這引發人們放縱食慾進而體重增加。人們很

容易屈服於色、香、味等感官的誘惑，這點毋庸置疑，再加上食物取得便利更讓慾望加深至無法壓抑的程度。這種普遍的現象就是所謂的「享樂性」飢餓（dedonic hunger）。大家常有一個錯誤的觀念，認為肥胖的人代謝率（在一段時間內身體所消耗的能量）低於非肥胖者。不幸的是，國際上有很多研究都證明正好相反，休息時的能量消耗（即所謂的休息代謝率）會隨著體重而增加。

表2.1	英國國家健康及臨床卓越研究院訂定的BMI分級標準（2010年）
級別	BMI（kg/㎡）
體重過輕	低於18.5
健康的體重	18.5～24.9
體重過重	25～29.9
肥胖第一級	30～34.9
肥胖第二級	35～39.9
肥胖第三級	40或以上

≫ 盛行率

2009年英國國家醫療服務資訊中心發表的一份報告指出，2007年英格蘭地區24%的成年人（也就是24%的男人和24%的女人）都算是肥胖。這與1993年度的報告相比多了9%。此外國家醫療服務的報告也顯示，2～15歲的兒童中16.8%的男童以及16.1%的女童都屬於肥胖等級，而1995年的數據則是10.9%和12.0%。以藥物治療肥胖的處方箋，項次也從1999年的127,000項次增加到2007年的123萬項次（費用達5160萬英鎊）。根據英國下議院衛生事務委員會在2004年的資料，估計2002年英國肥胖的花費約為33～37億英鎊，包括直接的治療肥胖費用以及因無

法工作等等的間接代價。就全球的狀況而言，世界衛生組織於2010年發表的報告顯示，中國和日本成年人的肥胖比率低至5%，相對的薩摩亞的肥胖程度則高達75%。或許最令人膽顫心驚的統計數據是，依照國家醫療服務的推估，在 2011年時11歲以下的兒童有三分之一體重過重，到了2025年預估47%的男性和36%的女性都將屬於肥胖等級。鑑於過重和肥胖都達到了流行程度，不僅英國如此全世界都一樣，因此值得用一些篇幅摘要出2009年國家醫療服務報告中有關肥胖的資訊。

- 在2007年，英格蘭地區24%的成年人（16歲或以上）屬於肥胖等級（BMI為30 kg/㎡或以上）。與1993年的15%相比，整體都增加了。

- 男人和女人同樣有可能變得肥胖，不過男人體重過重（BMI為25至小於30 kg/㎡之間）的機率比女人大一些（41%比32%）。

- 2007年，37%的成人腰圍凸出（女人超過80cm，男人超過102cm），1993年則是23%。女人腰圍凸出的機率高於男人（分別為41%與32%）。

- 同時利用BMI和腰圍來評估引發健康問題的風險，男性部分：19%屬於風險增加；13%為高風險；而21%為極高風險。至於女性部分：15%為風險增加；16%為高風險；而23%為極高風險。

- 2007年，年齡層介於2～15歲的兒童中，17%的男童以及16%的女童屬於肥胖等級，而1995年則分別為11%和12%。資料顯示肥胖的趨勢有可能趨緩並停止增加，未來幾年的數據很重要，它將會證實這趨勢是否為持續的模式。

- 男童體重過重或肥胖的機率稍高於女童（31%比30%）。

- 2007年，用於治療肥胖的處方箋項次達123萬，而在1999年時則為127,000項次。單是從2006年到2007年之間該處方箋項次的增加幅度達16%（2006年為106萬）。

最後要說的是，2009年英國國家醫療服務的報告顯示，英格蘭地區的人們

在體重過重和肥胖方面與其他世界各地的人可算是同病相憐，2007年65%男人和56%女人體重過重（這數字包含肥胖的人）。遺憾的是，這表示英國只有不到半數的人口擁有健康的體重，而人數還在下降中。

>> 症狀

儘管大多數人想到體重過重或肥胖的人就會浮現身軀龐大的印象，然而較瘦的人也可能有高比率的體脂肪，因此直接將外表視為體重過重或肥胖與否的表徵不一定都正確。就症狀來說，肥胖沒有任何直接而明顯的症狀。例如，大部分肥胖的人在做活動或使力時常會氣喘吁吁，然而這通常是體適能程度差間接造成，而不是肥胖直接引起的。由於肥胖是糖尿病、高血壓等諸多健康問題的危險因子，這部分先不討論，在稍後幾章中會有詳細的說明。

>> 診斷

人們在檢測是否體重過重或肥胖時，不論用的是什麼方法但其實測量的是身體組成。你可以把身體組成想成是（這是簡化的表達，真要講可能複雜得多）身體裡脂肪組織的量加上瘦肉組織的量（除了脂肪以外所有的）。身體組成的測量相當複雜，因為唯一一個「直接」測量的方法就是解剖屍體，看看脂肪組織到底有多少。除此之外的所有方法（參見附表2.2列出的幾種最常使用的方法）都是依據以往解剖學上的研究成果估算出來的，屬於「間接」方法。

關於能做的測驗（用來評估做了某些體力活動之後的成效），最簡單又經濟的方法莫過於生物電阻法與人體測量。若一開始先為當事人做基準測量（運動課程開始前所做的檢測，雙方同意的任何測試法均可），之後定期做追蹤測驗（譬如每12週一次）。這麼做有許多好處，譬如根據測驗結果設定目標，通常有了特

定目標之後，人們比較會有動機去達成。追蹤測驗也有助於體力活動指導教練定期評估運動課程的效果，必要時更改或修正課程內容。生物電阻法、皮脂厚度測量和腰臀比（詳見後述）的檢測程序都相當簡易不難操作，所以測驗的可靠性應該都是一致的。只不過要確定追蹤測驗用的儀器跟當初做基準測量時所使用的是同一個。

表2.2	間接測量身體組成的方法
方法	**說明**
密度檢測	例如水中秤重，密度檢測依據的是阿基米德原理：物體在液體中所受的浮力，等於所排開的液體重量。經由水中秤重可算出受測者身體密度，進而換算成體脂肪百分比。
空氣容積計量法	這是測量人體排開空氣的量，其原理類似阿基米德原理。受測者坐在一個小密室內，而其所排出的空氣體積可用來計算體脂肪百分比。
人體造影技術	雙能X光吸收測定法（DXA）和核磁共振（NMR）造影都屬於人體造影技術。雙能X光吸收測定法的原理是分析低能和高能X光穿透人體的程度，X光的穿透程度因組織成分的不同而有所差異。核磁共振運用的是強力的磁場，它可以更清楚的顯現軟組織的影像，效果比用X光更好。
生物電阻法	電子產品Bodystat®和其他類似產品都屬於這類型的體脂計。它的原理是電流在水中的傳導速度比在脂肪中快。所以根據電流的傳導速度計算出體脂肪百分比。
人體測量	皮脂厚度、身高、體重、圍長、骨骼寬度和BMI。測量皮脂厚度時，需使用皮脂夾（用來夾住脂肪組織的一種測徑器）測量身體不同部位的脂肪量。

○ 生物電阻法

　　人們現在越來越常利用生物電阻分析儀來測量身體組成，因為它容易使用、方便攜帶而且相對價廉。這種測量法的原理是電流傳導的阻力與身體內非脂肪組織的多寡成反比。舉例來說，非脂肪組織（譬如肌肉、骨骼和血液）的成分幾乎都是水和電解質，因此生物電阻分析儀發出的電流大部分都能傳導。相反的，脂肪組織所含的水和電解質非常低，電流不易傳導。測量時儀器發出微小的電流（通常是0.4～0.8安培）通過貼在手與腳表面的電極，之後儀器測量這電流的阻力。電阻越高代表體內的脂肪組織越多；電阻越低則體內的瘦肉組織越多。接著儀器計算數據再轉換為脂肪百分比。商業用的生物電阻分析儀價格在30英鎊到數千英鎊之間。

> **儀器計算時會參照性別與年齡的設定，原因是多年前有人發現從29到30歲一夜之間預估的體脂肪增加了4%。**

　　採用這種方法測驗時得當心，由於生物電阻法主要是根據身體受測部位的含水量來估算，因此測驗前的條件都要標準化。測驗一定得在開始運動之前做，而不是等到運動流汗失去水分之後才做，原因在於水分流失、體溫改變以及手腳流汗會大大的影響電阻。基於這個理由，使用這測驗方法時要確認所有測試前的指示說明，在日後做追蹤測驗時都得完全比照辦理。

○ 皮脂厚度測驗

　　一般認為成年人50～70%的脂肪組織是位在皮下。這些囤積在皮下的脂肪顯然與身體內部的脂肪積聚有關連，因此利用一種稱為皮脂測量夾的工具來測量皮脂厚度逐漸風行起來，而它也是一種相當可靠的間接測量方法。構造簡單的皮脂測量夾可夾住身體表面不同部位的脂肪組織皮層。精確的皮脂厚度測量點非常關

測驗區：生物電阻法

所需設備

　　市面上有好幾種生物電阻分析儀可供選擇。測量的程序相當簡單，不論用哪種品牌的儀器，都應該遵守海沃德（Heyward）於1996年提出的測量前準備。

- 測量前的4小時開始禁食，不能吃東西也不能喝水。
- 測量前的12小時內不可做運動。
- 測量前的30分鐘內要排尿。
- 測量前的48小時內不可喝酒。
- 測量前的7天內不可服用利尿劑（增加水分流失）。

測驗步驟

1. 接受測量的人躺在不導電的檯面（如果你用的是金屬的工作臺，就得鋪上毯子和床單）。
2. 躺下時應注意大腿不要互相碰觸，雙臂也不可接觸到身體。
3. 依照儀器指示貼上電極，通常會貼在結構明顯的地方，譬如尺骨頂端（手腕，參見圖2.1a）以及內踝（腳踝，參見圖2.1b）。
4. 貼電極的地方皮膚要清潔，以免干擾訊號接收，此外根據所使用的電極類型，先在皮膚上塗抹導電凝膠再貼上電極。
5. 依照廠商的指示說明做測量，並記錄結果。

圖2.1a　電極與手相連

圖2.1b　電極與腳相連

鍵，即使只些微差距一公分也會大大的影響數值，尤其是腹部周圍的測量點。市面上幾種常用的皮脂測量夾。選擇用哪一種也是個重點，因為皮脂測量夾的類型也會影響測得數據的準確性。Harpenden、Lange和Holtain是最受青睞的皮脂測量夾品牌，售價在100～200英鎊之間。較低廉的塑膠製皮脂測量夾例如Slimguide有很多人使用，雖然不如Harpenden的精準也比較費力，但在訓練上仍然很管用，況且售價便宜許多大約15英鎊左右。歷年來發展出多種測量皮脂厚度的方式，經證實是有效的。在健康與健身產業裡運用得最普遍的是Durnin和Womersley在1974年開發出的「四點法」（four-site method），稍後測驗區以及表2.3中有詳細的說明。由於執行皮脂厚度測量時有潛在的誤差（特別是由不同的人來測量），所以測驗前的條件必須嚴格維持一致以降低潛在的測量誤差，讓以後的測量可以重複並增加可靠性。

測驗前的條件

- 進行測驗的房間要溫暖、明亮，在整個過程中要維護受試者的隱私。
- 受試者應盡量放鬆、保持舒適（女性最好穿著兩截式泳衣，但汗衫和短褲也可以）。
- 向受試者清楚說明測驗的步驟，進行測驗之前讓受試者填妥告知後同意表格。
- 為了標準化，所有的測量都在身體的右側進行。

　　一旦皮脂厚度都測量完畢後，開始計算體脂肪百分比，首先將四個點所測得的數據加總，並以釐米為單位。接著參考表2.4，在「總計」欄中找出上述的加總數值，再於平行列中依照你的年齡選擇對應的數值（男女的欄位不同），這便是體脂肪百分比。有一點要注意的是，「總計」欄的數字是以倍數列出，因此可能得「推估」實際的體脂肪百分比。

測驗區：皮脂厚度測驗（Durnin and Womersley, 1974）

所需設備

皮脂測量夾、捲尺、麥克筆

測驗步驟

- 檢測者在作記號處順著皮膚天然的裂隙線以拇指和食指捏起皮摺（圖2.2a）。
- 稍微轉動並拉起以分開皮摺和底下的肌肉。
- 測量夾在距離手指1公分處垂直的夾住皮摺（圖2.2b）。
- 放鬆測量夾握把，2秒後讀取數值至指針最接近的0.2mm標示。
- 每個測量點都要量3次，每次間隔2分鐘，讓受壓的組織能恢復正常。測量3次取中間的數值。
- 測量四個點，參見附表2.3：肱二頭肌、肱三頭肌、肩胛下方、髂前上嵴。

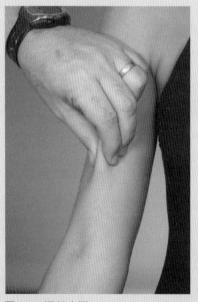

圖2.2a　捏起皮摺

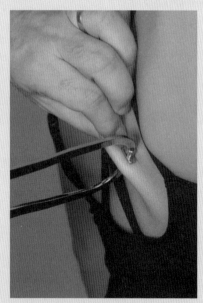

圖2.2b　測量夾夾住皮摺

表2.3	皮脂厚度檢測位置	
肩胛下方	由肩胛骨下方尖角處往下2公分,再橫向2公分的地方,以45度的斜角並順著皮膚天然的裂隙線捏起皮摺。	
肱三頭肌	由肱三頭肌後方,就在肘突至肩峰突中點處垂直的捏起皮摺。受試者的手掌向前。	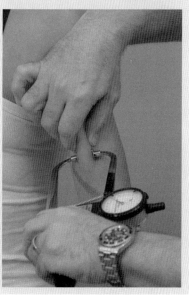

表2.3	皮脂厚度檢測位置	
肱二頭肌	由肱二頭肌前方,跟肱三頭肌測量點相同水平高度處垂直捏起皮摺。	
髂前上嵴	在髂嵴上方與前腋邊緣虛擬往下的垂直線上,斜捏起皮摺。就在髂上所在位置前方一點點。	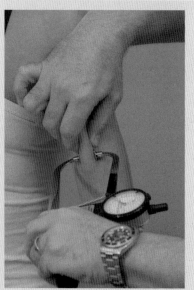

表2.4	皮脂厚度對照表						
	男性				女性		
總計				總計			
（mm）	16-29	30-49	50+	（mm）	16-29	30-49	50+
20	8.1	12.1	12.5	14	9.4	14.1	17.0
22	9.2	13.2	13.9	16	11.2	15.7	18.6
24	10.2	14.2	15.1	18	12.7	17.1	20.1
26	11.2	15.2	16.3	20	14.1	18.4	21.4
28	12.1	16.1	17.4	22	15.4	19.5	22.6
30	12.9	16.9	18.5	24	16.5	20.6	23.7
35	14.7	18.7	20.8	26	17.6	21.5	24.8
40	16.3	20.3	22.8	28	18.6	22.4	25.7
45	17.7	21.8	24.7	30	19.5	23.3	26.6
50	19.0	23.0	26.3	35	21.6	25.2	28.6
55	20.2	24.2	27.8	40	23.4	26.8	30.3
60	21.2	25.3	29.1	45	25.0	28.3	31.9
65	22.2	26.3	30.4	50	26.5	29.6	33.2
70	23.2	27.2	31.5	55	27.8	30.8	34.6
75	24.0	28.0	32.6	60	29.1	31.9	35.7
80	24.8	28.8	33.7	65	30.2	32.9	36.7
85	25.6	29.6	34.6	70	31.2	33.9	37.7
90	26.3	30.3	35.5	75	32.2	34.7	38.6
95	27.0	31.0	36.5	80	33.1	35.6	39.5
100	27.6	31.7	37.3	85	34.0	36.3	40.4
110	28.8	32.9	38.8	90	34.8	37.1	41.1
120	29.9	34.0	40.2	95	35.6	37.8	41.9
130	31.0	35.0	41.5	100	36.3	38.5	42.6
140	31.9	36.0	42.8	110	37.7	39.7	43.9
150	32.8	36.8	43.9	120	39.0	40.8	45.1
160	33.6	37.7	45.0	130	40.2	41.9	46.2
170	34.4	38.5	46.0	140	41.3	42.9	47.3
180	35.2	39.2	47.0	150	42.3	43.8	48.2
190	35.9	39.9	47.9	160	43.2	44.7	49.1
200	36.5	40.6	48.8	170	44.6	45.5	50.0

測驗區：腰臀比

所需設備

捲尺

測驗步驟

- 挺直站立、腹部和臀部放輕鬆、手放身旁、雙腳併攏。
- 測量腰部最窄處，臀部最寬處。
- 在肋骨下緣與髂上嵴的中間點的水平面測量腰圍（圖2.3a）。
- 受試者仍然站立，以捲尺測量臀部最寬處，讀數至0.1公分（圖2.3b）。
- 腰圍數值除以臀圍數值。

圖2.3a 測量腰部

圖2.3b 測量臀部

分級標準

根據世界衛生組織的標準，男性腰圍超過102公分，女性腰圍超過88公分表示罹患第二型糖尿病、冠心病和（或是）高血壓的風險增加。其他一些研究資料列出了年齡區隔的風險級別，譬如下列的表2.5，各版本數值範圍大都相近。

表2.5	腰臀比值的風險等級				
性別	年齡	風險低	中度風險	風險高	風險非常高
男性	20-29	＜0.83	0.83-0.88	0.89-0.94	＞0.94
	30-39	＜0.84	0.84-0.91	0.92-0.96	＞0.96
	40-49	＜0.88	0.88-0.95	0.96-1.00	＞1.00
	50-59	＜0.90	0.90-0.96	0.97-1.02	＞1.02
	60-69	＜0.91	0.91-0.98	0.99-1.03	＞1.03
女性	20-29	＜0.71	0.71-0.77	0.78-0.82	＞0.82
	30-39	＜0.72	0.72-0.78	0.79-0.84	＞0.84
	40-49	＜0.73	0.73-0.79	0.80-0.87	＞0.87
	50-59	＜0.74	0.74-0.81	0.82-0.88	＞0.88
	60-69	＜0.76	0.76-0.83	0.84-0.90	＞0.90

○ 腰臀比（WHR）

個人體內脂肪含量的多寡與疾病有關連，不僅如此就連它們的所在位置也有影響。事實上，中腹脂肪量就是公認引發心血管疾病的獨立危險因子。不過骨盆的結構和肌肉的分布也多少會影響到腰臀比，因此有些人質疑用這個方法估量身體組成是否可靠。大家都知道腰圍大小是估量中腹脂肪更好用的指標，而它也是冠心病的危險因子。所以檢測者應該直接測量腰圍，並且設定目標加以改善。

利用腰圍，比用腰臀比更占優勢的地方在於，只需要測量一次就夠了，這可降低測量誤差的風險。即使美國心臟協會已經不再推薦使用腰臀比，但倫敦的一些研究人員卻有不同的發現，研究顯示腰臀比在預測75歲以上老人死亡率上是個好指標。無論如何，檢測者要是決定使用腰臀比，最好遵照下列測驗區中列出的程序。

表2.6	腰圍數值的風險等級			
	男性		女性	
風險	公分	吋	公分	吋
非常高	＞120	＞47	＞110	＞43.5
高	100-120	39.5-47	90-110	35.5-43.5
低	80-99	31.5-39	70-89	28.5-35
非常低	＜80	＜31.5	＜70	＜28.5

表2.7	BMI和腰圍的風險等級，英國國家健康及臨床卓越研究院（NICE）版本		
	腰圍		
	低	高	非常高
男性 女性	＜94cm ＜80cm	94-102cm 80-88cm	＞102cm ＞88cm
正常體重	無增加風險	無增加風險	增加風險
體重過重 （BMI 25至30以下）	無增加風險	增加風險	高風險
肥胖 （BMI 30至35以下）	風險增加	高風險	極高風險

目前也有許多單以腰圍測量值歸納出的風險分級表，例如2009年美國運動醫學學會發表的資料。這對檢測者來說是非常簡便的選項，因為腰圍測量值本身就是某些疾病相當不錯的指標，像是第二型糖尿病和冠心病。相較於得測量兩個不同部位，單一的測量可以讓受試者容易記住並且專注於此。表2.6是取材自美國運動醫學學會資料修改後的腰圍風險表。

有些機構的健康指南甚至不止用一種方法去評估肥胖引發健康問題的風險。舉例來說，英國國家健康及臨床卓越研究院（NICE）針對體重過重及肥胖的預防、確認、評估與管理訂定了準則，建議檢測對象的BMI值要是低於35kg/㎡，在判定其引發相關健康問題的風險上應該同時採用BMI以及腰圍。這是因為成年人的BMI值為35kg/㎡或以上，就認定為是具有極高風險的人，不論他的腰圍大小如何。表2.7是利用BMI與腰圍測量值合併計算出來的風險等級表。

≫ 危險因子

雖然造成體重過重和肥胖的原因也包括了下視丘、內分泌和遺傳異常，但一般認為飲食以及體力活動不足才是主要原因或者說是風險因子。因此重要的是提倡體力活動使它成為每個人不可或缺的需求，因為研究證明規律的體力活動可以降低個人變胖的風險，與習慣久坐不動的人相比其降幅達50%。體重過重和肥胖通常還跟其他許多涉及體脂肪過多的健康問題脫離不了關係。根據McArdle, Katch and Katch（2006年）的研究，肥胖的人在某個階段可能會出現以下10種健康狀況：

1. 心血管疾病
2. 第二型糖尿病
3. 高血壓
4. 血脂異常（高血脂）

5. 中風

6. 睡眠時呼吸暫停（呼吸停止數秒鐘）

7. 退化性關節問題

8. 某些類型的癌症

9. 膽結石

10. 不孕

　　根據英國衛生部2004年的資料顯示，肥胖每年在英格蘭地區造成9000人過早死亡（BMI和死亡率的關連性參見圖2.4），相關健康問題的嚴重性由此可見。許多研究報告都推論，肥胖是導致第二型糖尿病的主要原因之一，然而只要減輕5%體重（這對大部分肥胖的人來說一點都不難達成），即可預防具有葡萄糖耐受性不良的肥胖者罹患第二型糖尿病。再者，研究顯示體重過重和肥胖的第二型糖尿病患者，減輕體重和死亡率下降有密切相關。肥胖和心血管疾病也有很強的關連性，肥胖的程度可以用來預測是否罹患心血管疾病，應用在婦女身上尤其準確。換句話說，體脂肪百分比越高罹患心血管疾病的風險也就越高。類似的相關性也出現在肥胖與所有癌症的死亡率上。

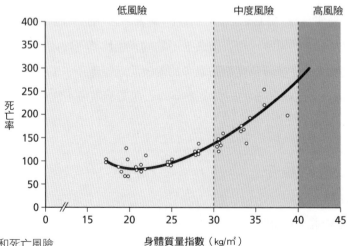

圖2.4　BMI和死亡風險

⟫ 體力活動的好處

　　美國運動醫學學會建議，從長遠來看，增加卡路里的消耗（體力活動）同時減少卡路里的攝入（攝食）是解決體重過重和肥胖最有效的辦法。這一點也是大家都同意的。以科學角度來看，這跟熱力學第一定律有關，基本上就是「能量不會無中生有，也不會莫名消失」。以體重過重或肥胖來說，這表示吃進肚子裡的任何食物都是能量的來源，它們要不是作為燃料供給身體活動所需，就是儲存起來。若是儲存，它們很可能就會以脂肪的形式儲存在體內。但能量要是用在身體活動上，它首先會轉換為化學能幫助肌肉做活動，然後大部分以「熱」的形式散失（因為我們不是很有效率的生物）。簡單的說，想要減輕體重，能量的消耗就要大於能量的攝入。基於這理由很多健康指南都建議，減重最好是節食與體力活動雙管齊下，然而這類減重還有其他的好處，例如：

- 降低脂肪組織的消耗
- 維持休息代謝率
- 改善血脂肪
- 持續長期的體重減輕
- 提升自尊
- 提高自我形象

　　關於長期的健康效益，資料顯示35%冠心病和糖尿病致死的人，以及32%大腸癌致死的人原本是可以避免此不幸的後果，如果他們能定期從事一些分級上算是激烈的體力活動（這是促使人參加各種運動的好理由）。活動不足的人比時常活動身體的人更容易變得過重或肥胖，這實在沒什麼好奇怪的。有許多研究論文，譬如Schultz and Schoeller（1994年）指出能量消耗與較低的脂肪量之間存在著關連性。換句話說，能量消耗程度較高的人往往會有比較低的體脂肪百分比。

也有一些論文證明體適能的程度和實質的體重增加之間有關連。例如Fogelholm and Kukkonen-Harjula（2000年）以及Di Pietro（1999年）的研究顯示，體適能程度越高有助於減少體重的增加。另外一些研究推論，越是久坐不動，體脂肪百分比就越高，如Martínez-González等人（1999年）以及Brown等人（2003年）的論文。大家都認同光靠身體活動很難達到減輕體重的目的，因此專家總會建議營養均衡的節食搭配漸進增加的體力活動同時進行。舉例來說，諸多研究如Blair and Bouchard（1999年）、Ross等人（2000、2004年）、Ross and Janssen（2001年）以及Mulvihil and Quigley（2003年）的論文顯示，單靠體力活動減重效果普通，大約每個月減輕0.5～1公斤左右，然而要是漸進增加體力活動同時配合減少卡路里的攝取，其減重效果顯著得多。儘管那些研究的實驗時間長短不一，結果也有些差異，但是總體而言，一致顯示體力活動程度越高（能量消耗越高），整體減重越多，特別是搭配均衡健康的飲食。

≫ 體力活動指導原則

關於以減輕體重為目標的體力活動，多種版本的健康指南一致建議，有氧型態的活動結合輕度的阻力訓練對此特殊族群而言是最理想的，由於他們的主要目的之一是增加能量消耗。以走路作為入門第一步展開體力活動課程通常是最佳方案，因為大部分人都不會覺得為難，進而提高了堅持下去的機會。運動指導員也應該鼓勵學員在日常生活作息中消耗更多能量，譬如將車子停在停車場的最遠端、走樓梯而非搭電梯、捨棄電視遙控器起身去轉台。不過要注意的是，這個族群的退出率不低，因此最好設定短期目標，而運動指導員也必須常常想辦法激勵學員。一般建議此特殊族群的人在參與任何體力活動課程之前，都應該先請教他的醫師並獲得其同意，確認身體沒有什麼潛在問題會因為做這些活動而惡化。表2.8是針對肥胖者的一般體力活動指導原則。

表2.8	肥胖者的體力活動指導原則	
	有氧訓練	肌力訓練
方式	• 考量關節所承受的壓力，應選擇低負荷的活動（走路、游泳）	• 在初始階段可採用健身操讓身體超負荷，之後學員就開始使用重量訓練器材
強度	• 低至中等強度 • 最大心跳率40～85 %HRmax • 運動自覺量表6～15分	• 負荷量設定在個人所能承受的範圍 • 逐漸增加強度讓身體超負荷
持續時間	• 每次20～60分鐘 • 慢慢逐步增加強度	• 最大重複量12～15RM，1～3組 • 運動間隔休息1～2分鐘
頻率	• 至少每週5天	• 每週2～3次
注意事項	• 避免衝擊性的活動 • 選擇非負重式的運動 • 每天消耗的能量大約在150～400大卡左右	• 避免衝擊性或震動性的運動

一般的注意事項

• 一般建議最好雙管齊下：一方面增加卡路里的消耗，同時又減少卡路里攝入（不少於1200大卡／天）。
• 負能量平衡（卡路里攝入減去卡路里消耗）500～1000大卡／天
• 目標定在每週最多減重1公斤。
• 肥胖的人容易有體溫過高的風險，因此要留意是否有過熱情形。

表2.9	活動量不足、低風險的訓練進度			
階段	週	每週次數	活動強度 （%HRmax）	持續時間 （分鐘）
開始階段	1 2 3 4	3 3～4 3～4 3～4	40～50 40～50 50～60 50～60	15～20 20～25 20～25 25～30
進步階段	5～7 8～10 11～13 14～16 17～20 21～24	3～4 3～4 3～4 3～5 3～5 3～5	60～70 60～70 65～75 65～75 70～85 70～85	25～30 30～35 30～35 30～35 35～40 35～40
維持階段	24+	3～5	70～85	20～60

　　大部分健康或健身教練（甚至是運動指導員）都有機會教到肥胖的學員（或者至少是體重過重）。儘管這些人各有其想達成的目標，而在運動強度和持續時間等方面的進展速度也各自不同，不過表2.9列出這些平常不太運動的人在進行一般心血管訓練課程時可採行的訓練進度。

　　這是一般通用的規劃，前提是假設在體力活動課程開始的階段（前四週）學員的體適能情況不佳。由於這個緣故，運動的強度設定得相當低且持續時間也不長。以少量的方式逐步加重訓練，而且得時常詢問當事人是否應付得來。和學員討論訂出極限目標，一旦達成後就做維持階段的體力活動以便養成規律運動的生活習慣。

【延伸閱讀】

- American College of Sports Medicine. (2001) Appropriate intervention strategies for weight loss and prevention of weight regain for adults. Position Stand. Medicine and Science in Sports and Exercise, 33:2145-2156

- American College of Sports Medicine. (2009a) MCSM's exercise management for persons with chronic diseases and disabilities (3rd edn). Champaign, IL: Human Kinetics

- American College of Sports Medicine. (2009a) MCSM's guidelines for exercise testing and prescription (8th edn). London: Lippincott Williams & Wilkins

- Astrup, A. & Finer, N. (2000) Redefining type 2 diabetes: 'Diabesity' or 'obesity' dependent diabetes mellitus'? Obesity Reviews, 1: 57-59

- Blair, S.N. & Bouchard, C. (1999) Physical activity in the prevention and treatment of obesity and its comorbidities: American College of Sports Medicine Consensus Conference (Roundtable Preface). Mdeicine and Science in Sports and Exercise, 31: S497

- Bouchard, C., Shephard, R.J. & Stephens, T. (1994) Physical activity, fitness and health . International proceedings and consensus statement. Champaign, IL: Human Kinetics

- Bouchard, C., & Tremblay, A. (1997) Genetic influences on the response of body fat ad fat distribution to positive and negative energy balances in human identical twins. Journal of Nutrition, 127: 943S-947S

- British Heart Foundation Health Promotion Research Group (2005) Coronary heart disease statistics. University of Oxford: Department of Public Health

- Brown, W.J., Miller, Y.D. & Miller, R. (2003) Sitting time and work patterns as indicators of overweight and obesity in Australian youth. International Journal of Obesity, 27: 1340-1346

- Butland, B., Kopelman, P., McPherson, K., Thomas, S., Mardell, J. & Parry, V. (2007) Foresight. Tackling obesities: future chorices-project report (2nd edn). London: Government Office for Science

- Camilo, D., Ribeiro, J., Toro, A., Baracat, E., & Filho, A. (2010) Obesity and asthma: Association or coincidence? Journal of Paediatrics, 86(1): 6-14

- Deckelbaum, R. & Williams, C. (2001) Childhood obesity: The health issue. Obesity Research, 9(4): 239-243

- Dehghan, M., Danesh, N. & Merchant, A.T. (2005) Childhood obesity, prevalence and prevention. Nutrition Journal, 4: 24

- Dehghan, M. & Merchant, A.T. (2008) Is bioelectrical impedance accurate for use in large epidemiologicalstudies? Nutrition Journal, 7: 26

- De Lorenzo, A., Bertini, I., Candeloro, N., Iacopino, L., Andreoli, A. & Van Loan, M. (1998) Comparison of different techniques to measure body composition in moderately active adolescents. British Journal of Sports Medicine, 32: 215-219

- Department of Health (2004) Choosing health: Making healthy choices easier. London: HMSO

- Department of Health (2006) Health Survey for England 2006: CVDand risk factors adults, obesity and risk factors children. London: HMSO

- Di Pietro, L. (1999) Physical activity in the prevention of obesity: Current evidence and research issues. Medicine and Science in Sports and Exercise, 31:S542-S546

- Di Pietro, L., Kohl, H.W., Barlow, C.E. & Blair, S.N.(1998) Improvements in cardiorespiratory fitness attenuate age-related weight gain in healthy man and women: The Aerobics Centre Longitudinal Study International Journal of Obesity, 22: 55-62

- Donnelly J.E., Jacobsen, D.J., Heelan, K. S., Seip, R. & Smith, S. (2000) The iffects of 18 months of intermittent vs continuous exercise on aerobic capacity, body weight and composition, anc metabolic fitness in previously sedentary, moderately obese females. International Journal of Obesity and Related Metabolic Disorders, 24: 566-572

- Drøyvold, W.B., Holmen J., Midthjell, K. & Lydersen, S. (2004) BMIchange and leisure time physical activity (LTPA): An 11-y follow-up study in apparently healthy men aged 20-69y with normal weight at baseline. International Journal of Obesity, 28: 410-417

- Durnin, J.V.G.A. & Womersley, J. (1974) Body fat assessed from total body density and its estimation from skinfold thickness: Measurements on 481 men and women aged from 16 to 72 years. British Journal of Nurtition, 32: 77F

- Farooqi, S. & O'Rahilly, S. (2006) Genetics of obesity in humans. Endocrine Reviews, 27(7): 710-718

- Fogelholm, M. & Kukkonen-Harjula, K. (2000) Does Physical activity prevent weight gain: A systematic review. Obesity Reviews, 1: 95-111

- Gaziano, J.M. (2010) Fifth phase of the epidemiologic transition: The age of obesity and inactivity. Journal of he American Medical Association, 303(3): 175-276

- Hager, R.L. (2006) Television viewing and physical activity in children. Journal of Adolescent Health, 39(5): 656-661

- Health Survey for England (2007) Healthy Lifestyles: Knowledge, attitudes and behaviour. Leeds: NHS Information Centre for Health and Social Care

- Heyward, V.H. (1996) Advance Fitness Assessment and Excise Prescription. Champaign: Human Kinetics

- Hillsdon, M., Foster, C. & Thorogood, M. (2005, 2006) Interventions for promoting physical activity (Review). Cochrane Database of Systematic Review, 1: CD 003180

- Hubert, H.B., Feinleib, M., McNemara, P.M. & Castelli, W.P. (1983) Obesity as an independent risk factor for cardiovascular disease: A 26-year follow-up of participants in the Framingham Heart Study. Circulation, 67: 968-977

- Kamimura, M., Avesani, C., Cendoroglo, M., Canziani, M., Draibe, A. & Cuppari, L. (2003) Comparison fo skinfold thicknesses and bioelectrical impedance analysis with dual-energy X-ray absorptiometry for the assessment of body fat in patients on long term haemodialysis therapy. Nephrology Dialysis Transplantation, 18: 101-105

- Kotani, K., Nishida, M. & Yamashita, S. (1997) Two decades of annual medical examinations in Japanese obese children: Do obese children grow into obese adults? International Journal of Obesity Related Metabolic Disorders, 21: 912-921

- Lobstein, T. & Frelut, M.L. (2003) Prevalence of overweight among children in Europe. Obesity Reviews, 4(4): 195-200

- Martínez-González, M. Á., Martínez, J.A., Hu, F.B., Gibney, M.J. & Kearney, J. (1999) Physical inactivity, sedentary lifestyle and obesity in the European Union. International Journal of Obesity, 23: 1192-1201

- McArdle, W.D., Katch, F.I. & Katch, V.L., (2006) Essentials of exercise physiology (3rd edn). Baltimore, MD: Lippincott Williams & Wilkins

- Mcinnis, K.J. (2000) Exercise and obesity. Coronary Artery Disease, 11(2): 111-116

- Mulvihill, C. & Quigley, R. (2003) The management of obesity and overweight: An analysis of reviews of diet, Physical activity and behavioural approaches. Evidence briefing (1st edn). London: Health Department Agency

- National Institute for Health and Clinical Excellence (2008) Promoting and creating built or natural environments that encourage and support physical activity (NICE public health guidance 8). London: NICE

- NHS Information Centre, Lifestyle Statistics (2009) Statistics on obesity, physical activity and diet: England, February 2009. London: NHS Information Centre for Health and Social Care

- Peterson, L., Schnor, P. & Sorenson, T.I.A. (2004) Longitudinal study of the long-term relationship between physical activity and obesity in adults. International Journal of Obesity, 28: 105-112

- Pinkney, J., Wilding, J., Williams, G. & MacFarlane, I. (2002) Hypothalamic obesity in humans: What do we know and what can be done? Obesity Reviews, 3: 27-34

- Prentice, A. M. & Jebb, S.A. (2001) Beyond body mass index. Obesity Reviews, 2(3): 141-147

- Puhl, R.M. & Heuer, C.A. (2009) The stigma of obesity: A review and update. Obesity Reviews, 17: 941-964

- Reilly, J.J., Methven, E., McDowell, Z.C., Alexander, D.A., Hacking, B., Stewart, L., & Kelnar, C. (2003) Health consequences of obesity: Systematic review. Archives of Disease in Childhood, 88: 748-752

- Ricciardi, R. & Talbot, L., (2007) Use of bioelectrical impedance analysis in the evaluation, treatment, and prevention of overweight and obesity. Journal of the American Academy of Nurse Practitioners, 19(5): 235-241

- Ross, R. & Janssen, I. (2001) Physical activity, total and regional obesity: Dose response consideration. Medicine and Science in Sports and Exercise, 33: S521-S527

- Ross, R. Dagnone, D., Jones, P.J.H. Smith, H., Paddags, A., Hudson, R. & Janssen, I. (2000) Reduction in obesity and related comorbbid conditions after diet-induced weight loss or exercise-induced weight loss in men. Annals of Internal Medicine, 133(2): 92-103

- Ross, R., Janssen, I. Dawson, J., Kungl, A.M., Kuk, J.L., Wong, S.L., Nguyen-Duy, T.B., Lee, S., Kilpatrick, K. & Hudson, R. (2004) Exercise-induced refuction on obesity and insulin resistance in women: A randomized controlled trial. Obesity Research, 12(5): 789-798

- Schulz, L.O. & Schoeller, D.A. (1994) A compilation of total daily energy expenditures and body weights in healthy adults. American Journal of Clinical Nutrition, 60: 676-681

- Slentz, C.A., Duscha, B.D., Johnson, J.L., Ketchum, K., Aiken, L.B., Samsa G.P., Houmard, J.A., Bales, C.W. & Kraus, W.E. (2000) Effects of the amount of exercise on body weight, body composition and measures of central obesity. Archives of internal Medicine, 164(1): 31-39

- Story, M., Sallis, J. & Orleans, T. (2009) Adolescent obesity: Towards evidence based policy and environmental solution. Journal of Adolessent Health , 45: S1-S5

- Wsterterp, K.R.& Goran, M.I. (1997) Relationship between physical activity related energy expenditure and body composition: A gender difference. International Journal of Obesity, 21: 184-188

- Williamson, D.F., Thompson, T.J., Thun, M., Flanders, D., Pamuk, E. & Byers, T. (2000) Intentional weight loss and mortality among overseight individuals with diabetes. Diabetes Care, 23(10): 1499-1504

- Wilmore, J.H., & Costill, D.L. (2007) Physiology of sport and exercise (4th edn). Champaign, IL: Human Kinetics

- World Cancer Research Fund /American Institute for Cancer Research (2007) Food, nutrition, phusical aactivity, and the prevention of cancer: A global perspective. Washington DC: AICR

- Woolf-May, K. (2006) Exercise prescription: Physiological foundations. London: Churchill Livingstone, Elsevier

- World Health Organization (2005) The challenge of obesity in the WHO European Region and the strategies for response. Denmark: WHO Press

- World Health Organization (2007) The world health report 2007- a safer future: Global publlic health security in the 21st century. Geneva: WHO Press

糖尿病
的體力活動

重　點

- 在英國大約有140～160萬人經確診為糖尿病患者。

- 第二型糖尿病在早期階段幾乎沒有什麼症狀，因而據估計約有半數的第二型糖尿病患者尚未診斷出來。

- 過去30年來兒童期糖尿病患者的人數增加了3倍。

- 肥胖的狀況急遽增加，連帶影響到第二型糖尿病患者人數，據估計第二型糖尿病患者中肥胖者占了80%。

- 就全球範圍來看，2010年全世界估計約有2.85億人罹患第二型糖尿病。到了2030年這數字預估增加到4.38億。

- 英格蘭地區的糖尿病人口約占5%，高於蘇格蘭、威爾斯和北愛爾蘭。

- 體力活動不足是發展為第二型糖尿病的主要風險。

- 經常活動身體的人罹患第二型糖尿病的風險，比習慣久坐不動的人低了33～50%。對於原本就是罹患第二型糖尿病高風險的人，其風險降幅可達64%。

- 在罹患第二型糖尿病的患者中，一週3次規律進行中等強度體力活動的人，在血糖控制上確實有小幅度的改善。有氧和阻力運動兩種課程都產生類似的效益。運動強度更高的體力活動帶來的效益更大。

- 對第二型糖尿病患者來說，體適能程度佳至中等似乎可以降低各種原因的死亡風險。

>> 怎麼一回事？

糖尿病的英文diabetes mellitus是由希臘文和拉丁文翻譯而來的，原始意義是「甜的尿液」。它是一種跟體內血糖調節有關代謝疾病，特別是在血糖的儲存上。血糖（即「葡萄糖」）是由我們吃下的醣類分解而來的。當我們吃進水果、蔬菜、義大利麵、麵包等食物，其中的醣類在體內消化分解為葡萄糖，接著為人體吸收進入血流中。這就是為什麼稱之為血中葡萄糖或血糖的原因，它是體內大腦與肌肉活動的主要燃料，而且無論身體是在休息還是處於勞動狀態，它通常都會維持在一定的濃度。為了維持穩定，身體釋出不同的荷爾蒙（它們是化學信差）來調控這個過程，其中兩個主要的荷爾蒙是胰島素和升糖素。胰島素是由胰臟中一種特殊細胞（稱為 β 細胞）分泌的，而胰臟的位置就在胃的後方（參見圖3.1）。

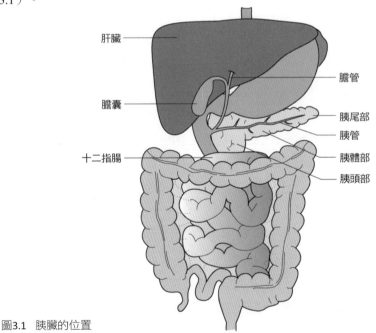

圖3.1　胰臟的位置

當血糖的濃度升得太高（這狀況即是所謂的高血糖症，通常是吃進食物後引起的），胰臟便產生反應分泌胰島素進入血流中。胰島素會促使血液中的葡萄糖運送到器官與肌肉細胞裡，因而降低血糖濃度使它維持在人體偏好的範圍內。升糖素的作用則相反，在血糖過低時發揮功效。一旦胰臟的胰島素分泌不足，或者胰島素已經分泌了卻沒產生應有的效果，這樣的狀況就是糖尿病。假如某個人發生這種狀況，他的身體將無法調節血糖濃度，不是導致血糖過高（高血糖症）就是血糖過低（低血糖症）。跟這疾病有關的專業術語還有還有不少。

「胰島素敏感性」或「胰島素阻抗性」指的是器官與肌肉細胞對胰島素的作用到底有多敏感。「葡萄糖耐受性」則反過來指的是人體吸收和儲存葡萄糖的能力如何。長期下來糖尿病會引發其他的身體毛病，例如：

- 失明
- 腎臟衰竭
- 神經功能障礙
- 心臟問題
- 血管受損

依照糖尿病性質的不同，基本上可區分為兩大類，即第一型糖尿病和第二型糖尿病，以及一個少見的類別 —— 妊娠糖尿病。還有一種狀況稱之為「葡萄糖耐受性不良」，指的是身體無法正常的調節葡萄糖，但是還不到糖尿病的階段，但它通常出現在第二型糖尿病發病前。

○ 第一型：胰島素依賴型糖尿病（IDDM）

這類型的糖尿病也稱為幼年型糖尿病，因為它主要發生在較年輕的族群。罹患此疾病的人由於胰臟無法分泌胰島素，所以得依賴定期注射胰島素維持健康。

病人中有很多都會現「酮酸中毒」的情況，這是因為運送至肌肉細胞的葡萄糖不足導致了酮體累積，進而使血液的pH值下降（變酸性）產生毒性，最終可能致命。統計數字顯示，糖尿病患者中約有5～10%是屬於第一型。

◎ 第二型：非胰島素依賴型糖尿病（NIDDM）

這一類型的糖尿病也稱為成年型糖尿病，因為它主要發生在年紀較大的人身上，雖然如此罹患第二型糖尿病的兒童人數也有增加的趨勢。這類型的患者不需要注射胰島素來調節他們的血糖濃度。此症狀是患者體內的器官和肌肉沒有能力吸收和儲存葡萄糖，換句話說，問題的癥結在於對胰島素產生阻抗。第二型糖尿病和肥胖之間有很密切的關連，因此一般建議採取節食外加體力活動為主要治療方法，以幫助調控血糖濃度並且減少體脂肪。統計數字顯示，糖尿病患者中約有85～90%是屬於第二型。

圖3.2　套裝胰島素注射器

第三類型稱為妊娠糖尿病（GDM），它只出現在懷孕婦女身上（發生率約3～10%），跟其他兩大類相比，病患人數少很多。大部分案例的因應方法是節食配合體力活動，生產後病症往往就會隨之消失。但是要特別注意，它可能導致日後母親與嬰兒罹患糖尿病的風險增加。例如美國運動醫學學會的報告指出，曾經出現妊娠糖尿病的婦女在多年後約有50%會產生第二型糖尿病，確實原因目前還不清楚。

>> 盛行率

英國國內大約有140～160萬人經確診為糖尿病患者。但由於第二型糖尿病在早期階段幾乎沒有什麼症狀，因此推估約有半數的第二型糖尿病患者尚未診斷出來。過去30年來兒童期糖尿病的案例增加了3倍。肥胖增加的情況驚人，連帶影響到第二型糖尿病患人數，因為據估計80%第二型糖尿病患者都屬於肥胖者。2010年全球罹患第二型糖尿病的人數據估計大約是2.85億（根據英國糖尿病協會發表的Key Statistics on Diabetes），而到了2030年這數字預估會增加到4.38億。該報告也提及2009年英國國內成年人口的糖尿病盛行率（參見附表3.1）。

超高病患人數所帶來的衝擊可由2007年一篇標題為：英國國家醫療服務內的糖尿病（Diabetes in the NHS）報告中清楚看出，內容敘述該疾病每年估計要耗費英國國家醫療服務35億英鎊（每天超過900萬英鎊），相當於整個預算的9%左右。最近Yorkshire and Humber Public Health Observatory（2008年）的報告指出，在20～79歲年齡層中12%以上的死亡案例推估是由糖尿病造成，因而呼籲迫切需要採取行動預防。儘管罹患糖尿病的風險隨著年齡增加，但從2005年至2010年預估增加的糖尿病患人數，超過半數可歸因於持續攀升的體重過重和肥胖人口。

›› **症狀**

與兩種糖尿病相關的癥候和症狀有很多。表3.2概括列出常見的癥候和症狀。第二型糖尿病也常伴隨著血壓升高、血脂肪濃度失調，並且容易形成血栓（血塊）。

表3.1	2009年成人糖尿病的盛行率	
國家	盛行率	人數
英格蘭	5.1%	2,213,138
北愛爾蘭	4.5%	65,066
威爾斯	4.6%	146,173
蘇格蘭	3.9%	209,886

由於這些以及其他的連帶影響，第二型糖尿病患者罹患冠狀動脈疾病（導致心臟病發、心絞痛）、周邊動脈疾病（下肢間歇痛、壞疽）以及頸動脈疾病（中風、失智）的風險增加。糖尿病的長期影響可能導致許多其他毛病或併發症。其影響包括：

- 導致工作年齡人口失明的最常見原因
- 導致截肢和末期腎衰竭的最常見原因
- 中風的機率增加4倍
- 降低第二型糖尿病患者的壽命7～10年（第一型患者15～20年）
- 得心臟病的風險增加3～4倍，憂鬱的風險增加3倍

其中部分併發症是因為血液循環不良和養分運輸受阻造成的。60～70%的患

者也會出現神經受損的情形，這種狀況稱之為「神經病變」，它常會造成足部感覺遲鈍，即所謂的「糖尿病足」。此外其視網膜也會受損，即「視網膜病變」。

>> 診斷

第二型糖尿病很難診斷，因為很多罹患這疾病的人在早期幾乎沒有或根本沒有症狀，多半是因為定期的健康檢查或為別的毛病做篩檢試驗而意外診斷出來。就因為如此，英國有成千上萬人沒意識到自己有這毛病。大多數的第二型糖尿病患者經常是出現了其他嚴重的併發症就醫後才確診。大部分診斷檢測都得在特定條件下抽血檢驗葡萄糖濃度。最常使用的三種葡萄糖檢測為：隨機血糖檢測、空腹血糖檢測與葡萄糖耐受性測試。有關這些檢測的精確規定可以參閱世界衛生組織／國際糖尿病聯合會於2006年發表的報告（詳見本章末尾的延伸閱讀）。該報告中也列出了血糖檢測值的分級標準。

表3.2	第一型與第二型糖尿病的癥候和症狀
第一型	第二型
頻尿（多尿）	任何第一型的症狀
異常口渴（多喝水）	經常感染
極端飢餓（多食）	視力模糊
異常的體重減輕	傷口／瘀青痊癒緩慢
極端疲勞、倦怠	手／腳麻木
易怒、心情改變	反覆感染
思想混亂	老年人失禁
視力問題	通常無症狀

一旦糖尿病經合格的專業人員（通常是一般科醫師）確診後，在一段時間內要不時檢測血糖濃度以便醫師判斷病人的病情是否惡化。做檢測有好處也有壞處，任何形式的檢測都涉及時間、金錢和便利性。這也就是為什麼會有人提議讓第二型糖尿病患者定期自我檢測血糖濃度，如此不僅可以解決部分的問題，還能大大提升患者的生活品質並得到更好的血糖控制。可是也有一些研究結論並不支持這樣的建議，因此爭議還持續著。說到在一段時間內持續監測，目前有一種長期血糖控制的標準化度量稱為「糖化血紅素」（glycated haemoglobin, HbA1c），英國國家健康及臨床卓越研究院的建議是第二型糖尿病患者依照其血糖控制的穩定度和用藥變更，每2～6個月（由合格專業人士判定）做一次糖化血紅素檢測。

　　有意思的是美洲印地安人測驗糖尿病的方法是，觀察螞蟻是否受到個人的尿液所吸引。現今第一型糖尿病患者通常都會做酮試驗，而這只能在醫療診所裡進行。酮是體內脂肪酸分解時所產生的化學物質，含量高時對人體有害。由於胰島素具有調節酮濃度的功能，所以糖尿病患者會受高濃度的酮所苦。通常發生下列情況時會取尿液樣本做酮試驗：

- 判斷血糖濃度高時
- 生病期間，譬如肺炎、心臟病發或中風
- 發生噁心或嘔吐時
- 懷孕期間

　　另外還有一些針對第一型糖尿病患的檢測，稱之為「抗體」試驗。一般是在醫療診所內進行，例如下列幾種：

- 麩胺酸脫羧酶自體抗體檢驗（glutamic acid decarboxylase antibody tests）
- 胰島細胞自體抗體檢驗（islet cell antibody tests）
- 胰島素抗體檢驗

>> 危險因子

　　根據英國糖尿病協會的建議，如果你是白種人、超過40歲，或者你是25歲以上非裔、亞裔或少數民族，並且具有下列一種或以上的危險因子，就應該要求你的醫師為你做糖尿病檢驗：

- 父母／兄弟姊妹有人罹患糖尿病

- 家庭背景是阿拉斯加原住民、美洲印地安人、非裔美國人、西班牙裔／拉丁美洲裔、亞裔美國人或太平洋島國的人

- 曾經罹患妊娠糖尿病或產下超過9磅（約4.08公斤）的胎兒

- 有高血壓

- 膽固醇的濃度不在標準範圍內

- 身體活動量不足

- 罹患多囊性卵巢症候群

- 有空腹血糖異常或葡萄糖耐受不良的現象

- 與胰島素不耐症有關的任何臨床症狀

- 有心血管病史

　　一般認為體力活動不足是罹患第二型糖尿病的主要危險因子之一。Kelley and Goodpaster（2001年）和Ivy等人（1999年）兩篇報告指出，不常活動身體的人罹患第二型糖尿病的情況更普遍，很多研究報告也有類似的結論。Manson等人（1991，1992年）和Lynch等人（1996年）的研究進一步檢視了活動不足與第二型糖尿病的關連，結果顯示做運動的人其罹患第二型糖尿病的風險降低了33～50%，而且運動量越大，致病的風險越低。部分研究甚至鎖定什麼類型的活動可以降低風險，舉例來說，根據Hu and colleagues（1999年）的報告顯示，走路和騎單車顯然會降低罹患第二型糖尿病的風險。

所需設備

可參考選擇市面上各種測量血糖的成套器具

測驗步驟

不限制時間隨機測量血糖，測兩次。若數值均超過 11.1 mmol/l 就判斷是糖尿病。

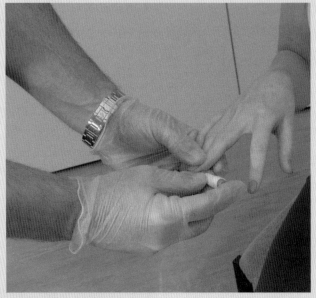

圖3.3　典型的血糖檢測

空腹血糖檢測

可參考選擇市面上各種測量血糖的成套器具

測驗步驟

經過一夜禁食之後測量血糖，分別在不同天共檢測兩次。數值超過7.0 mmol/l 就判斷是糖尿病。表3.3為空腹血糖濃度的診斷標準。

表3.3	空腹血糖檢測的診斷標準
級別	血糖濃度（mmol/l）
良好	4.4
正常	小於6.1
血糖異常（偏高）	6.1-7.0
糖尿病	大於7.0
低血糖	低於2.8

葡萄糖耐受性測試

這個試驗是讓受測者服用含有標準75公克葡萄糖的口服液。首先經過一夜禁食之後先抽血採取樣本，服用口服液後2小時再次抽血測量。2小時後所測得的血糖濃度高於11.1 mmol/l 判定罹患了糖尿病，數值低於7.8 mmol/l 則屬於正常。若數值介於這兩者之間則表示葡萄糖的耐受度降低，也就是所謂的葡萄糖耐受不良（IGT）。葡萄糖耐受不良不僅只是糖尿病前期，具有此狀況的人產生糖尿病相關症狀的風險會增加，例如心臟病。

≫ 體力活動的好處

假如糖尿病患者能在適當的監控下開始做活動，其血糖濃度會降低，而所需的胰島素劑量也會減少。重要的是，隨時遵從醫師的指示調整用藥，不然會造成問題，因為體力活動具有類似胰島素的功效。然而許多研究人員認為在糖尿病的照護和治療上，體力活動是非常重要的一環。它的效益可參見附表3.4。

不過要注意的是，體力活動能帶給第二型糖尿病患者許多益處，但是對第一型的患者是否也同樣有益處則仍然不確定。然而有一點是很清楚的，在葡萄糖耐受性不良的情況出現之前就加強體力活動最有可能預防罹患第二型糖尿病。

表3.4	體力活動對糖尿病的益處
益處	說明
改善血糖控制	第二型糖尿病患者可以利用體力活動幫助控制血糖濃度。第一型的患者就不要用這方式控制血糖，但可以享受體力活動帶來的其他好處。
改善胰島素敏感性	由於改善了胰島素敏感性，第一型糖尿病的患者就可以降低使用胰島素的劑量。
減少脂肪	隨著體重減少會增加胰島素的敏感性，可以讓第一型糖尿病患者減少胰島素的必需劑量。
心血管方面的助益	這些好處不僅適用於糖尿病患者身上，對一般健康的人也同樣適用。
預防第二型糖尿病	體力活動在預防第二型糖尿病上有其功效。

關於體力活動程度與罹患糖尿病風險之間的關連，多年來已經累積不少研究。一般都同意體力活動的程度越高，罹患第二型糖尿病的風險就越小。根據Helmrich and colleagues（1991年）的研究顯示，不同程度的能量消耗（每個層級增加500仟卡）其罹患第二型糖尿病的風險程度也有差異（能量消耗每增加一級，風險便降低6%左右）。另一項研究Hu等人（1991年）也同樣指出，從事園藝和走路等體力活動程度較高的人，其罹患第二型糖尿病的風險較低。

>> 體力活動指導原則

大部分的糖尿病患者都得遵守用藥、飲食、血糖濃度和體力活動相關的照護原則。用藥方面包括降葡萄糖藥劑、降血壓藥劑、降血脂藥劑、胰島素和口服降血糖藥劑（OHAs），OHAs的作用是促進胰臟分泌胰島素並增加其敏感度。就運

表3.5	糖尿病患者的體力活動指導原則	
	有氧訓練	肌力訓練
方式	• 若是肥胖者，選擇最消耗卡路里的活動	• 延長暖身運動和漸進的緩和運動 • 焦點放在上半身
強度	• 低至中等強度 • 最大心跳率55～90%HRmax • 運動自覺量表9～17 RPE	• 選用當事人能承受的負荷量 • 增加重複次數達到超負荷，其次才漸增強度
持續時間	• 每次5～30分鐘 • 增加持續時間而非運動強度 • 緩慢漸進	• 做12～15 RPE的運動 1～3組 • 運動間隔休息1～2分鐘
頻率	• 每週4～6天	• 每週2～3次 • 鼓勵當事人從事不同形式的活動
注意事項	• 穿合適的鞋子因為可能有「糖尿病足」 • 開始運動課程後要時常監測血糖	• 盡力呼氣 • 避免衝擊性或慢跑活動 • 避免讓腳承受太大壓力（如蹲下等）

一般注意事項

• 確認醫師同意做體力活動。
• 訓練時最好有人相伴。
• 大熱天運動要謹慎，隨時補充水分避免脫水。
• 從事活動時隨身攜帶快速吸收的醣或葡萄糖。
• 骨骼傷害、心血管疾病和體溫過高的風險增加。
• 假如血糖值高於14.0或低於4.0mmol / l暫緩活動，但應該看醫師確認最新的數值。
• 避免在夜深的時候做運動，因為為密集活動過後幾小時可能會發生低血糖症狀。
• 用餐後1～2小時才做運動。
• 意識混亂、噁心、嘔吐、頭痛、發冷、顫抖等症狀，有可能代表血糖過高或過低。立刻停止運動並採取適當行動。
• 避免會讓血壓升高的活動（例如舉重的抬舉），因為這會增加視網膜病變的風險。

動指導原則方面，Lynch等人（1996年）研究報告指出，每星期至少做一次40分鐘中等強度的體力活動才足以預防罹患第二型糖尿病，而低強度的體力活動不管做多久都沒有預防效果。不過這樣的結論得小心看待，因為一般公認規律的參與低強度的體力活動課程對健康大有益處，就算目標只是讓參與運動者能夠應付逐漸增加的運動強度。

　　一般來說，建議選擇能動用到大量肌肉群的活動，而且運動強度達到低至中等，表3.5是糖尿病患者從事體力活動時的通用準則。

表3.6	一般的葡萄糖來源
葡萄糖來源	量
糖	2茶匙或3塊方糖
蜂蜜	2茶匙
水果乾	1/4杯
葡萄糖凝膠	葡萄糖9.2公克/ 23公克口服安瓶
牛奶	200ml（大約一杯）
葡萄糖飲料	Lucozade / Sparkling Glucose 50～55ml （非低卡）
可口可樂	90ml（非健怡可樂）
利賓納濃縮原汁（飲料）	15ml（加水稀釋）

　　萬一有人在運動課程中出現低血糖症狀，最重要的是必須儘快讓當事人攝取葡萄糖。

　　大約10公克的葡萄糖即足夠，葡萄糖的來源可參考表3.6所列。此外也建議糖尿病患者每活動30分鐘就應補充10公克左右的葡萄糖，避免發生低血糖情況。

【延伸閱讀】

- American College of Sports Medicine (2009a) ACSM's exercise management for persons with chronic diseases and disabilities (3rd edn). Champaign, IL: Human Kinetics

- American College of Sports Medicine (2009a) ACSM's guidelines for exercise testing and prescription (8th edn). London: Lippincott Williams & Wilkins

- Armstrong, N. (2007) Advances in sport and exercise science series: Paediatric exercise physiology. Philadelphia, PA: Churchill Livingstone Elsevier, 326-331

- Department of Health (2008) Five years on delivery of diabetes national service framework. London: DH Publications

- Diabetes UK (2010) Diabetes in the UK 2010: Key statistics on diabetes. Available online at www.org.uk

- Farmer, A., Wade, A., Goyder, E., Yudkin, P., French, D., Craven, A., Holman, R., Kinmonth, A. & Neil, A. (2007) Impact of self monitoring of blood glucose on the management of patients with non-insulin treated diabetes: Open parallel group randomised trial. British Medical Journal, 335(7611): 132

- Ford, E.S., Williamson, D.F. & Liu, S. (1997) Weight change and diabetes incidence. Findings from a national cohort of US adults. American Journal of Epidemiology, 146 (3): 214-222

- Fox, C. & Kilvert, A. (2007) Type 2 diabetes: Answers at your fingertips (6th edn). London: Class Publishing

- Harris, M. (2001)Frequency of blood glucose monitoring in relation to glycaemic control in patients with type 2 diabetes. Diabetes Care, 24: 979-982

- Harris, M.I., Klein, R. , Welborn, T.A. & Knuiman, M.W. (1992) Onset of NIDDM occurs at least 4-7 years before clinical diagnosis. Diabetes Care, 815-819

- Hawley, J.A. & Zierath, J.R. (2008) Physical activity and type 2 diabetes. Therapeutic effects and mechanisms of action. Champaign, IL: Human Kinetics

- Helmrich, S.P., Ragland, D.R., Leung, R. & Paffenbarger, R.S. (1991) Physical activity and reduced occurrence of non-insulin-dependent diabetes mellitus. New England Journal of Medicine, 325: 147-152

- Hu, F.B. Sigal, R.J., Rich-Edwards, J.W., Colditz, G.A., Solomon, C. G., Willett, W.C., Speizer, F.E. & Manson, J. E., (1999) Walding compared with vigorous physical activity and risk of type 2 diabetes in women. Journal of the American Medical Association, 282:

1433-1439

- Ivy, J.L., Zderic, T.W. & Fogt,D.L., (1999) Prevention and treatment of non-insulin-dependent diabetes mellitus. Exercise and Sport Sciences Reviews, 27: 1-35

- Jaworska, J., Dziemidok, P., Kulik, T.B. & Rudnicka-Drozak, E. (2004) Frequency of self-monitoring and its effect on metabolic control in patients with type 2 diabetes. Annales Universitatis Mariae Curie-Sklodowska-Sectio d-Medicina, 59(1): 310-316

- Kelley, D.E. & Goodpaster, B.H. (2001) Effects of exercise on glucose homeostasis in type 2diabetes mellitus. Medicine and Science in Sports and Exercise, 33: S495-S501

- Lynch, J., Gelmrich, S.P., Lakka, T.A., Kaplan, G.A., Cohen, R.D., Salonen, R. & Salonen, J.T. (1996) Moderately intense physical activities and high levels of cardiorespiratory fitness reduce the risk of non-insulin-dependent diabetes mellitus in diddle-aged men. Archives of Internal Medicine, 156: 1307-1314

- Mackinnon, M. (1995) Providing diabetes care in general practice (2nd edn). London: Class Publiching

- Manson, J.E., Nathan, D.M., Krolewski, A.S., Stampfer, M.J., Willette, W.C. & Hennekens, C.H. (1992) A prospective study of exercise and incidence of diabetes among USA male physicians. Journal of the American Medical Association, 268: 63-67

- Manson, J.E., Rimm, E.B., Stampfer, M.J., Colditz, G.A., Willett, W.C., Krolewski, A.S., Rosner, B., Hennekens, C.H. & Speizer, F.E. (1991) Physical activity and incidence of non-insulin dependent diabetes mellitus in women. Lancet, 338: 774-778

- McDowell, J.R.S. & Gordon, D. (1996) Diabetes: Caring for patients in the community. Edinburgh: Churchill Livingstone, 21-34

- Murata, G.H., Duckworth, W.C., Shah, J.H., Wendel C.S., Mohler, M.J. & Hoffman, R.M. (2009) Blood glucose monitoring is associated with better glycemic control n type 2 diabetes: A database study. Journal of General International Medicine, 24(1): 48-52

- National Institute of Health and Clinical Excellence (NICE) (2002) Inherited clinical guidance. Management of type 2 diabetes: Management of blood glucose. London: NICE

- National Institute of Health and Clinical Excellence (NICE) (2004) Type 1 diabetes: Diagnosis and management of type1 diabetes in children, young people and adults. Clinical guideline 15. London: NICE

- National Institute of Health and Clinical Excellence (NICE) (2008) Type 2 diabetes: The management of type 2 diabetes. Clinical guideline 66. London: NICE

- National Statistics (2003) Health Survey for England Summary of key findings. National Statistics (accessed 19 March 2010)

- NHS (2007) Diabetes in the NHS. Available online at www.nhs.uk/conditions/diabetes/pages/introduction.aspx

- NHS (2009) Diabetes type I. Available online at www.nhs.uk/conditions/diabetes/pages/introduction.aspx. (last accessed 19th March 2010)

- NHS Information Centre, Lifestyle Statistics (2009) Statistics on obesity, physical activity and diet: England, February 2009. London: NHS Information Centre for Health and Social Care

- overland, J.E., Hoskins, P.L., McGill, M.J. & Yue, D.K. (1993) Low literacy: A problem in diabetes education. Diabetic Medicine, 10(9): 847-850

- Sudeck, C.D., Rubin, R.R. & Shump, C.S. (1997) The Johns Hopkins guide to diabetes for today and tomorrow. London: Johns Hopkins Press Ltd, 3-119

- Valentine, V., Biermann, J. & Toohey, B. (2008) Diabetes the new type 2. Your complete handbook for living healthfully with diabetes type 2. New York: Penguin

- World Health Organization/International Diabetes Federation (2006) Definition and diagnosis of diabetes mellitus and intermediate hyperglycaemia. Report of a WHO/IDF consultation. Geneva, Switzerland: WHO Press

- Yorkshire and Humber Public Health Observatory (2008) Diabetes attributable deaths. Estimating the excess deaths among people with diabetes. YHPHO

慢性阻塞性肺病
的體力活動

4

重　　點

● 慢性阻塞性肺病是一種致命的肺部毛病，不僅無法根治而且總會以某種形式表現，不過治療可以延緩疾病的進程。

● 慢性阻塞性肺病是已開發國家中最常見的呼吸道疾病，據估計約有2.1億人罹患此疾病，而它也是全球第四大死亡原因。

● 在英格蘭與威爾斯地區大約有90萬人罹患慢性阻塞性肺病（或許還有45萬人左右尚未診斷出來）。

● 每年有超過25萬人因慢性阻塞性肺病末期病故。

● 單在2005年就有300萬人以上死於此疾病，相當於該年全體死亡人數5%。

● 現在這個疾病對男女的影響幾乎無差別。

● 因慢性阻塞性肺病死亡的人數預估在未來10年會增加30%。

● 儘管體力活動對患者的壽命沒影響，但研究顯示對於患者的整體生活品質確實有幫助，例如：

 · 減輕症狀

 · 改善肌肉的力量

 · 增加心理上的安適（減少焦慮等）

 · 改善功能性活動的能力

 · 降低住院治療和死亡風險

》 怎麼一回事？

慢性阻塞性肺病（COPD）是一種可能致死的肺部毛病，通常的定義是「呼吸道持久阻塞無法完全復原的一種疾病狀況」。換句話說，這症狀可以預防，但是無法治療痊癒，而且總會以某種形式表現，然而治療可以延緩疾病的進程。有很多呼吸道毛病會演變為慢性阻塞性肺病，例如氣喘（詳見第五章）、肺氣腫和慢性支氣管炎。另外吸菸會導致慢性阻塞性肺病也是大家普遍贊同的。

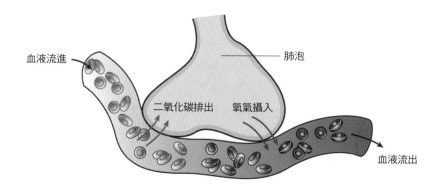

圖4.1　氧氣與二氧化碳在肺部交換

○ 肺氣腫

這種會導致慢性阻塞性肺病的疾病是由於肺部的肺泡（微小的氣囊）受損引起的。肺部內的肺泡是氧氣（O_2）進入血流以及二氧化碳（CO_2）離開血流的出入口，如圖4.1所示。上述兩種氣體進出的過程稱為「氣體交換」。這簡單的過程代表著我們吸入的氧氣（空氣的一部分）可以進入血流運往身體各處；同樣也代表著，體內能量產生過程中所生成的廢棄物二氧化碳經此途徑呼出體外。一

旦肺泡受損導致肺氣腫就會引發兩大問題。首先，活動中的肌肉能獲得的氧氣補給少很多，因此肺氣腫患者會發現自己力不從心，難以做任何體力活動。再來就是，肺泡在正常情況下是有彈性的，但肺氣腫患者的情況不同，他們的肺泡變硬失去彈性，因此吐氣變得困難，進而造成空氣滯留在肺部。

○ 慢性支氣管炎

這也是會導致慢性阻塞性肺病的疾病。慢性支氣管炎的情況是通往肺部的氣管（即支氣管）發炎、黏液增多造成慢性咳嗽。由於發炎和黏液聚積使得氣管變窄，肺部的氣體進出量因此減少。就像肺氣腫一樣會造成呼吸困難、只能稍微活動或甚至無法做任何體力活動。

≫ 盛行率

根據世界衛生組織的資料，慢性阻塞性肺病是已開發國家中最常見的呼吸道疾病，此外它也是位居全球第四大的死亡原因（大約全部死亡人數的5%是因為慢性阻塞性肺病致死的）。在英格蘭與威爾斯地區大約有90萬人罹患此病（或許還有45萬人左右尚未診斷出來）。每年有超過25萬人因慢性阻塞性肺病末期病故，由此事實可看出這個疾病的嚴重性。世界衛生組織也發表了下列有關慢性阻塞性肺病及其對全球影響的資訊。

- 據估計全球大約有2.1億人罹患此疾病。
- 在2005年有300萬人以上死於慢性阻塞性肺病，相當於該年度全體死亡人數的5%。
- 現在這個疾病對男女的影響幾乎無差別。
- 所有因慢性阻塞性肺病死亡的人數預估在未來10年會增加30%。

▶▶ 症狀

　　儘管許多慢性阻塞性肺病的相關症狀可能會跟其他疾病的症狀類似，但下面的表4.1仍列舉了慢性阻塞性肺病最常見的症狀並加以說明。然而有一點得謹記在心，表中列出的症狀有可能會隨著時間逐漸惡化。譬如，爬一小段樓梯或提起小行李箱之類的日常活動，可能會因為病情多年來逐漸惡化而變得困難重重。基於這原因，罹患慢性阻塞性肺病的人通常功能極端退化，所以任何形式的體力活動都讓他們覺得很不舒服。

表4.1	慢性阻塞性肺病的症狀
症狀	說明
慢性咳嗽	咳嗽可能輕微不嚴重，但卻久咳不癒
長期有痰	通常持續嗽會咳出濃痰
呼吸困難	甚至稍微用點力就會氣喘吁吁
喘鳴	慢性阻塞性肺病患者一般都會有喘鳴現象，運動時會更嚴重
急性支氣管炎反覆發作	這只能由醫師診斷
血中二氧化碳濃度高	以肌肉顫抖、肢體溫暖和跳躍性脈搏的方式表現
血中氧氣濃度低	焦躁不安、意識混亂、發紺（皮膚呈青紫色）代表血液中氧氣濃度低
肌肉無力	30%的慢性阻塞性肺病患者出現肌肉流失的現象
運動耐受力	慢性阻塞性肺病患者的心血管功能受到極大影響

⏩ 危險因子

表4.2	慢性阻塞性肺病的主要危險因子
遺傳因素	一般認為除了暴露於二手菸之外,還得有其他因素(例如遺傳)共同作用才會讓人得到慢性阻塞性肺病。雖然大部分人都同意這當中有基因上的關連,但是到底為什麼有些人容易受到二手菸的影響而其他人卻不會,其原因仍然不明。
呼吸道過度反應	支氣管過敏(這也是氣喘的特徵)是指人們呼吸時吸入了某些刺激物引起呼吸道突然收縮;許多慢性阻塞性肺病患者也有這種毛病,只是不清楚過度反應是導致慢性阻塞性肺病的原因還是其結果。
吸菸	一般公認菸草的煙霧(包括二手菸或暴露於吸菸環境)是造成慢性阻塞性肺病的主要或首要原因。然而罹患此疾病的可能性隨著年紀增長和吸入香菸煙霧的累積(人數更多)而增加;以往此病比較常發生在男性身上,但是根據世界衛生組織的資料,如今男女得病的情況幾乎無差別。
職業場所的污染物	長期暴露於工作場所的灰塵、化學物質、煙霧中與慢性阻塞性肺病的生成有關,即便不吸菸的人也一樣;職業場所的污染物對肺部的影響基本上小於吸菸煙霧的影響。
灰塵、空氣污染	住在大城市裡的人罹患慢性阻塞性肺病的比例高於住在鄉下地方的人;此外室內烹調和燃燒煤炭產生的空氣污染也是導致此病的危險因子。
社會經濟地位	根據世界衛生組織的資料,幾乎90%慢性阻塞性肺病致死的人來自中低收入地區。

　　如同大部分疾病,許多具公信力的研究報告也都確認了慢性阻塞性肺病的危險因子。對此特殊的疾病,各方在症狀方面的見解似乎都很一致,甚少有相互矛

盾的資訊。表4.2彙整了眾多報告都普遍認可的主要危險因子，其中特別是取材自2008年全球慢性阻塞性肺病全球倡議組織（GOLD）所發表的報告。

>> 診斷

表4.3	常見的呼吸道病況測驗	
測量法	單位	功能
全肺量 （total lung capacity, TLC）	公升	在吸飽氣之後肺部內的氣體總
用力呼氣肺活量 （forced vital capacity, FVC）	公升	用力吐氣的氣體總
第一秒用力呼氣容積 （forced expiratory volume, FEV_1）	公升	一秒之內用力吐氣的氣體量
用力呼氣比率 （forced expiratory ratio, FER）	%	這是FVC除以FEV_1的比值，以百分比表示
峰值呼氣流速 （peak expiratory flow, PEF）	L/ min	用來顯示吐氣時氣體最大的流速
每分鐘最大換氣量 （maximal minute ventilation, MMV）	L/ min	在預定的時間裡吸入和吐出氣體的最大容積
運動引起的支氣管收縮 (Exercise-induced bronchoconstriction, EIB)	增加或減少%	這是運動誘發性支氣管收縮的指標

　　慢性阻塞性肺病患者的主要問題在於肺部功能，特別是攝入氧氣（用於生產能量）以及排出二氧化碳（廢棄產物）的效率。目前有幾種常用的測驗可用來測量肺部功能，它們基本上就是所謂的「肺量計」測驗，通常是測量用力呼吸動作

下肺部換氣的比率。表4.3列出幾項最常用於診斷各種呼吸道病況的測驗。

這些測驗也可以用來追蹤各種不同呼吸道病況的進展（或者在慢性阻塞性肺病案例中則為惡化的情況，因為它屬於退化性疾病）。

疑似罹患慢性阻塞性肺病（或是氣喘）而接受檢查的人，通常都得做用力呼氣肺活量（FVC）和第一秒用力呼氣容積（FEV₁）測驗，兩者在稍後的測驗區有詳盡的解說。這些測驗通常是在醫療院所由合格的專業人員執行，不過你也可以在家裡或健身房用較經濟、較容易取得的儀器測量。如果是經醫師確診的慢性阻塞性肺病患者，在做測驗之前一般都得先服用支氣管擴張劑。用藥之後再測量用力呼氣肺活量和第一秒用力呼氣容積。通常會根據兩者的測量值做診斷。舉例來說，受測者所量到的FEV₁數值會與其預估數值做比較，如果FEV₁的數值（以公升為單位）小於預估數值的80%，再加上FEV₁/FVC比值（就是將FEV₁數值除以FVC數值）小於70%，這表示受測者有某主程度的慢性阻塞性肺病，分級的標準可參見表4.4。

○ 預測第一秒用力呼氣容積數值

第一秒用力呼氣容積預估值可以輕易的用公式計算出來，只需要知道身高（以公尺為單位）和年齡（計算至小數點一位）。要注意的是男女的計算公式並不相同。

第一秒用力呼氣容積預估值

男性：$FEV_1 = \{(4.301 \times H) - (0.029 \times A)\} - 2.492$

女性：$FEV_1 = \{(3.953 \times H) - (0.025 \times A)\} - 2.604$

H＝身高（以公尺計）

A＝年齡（以年計）

測驗區：用力呼氣肺活量（FVC）和第一秒 用力呼氣容積（FEV₁）測驗

所需設備

肺活量計、鼻夾（非必備，但有幫助）、消毒擦拭濕紙巾

測驗步驟

1. 讓受測者使用他們平常的支氣管擴張劑，如果他們本身就有用藥。
2. 確認所有的器具都有消毒，例如吹氣管。你可以用消毒濕紙巾擦拭。
3. 確認受測者有充分休息，並且清楚告知測驗的詳細程序。
4. 受測者夾上鼻夾。
5. 要受測者用力吸氣，並短暫憋氣。
6. 要受測者在憋氣的情況下含住肺活量計的吹氣管（如圖4.2）。
7. 指示受測者用盡全力快速吐氣，直到再也沒有氣體可呼出。
8. 拿開吹氣管，休息15～30秒，重複做一次。
9. 重複測量直到3次測量值的差距在5%（或100ml）之內。
10. 拿開吹氣管、鼻夾仔細消毒。

圖4.2 利用肺活量計測量FVC和FEV₁

○ 診斷範例

舉例來說，一位30歲的女性，身高1.6公尺。這位女士用肺活量計測量FEV₁所得的數值為2.6公升。她的FEV₁預估值用公式計算如下：

$$FEV_1 預估值 = \{(3.953 \times H) - (0.025 \times A)\} - 2.604$$
$$= (3.953 \times 1.6) - (0.025 \times 30) - 2.604$$
$$= 2.9708公升$$

結果測量值2.6公升是她預估值2.97公升的87.5%，範例中的女士並沒有特別的呼吸道問題，因為她的FEV₁測量值高於預估值的80%，在分級標準上屬於正常。表4.4是常用的分級標準。

表4.4	FEV₁預估值與測量值比率的分級標準
＞預估值的80%	正常
預估值的66%～80%	輕微阻塞
預估值的50%～65%	中度阻塞
＜預估值的50%	嚴重阻塞

儘管慢性阻塞性肺病得由合格的專業人員診斷，但是用力呼氣肺活量和第一秒用力呼氣容積測驗可以用在監測確診病患的病情進展。然而值得注意的是，規律的體力活動對於肺部功能測試的改善，通常成效很小或者完全沒影響，但至少可以監測患者的病況是否退化。這個監測程序（或者不是，因人而異）可以在開始參與體力活動課程之前，先做用力呼氣肺活量和第一秒用力呼氣容積的基準測量，之後一年中再重複做幾次相同的測量以檢視測量結果是否出現變化。用力呼氣肺活量（FVC）經常定義為「吸飽氣之後盡力呼出的氣體總」。第一秒用力呼氣容積（FEV₁）常定義為「在FVC測量中用力呼出的第一秒氣體量」。因此這兩個測驗程序是完全相同的，然而接受測驗的人必須遵從指示在每次測驗中專心在用力將氣體快速呼出，試著在第一秒時就完全將氣體呼出（要確保受測者持續

吐氣直到肺部沒氣為止，以完成用力呼氣肺活量的測量）。這類型的測驗可以快速完成，同時不會讓受測者尷尬或造成太大干擾。

表4.5	用力呼氣肺活量的正常值（依年齡與性別區分）				
年齡 （年）	男性 （cc）	女性 （cc）	年齡 （年）	男性 （cc）	女性 （cc）
4	700	600	21	4320	2800
5	850	800	22	4300	2800
6	1070	980	23	4280	2790
7	1300	1150	24	4250	2780
8	1500	1350	25	4220	2770
9	1700	1550	26	4200	2760
10	1950	1740	27	4180	2740
11	2200	1950	28	4150	2720
12	2540	2150	29	4120	2710
13	2900	2350	30	4100	2700
14	3250	2480	31-35	3990	2640
15	3600	2700	36-40	3800	2520
16	3900	2700	41-45	3600	2390
17	4100	2750	46-50	3410	2250
18	4200	2800	51-55	3240	2160
19	4300	2800	56-60	3100	2060
20	4320	2800	61-65	2970	1960

測驗中所用的器具稱為「肺活量計」，是專為此用途而設計的小巧掌上型儀器。測驗難免會產生誤差，其中一個主要誤差是受測者沒有將肺部的氣體全部呼出來；另一個問題是受測者含住吹氣管時沒有完全封住，導致呼吸時空氣漏出。

用力呼氣肺活量和第一秒用力呼氣容積的數值可用不同的方式分析，如之前解釋過的單看測量值或者求出預估值的百分比據此做診斷。用力呼氣肺活量是簡單就可測得的數值，常用在監測進展或當作激勵工具。它也可依照年齡與性別分類，表4.5是一般正常的用力呼氣肺活量，若測量值超過表中數值表示良好；低於表中數值代表不太好。

≫ 體力活動的好處

無論慢性阻塞性肺病的病況如何，規律的體力活動課程對許多患者都有助益。即使無法因此而延長他們的壽命，但根據全球慢性阻塞性肺病全球倡議組織在2008年發表的報告，體力活動還是有很多好處，可以提升患者整體的生活品質，例如：

- 減輕症狀
- 改善肌肉能力
- 增進心理安適（減輕焦慮等等）
- 改善功能性活動的能力
- 降低住院和死亡的風險

包括Skumlien等人（2007年）、Casaburi等人（1997年）和全球慢性阻塞性肺病全球倡議組織所發表的報告在內，很多研究都證實體力活動可改善生活品質以及運動能力、運動耐受力和肌力。此外根據Garcia-Aymerich等人（2006年）的研究也顯示，那些規律進行體力活動的慢性阻塞性肺病患者，因相關症狀而住院的風險較低。

表4.6	慢性阻塞性肺病患者的體力活動指導原則	
	有氧訓練	肌力訓練
方式	• 呼吸肌訓練：每週3～5天，30%的最大吸氣壓，30分鐘/天或一般的有氧活動；若使用固定式腳踏車，建議採前傾姿勢	• 利用自由重量器材訓練並且搭配以自身體重作阻力訓練 • 運用功能性活動例如站立到坐蹲或是從櫥櫃上拿起、放下罐頭 • 包含胸椎的活動
強度	• 50%最大攝氧量或症狀所能容忍的限度（呼吸困難量表3～4）	• 選用當事人能夠承受的負荷量 • 非常緩慢的漸增強度至超負荷
持續時間	• 每次5～30分鐘 • 建議運動時間縮短穿插休息時間 • 預期進展將會很小	• 做15～20 RM的運動，1～3組 • 以疲勞狀況為主調整重複次數
頻率	• 每週3～5天	• 每週2～3天 • 鼓勵當事人從事其他形式的活動
注意事項	• 根據行走測試的結果設定運動強度 • 盡可能將目標定在較高的強度	• 要注意患者通常會有周邊肌肉無力的現象，特別是在手臂

一般注意事項

• 中度至嚴重的慢性阻塞性肺病患的體力活動計畫應由肺部復健小組來執行。
• 上半身的動作幅度通常都受限。
• 每次運動都要有人監督。
• 萬一太喘，立即停止活動。
• 適當情況下使用吸入性藥物。

▶▶ 體力活動指導原則

定期的體力活動課程一般都能強化個人對體力活動的耐受力、改善生活品質並有助於減輕其慢性阻塞性肺病的症狀。即使無法延長壽命、對病況也不會有多大的改善甚至毫無影響，但鼓勵慢性阻塞性肺病患者做某些類型的體力活動仍然很重要。對於那些打算要指導輕度慢性阻塞性肺病患者做體力活動的人來說，與患者的醫師聯繫也很重要，因為要是病況比輕度還嚴重，就得直接由合格的專業人士指導。對於這樣的患者目前有幾種不同的運動處方，例如在日間門診內或在家中進行的運動計畫。一般經常推薦的活動之一是呼吸訓練（參見第5章），雖然缺乏相關的研究證據支持其效用。目前認為呼吸訓練結合心肺訓練對患者的助益比單做呼吸訓練更好。

表4.7的呼吸困難量表是一般建議要使用的輔助工具，例如你在表4.6有氧訓練的指導原則中就可看到。它有點類似之前提過的運動自覺量表，讓當事人自己評估身體不舒服的程度。對於那些指導慢性阻塞性肺病患者做體力活動的人應該會發現這個工具很有用，因為在患者做活動當下便能獲得即時的回饋，這表示必要時可迅速調整運動強度，不會延遲或造成患者特別不舒服。

很多健康指南都同意這族群的人應該避免在極端氣溫下做活動，因為此病

表4.7	呼吸困難量表
分數	不舒服程度
0	完全沒有
0.5	極輕之至
1	非常輕微
2	稍微
3	中等
4	有點不舒服
5	不舒服
6	
7	非常不舒服
8	
9	不舒服之至
10	忍受極限

患者在太熱或太冷的環境下會覺得難以進行活動。嚴重一點的慢性阻塞性肺病患者所能做的有氧活動十分有限，因此建議將活動的時間分割成幾個小段，每段時間都很短而且中間要有休息。不管要做哪種活動，和緩、漸進、強度逐漸增加的暖身運動是必定要有的。首要的目標通常是從有氧型態的活動開始，然後慢慢引進阻力型活動。慢性阻塞性肺病患者進行活動時常會變得焦慮並且會過度換氣，所以要鼓勵他們緩慢、控制呼吸或者噘嘴呼吸（參見第5章）。活動的指導員必須熟悉（並且時時監測）心肺問題的警訊，譬如呼吸更加困難、腳踝腫脹、休息時心跳率偏高，若有疑問即停止活動並且尋求醫師建議。

【延伸閱讀】

- Agustí, A., MacNee, W., Donaldson, K. & Cosio, M. (2003) Hypothesis: Does COPD have an autoimmune component? Thorax, 58(10): 832-834

- American College of Sports Medicine (2009a) ACSM's exercise management for persons with chronic diseases and disabilities (3rd edn). Champaign, IL: Human Kinetics

- Averican College of Sports Medicine (2009a) ACSM's guidelines for exercise testing and prescription (8th edn). London: Lippincott Williams & Wilkins

- Calverley, P.M. & Koulouris, N.G. (2005) Flow Limitation and dynamic hyperinflation: Key concepts in modern respiratory physiology. European Respiratory Journal, 25(1): 186-199

- Casaburi, R., Porszasz, J., Burns, M.R., Carithers, E.R., Chang, R.S. & Cooper, C.B. (1997) Physiologic Benefits of exercise training in rehabilitation of patients with severe chronic obstructive pulmonary disease. American Journal of Respiratory and Critical Medicine, 155(5): 1541-1551

- Celli, B.R., Cote, C.G., Marin, J.M., Casanova, C., Montes de Oca, M., Mendez, R.A., Pinto Plata, V. & Cabral, H.J. (2004) The body-mass index, airflow obstruction, dyspnea, and exercise capacity index in chronic obstructive pulmonary disease. New England Journal of Medicine, 350(10): 1005-1012

- Devereux, G. (2006) ABC of chronic obstructive pulmonary disease. Definition, epidemiology and risk factors. British Medical Journal, 332(7550): 1142-1144

- Fletcher, C. & Peto, R. (1997) The natural history of chronic airflow obstruction. British Medical Journal, 1: 1645-1648

- Garcia-Aymerich, J., Lange, P., Benet, M., Schnohr, P. & Anto, J.M. (2006) Regular physical activity reduces hospital admission and mortality in chronic obstructive pulmonary disease: A population based cohort study. Thorax, 61(9): 772-778

- GOLD (2008) Global initiative for chronic obstructive lung disease. Pocket guide to COPD diagnosis, management and prevention: A guide for health care professionals. Harbo, WA: Medical Communications Resources, Inc.

- Halbert, R.J., Nstoli, J.L., Gano, A., Badamgarav, E., Buist, A.S. &Mannino, D.M. (2006) Global Burden of COPD: Systermatic review and meta-analysis. European Respiratory Journal, 28(3): 523-532

- Kumar, P. & Clark, M. (2005) Clinical medicine (6th edn).Edinburgh: Elsevier Saunders

- Lacasse, Y., Goldstein, R., Lasserson, T.J. & Martin, S.(2006)Pulmonary rehabilitation for chronic obstructive pulmonary disease. Cochrane Database of Systematic Reviews, 4: CD 003793

- Liesker, J.J., Wijkstra, P.J., Ten Hacken, N.H., Koëter, G.H.Postma, D.S. & Kerstjens, H.A. (2002) A systematic review of the effects of bronchodilators on exercise capacity in patients with COPD. Chest, 121(2): 597-608

- Longmore, J.M., Wilkinson, I. & Rajagopalan, R.S (2004) Oxford handbook of clinical medicine. Oxford: Oxford University Press

- Mahler, D.A. (2006) Mechanisms and measurement of dyspnea in chronic obstructive pulmonary disease. Proceedings of the American Thoracic Society, 3(3): 234-238

- Mink, B.D. (1997) Exercise and chronic obstructive pulmonary disease: Modest fitness gains pay big dividends. The Physician and Sport Medicine, 25(11):43-47

- Murphy, T.F. (2006) The role of bacteria in airway inflammation in exacerbations of chronic obstructive pulmonary disease. Current opinion in infectious Diseases, 19: 225-230

- National Institute for Health and Clinical Excellence (NICE) (2004) Quick reference guide: COPD, management of chronic pulmonary disease in adults in primary and secondary care. Clinical Guidelines 12. London: NICE

- O'Donnell, D.E. (2006) Hyperinflation, dyspnea, and exercise intolerance in chronic obstructive pulmonary disease. Proceedings of the American Thoracic Society, 3(2): 180-184

- Pauwels, R.A. & Rabe, K.F. (2004) Burden and clinical features of chronic obstructive pulmonary disease (COPD). Lancet, 364: 613-620

- Puhan, M.A., Scharplatz, M., Troosters, T. & Steurer, J. (2005) Respiratory rehabilitation after acute exacerbation of COPD may reduce risk for readmission and mortallity: A Systematic review. Respiratory Research, 6: 54

- Rennard, S.I. & Vestbo, J.R. (2006) COPD: The dangerous underestimate of 15%. Lancet, 367: 1216

- Rosell, A., Monso, E., Soler, N., Torres, F., Angrill, J., Risie, G., Zalacain, R., Morera, J. & Torres, A. (2005) Micobiologic determinants of exacerbation in chronic obstructive pulmonary disease. Archives of International Medicine, 165: 891-897

- Skumlien, S., Skogedal, E.A., Bjørtuft, Ø. & Ryg, M.S. (2007) Four weeks' intensive rehabilitation generates significant health effects in COPD patients. Chronic Respiratory Disease, 4(1):5-13

- World Health Organization (2000) World health report. Health systems. Improving performance. Geneva: WHO Press
- World Health Organization (2009) WHO disease and injury country estimates. Available online at: http://www.who.int/healthinfo/global_burden_disease/estimates_country/in/index.html (accessed 11 June 2010)
- Young, R.P. Hopkins, R.J., Christmas, T., Black, P.N., Metcalf, P. & Gamble, G.D. (2009) COPD prevalence is increased in lung cancer independent of age, sex and smoking history. European Respiratory Journal, 34 (2): 380-386

氣喘
的體力活動

5

重　點

● 氣喘往往可以復原至某個程度，並且不會一直於發作狀態，然而慢性阻塞性肺病的病況則是不可逆的。

● 引發氣喘的原因大致可分成兩大類：運動誘發性氣喘或是過敏反應。

● 大約80%的氣喘患者屬於運動誘發性氣喘。

● 嚴重的氣喘發作對於標準治療並無反應，在某些情況下會導致呼吸停止和死亡。

● 英國約有520萬人（總人口的8%左右）飽受氣喘所苦（1/10的兒童和1/20的成人）。

● 目前資料中全球盛行率最高的國家是澳洲和紐西蘭，超過15%的人口都有氣喘問題。

● 盛行率最低的是在非洲及亞洲，有氣喘問題的人占總人口的5～10%。

● 據估計英國冬季運動選手中有氣喘問題的人約占9～50%，而夏季運動選手的比例則跟全國人口罹患率相同。

● 運動對氣喘病人的好處類似於對慢性阻塞性肺病患，包括下列：
  · 增加運動耐力
  · 促進身體機能
  · 減輕反應的嚴重性
  · 改善生活品質

● 體力活動可能會誘發氣喘發作，甚至在活動過後4小時。

⏩ 怎麼一回事？

　　氣喘的英文asthma一字源自希臘文，意思是「呼吸困難」。它屬於一種可逆的阻塞性呼吸道疾病，可能的致病原因有數個。許多人常將氣喘與慢性阻塞性肺病（參見第4章）混淆，兩者之間最主要的差別在於，氣喘往往可以復原至某個程度而且不會一直處於發作狀態，至於慢性阻塞性肺病則是不可逆的，而其症狀也一直持續存在。氣喘的好轉可能是接受仔細治療的結果，偶爾則是沒有什麼明顯的理由。雖然年少時可能罹患氣喘，但成年後情況也許會減輕。換句話說，它會隨著時間好轉到讓人不易察覺的程度。人們罹患氣喘之類的呼吸道疾病有很多可能的原因，包括：

- 遺傳因素（相關研究還在持續進行中）
- 童年時期接觸到過敏原，例如煙霧、污染物和呼吸道病毒，這可能會增加風險
- 各種誘發因子如灰塵、感染、空氣污染、動物、藥物、花粉、煙霧、特定化學物質（外因性）和運動（內因性）都可能導致氣喘發作。

正常的支氣管　　　　　　　　　　　氣喘時的支氣管

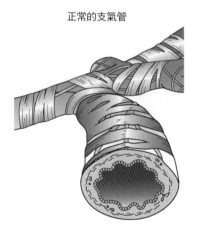

圖5.1　正常與氣喘發作時的氣管（支氣管）

　　造成氣喘的原因大致可粗分成兩大類：要不是運動（身體使力）誘發就是產生過敏反應。假如致病原因是運動，這就是所謂的「運動誘發性氣喘」（exericise-induced athma, EIA）；要是致病原因是過敏反應，就是所謂的「過敏性氣喘」。雖然兩種類型的症狀基本上相同，但致病原因卻是截然不同。值得注意的是，近來研究焦點在於驗證人們所推測的：遺傳在其中的作用比原先預期更大。

◎ 過敏性氣喘

　　各種誘發因子如灰塵、化學物質、動物毛髮都是導致氣喘發作的潛在禍首。過敏反應開始後儲存組織胺的肥大細胞會釋出組織胺。組織胺是具有強力擴張血管功能的荷爾蒙，由於它的作用進而引發通往肺部的氣管（支氣管）收縮，這個過程可能在相當短的時間內便讓人呼吸困難。圖5.1顯示正常的氣管（支氣管）和組織胺引發收縮的氣管兩者之間的差異。

◎ 運動誘發性氣喘

　　這一類的氣喘發作是由某些形式的體力活動所引發或刺激生成。大約80%的氣喘患者都屬於此類，它也稱為運動誘發性支氣管收縮（exericise-induced bronchoconstriction, EIB），因為身體使力導致通往肺部的氣管（支氣管）痙攣和收縮。體力活動引發的氣喘發作有兩個不同階段，即「早期」和「晚期」。早期氣喘發作會在體力活動開始後5～20分鐘內出現，而晚期氣喘發作則是延至活動過後4～6小時。雖然造成支氣管收縮的原因尚未完全了解，但特定強度的體力活動、呼吸道乾冷（包括其他因素）均會引起氣喘發作。

▶▶ 盛行率

根據英國慈善組織「英國氣喘」（Asthma UK）於2005年發表的資料顯示，英國約有520萬人（也就是總人口的8%左右）受氣喘所苦（1/10的兒童和1/20的成人）。令人關注的是，記錄中全球盛行率最高的國家是澳洲和紐西蘭，超過15%的人口都有氣喘問題，而盛行率最低的則是在非洲及亞洲，患有氣喘的人占總人口的5～10%。有意思的是，英國冬季運動選手中有氣喘問題的人約占9～50%，而夏季運動選手的比例則跟全國人口罹患率（約8%）相同。

▶▶ 症狀

有氣喘的人一般都經歷過呼吸困難、呼吸吃力伴隨有喘鳴聲、胸悶以及咳嗽或喘氣。經常在夜間、身體使力後或甚至呼吸到冷空氣後症狀加劇。這些共通症狀一般稱為「氣喘發作」，通常是因為下列一個或多個原因引發氣管收縮造成：

- 圍繞支氣管（通往肺部的氣管）的平滑肌不自主的收縮
- 支氣管內壁上的黏膜細胞（產生黏液的細胞）腫脹
- 支氣管內壁上的黏膜細胞過度分泌造成水腫（液體聚積）

在氣喘研究方面，研究顯示人體緊縮氣管是察覺到有污染物或過敏原威脅所做的因應，而這確實致使氣管腫脹。不幸的是，在此情況下可能會出現一些更嚴重的症狀威脅到生命。譬如氣喘嚴重發作時患者肌膚變藍（因為血液中缺少氧氣）、覺得四肢麻木、掌心出汗，甚至會失去意識。部分嚴重發作的患者對於標準治療（藥物治療）並非總是有反應，因此可能會導致呼吸停止甚至死亡。

▶▶ 診斷

如同前面提過的，造成氣喘的主要原因之一是對特定物質的過敏反應（雖然最近的研究顯示也許該負責的是基因）。然而人們還是可以做一些皮膚試驗以

確認對哪些物質過敏。一般而言，大部分試驗的作法是將疑似過敏原的溶液滴一滴在前臂，再用一根針刺一下讓過敏原進入血液中。假如受測者對此特定物質過敏，皮膚會起水泡並且開始發癢。果真如此，受測者應避開此物質，因為它有可能會引發氣喘反應。由於容易引發過敏而被拿來萃取作為測試物的東西包括花粉、家裡的塵蟎、貓和狗的毛，偶爾還有某些特定食物如花生（在一些案例中花生引起的反應足以讓人喪命）。此外針對氣喘患者普遍都會再照胸部X光，以確認是否有其他毛病可能造成或促使症狀惡化。他們的X光片上經常會有陰影，這有可能是因為人體接觸了某些黴菌孢子引發痰液分泌，痰聚積之後阻塞了氣管。嚴重氣喘發作時所照的X光片上，肺部呈現大片黑色，這是因為呼吸受阻使得空氣困在肺部。醫師或專業人員在診斷氣喘時多半會看是否有典型的症狀或癥候，例如病人是否有濕疹之類的過敏狀況，或有氣喘家族病史。在兒童方面，喘鳴、呼氣時發出高聲調雜音、經常性的喘鳴、呼吸困難、胸悶或夜間咳嗽加劇的咳嗽病史等等癥候，再加上其他個人資訊可作為診斷氣喘的依據。針對成人和年紀較大的兒童偶爾會做些測驗以檢視氣管阻力和功能（參見附表4.3所列的測驗）。舉例來說，有種特別的試驗稱為運動誘發性支氣管收縮試驗（EIB test），它主要是在醫療院所內針對可能有運動誘發性氣喘的人所進行的試驗，目的是確認體力活動是否會造成任何呼吸問題。這項試驗也可以在醫療院所以外的地方進行，用來監測病況的進展。

◎ 運動誘發性支氣管收縮試驗

　　如果具備了跑步機、心率監測器和肺活量計，要進行這項試驗其實相當簡單，費用也很經濟。這試驗可為執行試驗的人和受試者雙方提供珍貴的資訊，例如明瞭是否應該或者什麼時候受試者要去找合格的專業人士諮商。運動誘發性支氣管收縮試驗的程序通常是先進行比較高強度（最大心跳率的75～85%）的運動至少持續6～8分鐘，接下來是15～20分鐘休息時間。測驗區的指示說明了該如何

比較運動前後的肺部功能（FEV_1），以及經過15～20分鐘休息後肺部功能該如何判定（參見第4章如何測量FEV_1的細節）。試驗數值經過計算或分析後，再對照已公布的標準量表判定病況是輕微、中度或嚴重等級。

測驗區：運動誘發性支氣管收縮（EIB）

所需設備

需要用到的心血管運動設備是跑步機，及肺活量計和心率監測器。

測驗步驟

1. 計算受試者預估最大心跳率的50%和75%。只要將220減去受試者的年齡即可得出預估最大心跳率，再來分別乘上50%和75%就可算出。
2. 使用心率監測器。
3. 用肺活量計測量FEV_1數值（參見圖4.2）3次，記錄下數值最高者（將這數據記錄在表5.1的「基準」欄中）。
4. 讓受試者做50%預估最大心跳率的運動5分鐘，接著調整跑步機的速度再做75%預估最大心跳率的運動8分鐘。
5. 做完運動後立即再次測量FEV_1數值（將這數據記錄在表5.1的「零L」欄中）。
6. 讓受試者坐下，每隔5分鐘測量FEV_1數值，把數據記錄在表5.1對應的欄位（5 L、10 L、15 L）。
7. 每次測量FEV_1數值時務必重複量3次，記錄下數值最高者。

整合數據

測得了運動誘發性支氣管收縮試驗的數據後，可參考表5.1的簡單方法作成整合記錄，尤其是測試對象不只一個人時。

表5.1	數據彙整表範例													
對象	性別 男／女	年紀 歲數	身高 m	體重 kg	基準 L	零		5		10		15		
						L	%	L	%	L	%	L	%
1	女	36	1.54	56.2	4.8	4.9	100	4.6	96	4.2	87	4.2	87
2	女	31	1.64	64.3	4.4	4.2	95	3.5	79	3.0	68	3.2	72
3	男	27	1.83	86.7	5.6	5.5	98	5.1	91	5.3	95	5.4	96
4													
5													

　　一旦完成測驗獲得所有數據後，便能加以分析並繪製成圖表（例如圖5.2）。將測驗結果以圖表形式呈現效果很好，尤其是重複做的測驗在一張圖上完全呈現可讓執行檢測的人和受試者雙方都一目了然。圖5.2的內容顯示三位受試對象從基準測量到運動後15分鐘FEV$_1$數值的變化。至於%欄的數據，在「分析結果」章節中有詳盡說明。

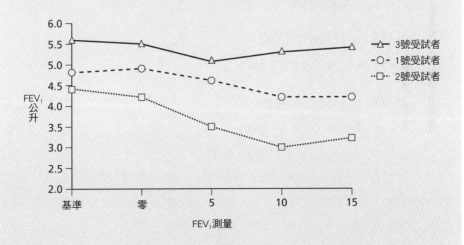

圖5.2　曲線圖顯示三位受試者接受了運動誘發性支氣管收縮試驗後的FEV$_1$數據

○ 分析結果

分析結果的目的是要檢視當事人做運動後是否會發生支氣管收縮的情形，方法是衡量FEV$_1$數據的百分比落差，要是落差大於某個百分比即表示有某種程度的支氣管收縮。一旦測得基準FEV$_1$數值後，即可將隨後測得的FEV$_1$數值除以基準FEV$_1$值求出百分比。請參考表5.1女性2號受試者的範例。基準和零之間的百分比落差以及基準和5、基準和10、基準和15之間的百分比落差都要一一計算出。接著將這些數據填入表5.1的%欄位中（已經填好）。

> **範例：2號受試者，基準FEV$_1$測量值為4.4公升**
>
> **基準對零分鐘的%落差**
>
> 4.2 ÷ 4.4 ＝ 0.95 ＝ 95%
>
> **基準對5分鐘的%落差**
>
> 3.5 ÷ 4.4 ＝ 0.79 ＝ 79%
>
> **基準對10分鐘的%落差**
>
> 3.0 ÷ 4.4 ＝ 0.68 ＝ 68%
>
> **基準對15分鐘的%落差**
>
> 3.2 ÷ 4.4 ＝ 0.72 ＝ 72%

由範例可看到，在零分鐘的FEV$_1$測量值掉了5%，來到基準值的95%。5分鐘的FEV$_1$測量值掉到基準值的79%，10分鐘的FEV$_1$測量值降至68%，而在15分鐘的FEV$_1$測量值則稍微回升至72%。利用上述方法計算出百分比落差後，即能對照表5.2所列出的分級標準，檢視是否有支氣管收縮的情形。範例中的2號受試者最大的降幅是在10分鐘時下降了32%，因此根據表5.2的分級標準，2號受試者顯然

有中度的支氣管收縮。3號受試者的最大降幅只有9%，在輕微支氣管收縮的門檻前，至於1號受試者的最大降幅為13%，屬於輕微支氣管收縮。若與基準值的百分比落差超過10%，就代表有某種程度的支氣管收縮情形，不過要注意百分比的變化不一定只有下降，也可能會上升。

表5.2	支氣管收縮的分級標準
級別	測量結果
輕微	FEV_1 測量值下降10～24%
中度	FEV_1 測量值下降25～39%
嚴重	FEV_1 測量值下降40%或以上

>> 危險因子

就像所有的危險因子一樣，氣喘的危險因子之中有些是可以修正的（可採取某些行動以降低危險），其他則是不可修正的。舉例來說，在氣喘的危險因子中，性別是屬於不可修正的，由表5.3的資料可看出女性比較容易得氣喘，尤其在罹病率上。即使近年來眾多研究紛紛探討遺傳與氣喘的潛在關連，但對此危險因子，我們目前顯然仍拿它沒轍。表5.3說明此病症的一些可修正的危險因子。

>> 體力活動的好處

對於氣喘之類的呼吸道患者而言，體力活動向來是復健的重要環節。1992年歐洲胸腔醫學會所做的研究證明，體力活動對氣喘患者與慢性阻塞性肺病患者助益相當，例如：

- 增進運動耐力
- 促進身體機能
- 降低反應的嚴重性
- 改善生活品質

表5.3	氣喘的危險因子
危險因子	說明
過敏	• 3～14歲的兒童做皮膚過敏試驗,結果為陽性 • 在成人方面,皮膚過敏試驗中對過敏原有越多的陽性反應,得氣喘
家庭環境	• 嬰兒時期接觸到某些過敏原,以及幼童時期暴露在香菸煙霧中都是主要問題癥結
身體質量指數	• 在英國和美國地區,氣喘盛行率的上升正好反應了肥胖盛行率的上升
社會經濟地位	• 氣喘的發生率在低收入族群中最高,這現象不只出現在英國,全世界都如此 • 少數民族人口比率高的低收入社區發生氣喘致死的案例最常見
性別	• 儘管這是個不可修正的危險因子,女性幾乎占了所有因氣喘相關問題致死案例的65%

　　然而有個重點得謹記在心,那就是體力活動的確可以改善狀況,無論疾病的程度有多嚴重。基於這個理由,所有氣喘患者不論年齡大小或病情輕重都應該將體力活動納入日常生活中。

體力活動指導原則

對於那些不習慣做體力活動的氣喘患者，重點是漸進式的暖身運動且時間拉長，而活動的強度也是慢慢的增加。主要的有氧運動應當維持在較低的程度，直到身體習慣為止。這可能花上好幾個月，但是緩慢進行是關鍵。很多機構都曾對適合氣喘患者從事的體力活動提出建言，表5.4彙整了最近發表的建議，區分為特殊和一般類型。

呼吸肌訓練

此過程是患者藉由呼吸器呼吸以增進阻力。這類器具一般都是由專業人士提供給中度至嚴重的氣喘患者，並且教導他們如何使用。

萬一氣喘發作……

氣喘患者參與某些體力活動時是有可能發作。

就算徹底遵守表5.4的體力活動注意事項也無法完全排除氣喘發作的風險，因此重要的是萬一發作時應該採取的因應措施。儘管發作有可能是普通、嚴重或致命程度，但最好每次都當成緊急狀況處理，直到確定實際情形沒那麼嚴重為止。確認氣喘患者本身明瞭相關的因應措施是理所當然要做的程序，雖然他們本身對此狀況很可能瞭若指掌。

> 氣喘發作時
> 步驟1：讓患者感到舒適，並加以安撫使他冷靜下來。
> 步驟2：敦促患者將注意力集中在呼吸上。
> 步驟3：運用噘嘴呼吸法（pursed-lips breathing）的技巧。
> 步驟4：萬一情況沒改善，打電話求救。

表5.4	氣喘患者的體力活動指導原則	
	有氧訓練	肌力訓練
方式	• 呼吸肌訓練：每週3～5天，30%的最大吸氣壓，一天30分鐘或一般的有氧活動	• 延長暖身運動以及漸進的緩和運動 • 注意力集中在上半身
強度	• 50%最大攝氧量或症狀所能容忍的最大限度（呼吸困難量表3～4）	• 選用當事人能力所及的負荷量 • 增加運動重複次數達到超負荷，其次才漸增強度
持續時間	• 每次5～30分鐘 • 寧可增加運動時間而不是增加強度 • 緩慢進展	• 做12～15 RM的運動，1～3組 • 運動間隔休息1～2分鐘
頻率	• 每週3～5天	• 每週2～3次 • 鼓勵當事人從事其他形式活動
注意事項	• 噘嘴呼吸法——用鼻子吸氣，雙唇嘟成小圈呼氣，呼氣時間為吸氣的兩倍	• 盡可能將肺部氣體吐出

一般注意事項

• 必須攜帶吸入劑。
• 如同糖尿病的情況，訓練時最好有人陪伴。
• 尋求醫療諮詢；氣喘患者應當遵照用藥指示以預防運動誘發性氣喘發作。
• 徹底篩檢找出引發生氣喘的原因。
• 跑步比踩腳踏車和走路更容易引發氣喘；最少引發氣喘的運動是游泳（水面上的空氣一般都比較溫暖和潮濕）。
• 天氣冷的時候可以使用圍巾或面罩以保持濕氣。
• 請注意社交禮貌（咳嗽和清痰動作）。

　　假如指導活動的人遇上運動學員氣喘發作而且需要緊急救護，他必須留在患者身邊直到救援抵達，期間得盡可能使患者感到舒適、冷靜，並持續運用噘嘴呼吸法呼吸。

【延伸閱讀】

- American College of Sports Medicine (2000) ACSM's exercise management for persons with chonic diseases and disabilities (3rd edn). Champaign, IL: Human Kinetics

- American College of Sports Medicine (2009b) ACSM's guidelines for exercise testing and prescription (8th edn). London: Lippincott Williams & Wilkins

- Ayres, J. (1999) Family doctor guide to asthma. London: Dorling Kindersley

- Barbee, R.A. & Murphy, S. (1998) The national history of asthma. Journal of Allergy Clinical Immunology, 102: 65-72

- Barnes, J. & Newhouse, M.T. (1991)Conquering asthma: An illustrated to understanding and self care for adults and children. Hamilton, Ontario: Manson Publishing

- Barnes, J., Rodger, W. & Thomson, N.C. (1998) Asthma basic mechanics and clinical management (3rd edn). London: Academic Press

- Boner, A.L., & Martinati, L.C. (1997) Diagnosis of asthma in children and adolescents. European Respiratory Review, 7(40):2-7

- Bundgard, A. (1991) Exercise-induced asthma. Primary Care, 18(4):809-981

- Carlsen, K.H., Engh, G., Mork, M. & Schroder, E. (1998) Cold air and exercise-induced bronchoconstriction in relationship to metacholine bronchial responsiveness: Different patterns in asthmatic children and children with other chronic lung diseases. Respiratory Medicine, 92(2):308-315

- Celedon, J.C., Litonjua, A.A., Ryan, L., Platts-Mills, T., Weiss, S.T. & Gold, D.R. (2002) Exposure to cat allergen, maternal history of asthma, and wheezing in first 5 years of life. Lancet, 360:781-782

- Christensen, P., Thomasen, S.F., Rasmussen, N. & Backer, V. (2007) Exercise-induced in-spiratory stridor. An important differential diagnosis of exercise-induced asthma. Ugeskr Laeger, 169(47):4047-4050

- Chung, K.F. (2002) Clinicians' guide to asthma. London: ArnoldHodder Headline Group

- Clark, C.J. & Cochrance, L.M. (1999) Physical activity and asthma. Current Opinnion in Pulmonary Medicine, 5(1): 68-75

- Ehrman, K.J., Gordon, M.P., Visich, S.P. & Ketyian, J.S. (2003) Clinical exercise physiol-ogy. Champaign, IL: Human Kinetics

- Fanta, C.H. (2009) Asthma. New England Journal of Medicine, 360(10):1002-1014

- Fowler, M., Davenport, M. & Garg, R. (1992) School functioning of US children with asthma. United States: Paediatrics, 939-944

- Freeman, C.G., Schneider, D. & McGarvey, P. (2003) The relationship of health insurance to the diagnosis and management of asthma and respiratory problems in children a predominantly Hispanic urban community. American Journal of Public Health, 93(8): 1316-1319

- GOLD (2008) Global initiative for chronic obstructive lung disease. Pocket guide to COPD diagnosis, management and prevention: A guide for health care professionals. Harbor, WA: Medical Communications Resources, Inc.

- Gold, D. R. & Wright, R. (2005) Population disparities in asthma. Annual Review of Public Health, 26: 89-113

- Hargreave, F.E. & Parameswaran, K. (2006) Asthma, COPD and bronchitis are just components of airway disease. European Respiratory Journal, 28(2):264-267

- Holgate, S.T. & Pauwels, R.A. (1999) Asthma: Fast facts indispensable guide to clinical practice. Oxford: Health Press Limited

- International Study of Asthma and Allergies in Childhood (ISAAC) Steering Committee (1988) Worldwide variation in prevalence of symptoms of asthma, allergic rhino conjunctivitis, and atopic eczema. Lancet, 351: 1225-1232

- Jaakkola, J.K., Parise, H., Kislitsin, V., Lebedeva, N.I. & Spengler, J.D. (2004) Asthma, wheezing, and allergies in Russian schoolchildren in relation to new surface materials in the home. American Journal of Public Health, 94(4): 560-562

- Lane, D.J. (1996) Asthma the facts (3rd edn). Oxford: oxford University Press

- Leutholtz, B.C. & Ripolli, I. (2000) Exercise and disease management. London: CRC Press

- Levy, M. (2006) The efficiency of asthma case management in an urban school district in reducing school absences and hospitalizations for asthma. Journal of School Health, 76(6): 320-325

- Levy, M., Hilton, S. & Barnes, G. (2000) Asthma at your fingertips (3rd edn). London: Class Publishing

- Lewis, J. (1995) The asthma handbook: A definitive guide to the cause, symptoms and all the latest treatment. London: Vermilion

- Magnus, P. & Jaakkola, J.J. (1997)Secular trend in the occurence of asthma among young adults: Critical appraisal of repeated cross sectional surveys. British Medical Journal,

314: 1795-1799

- Naqvi, M., Thyne, S., Choudhry, S., Tsai, H.J., Navarro, D., Castro, R.A., Nazario, S., Rodriguez-Santana, J.R., Casal, J., Torres, A., Chapela, R., Watson, H.G., Meade, K., LeNoir, M., Avila, P.C., Rodriguez-Cintron, W. & Burchard, E.G. (2007) Ethnic-specific differences in bronchodilator responsiveness among African Americans, Puerto Ricans, and Mexicans with asthma. Journal of Asthma,44(8):639-648

- National Asthma Campaign (2001) Out in the open: A truePicture of asthma in the United Kingdom today. Asthma Journal, 6: 3-14

- National Asthma Education and Prevention Program (1997) Expert panel report: Guidelines for the diagnosis and management of asthma. National Institutes of Health. Bethesda, MD: US Department of Health, 97-4051

- Ober, C. & Hoffjan, S. (2006) Asthma genetics 2006: The long and winding road to gene discovery. Genes and Immunity, 7(2): 95-100

- Paules, R. (1996)The current place of nedocromil sodium in the treatment of asthma. Journal of Allergy and Clinical Immunology, 98(5): 151-156

- Pauwels, R.A., Lofdahl, C.G., Pride, N.B., Postma, D.S., Laitinen, L.A. & Ohlesson, (1992) European Respiratory Society study on chronic obstructive pulmonary disease (EUROSCOP): Hypothesis and design. European Respiratory Journal, 5: 1254-1261

- Pearlman, D.S., Ress, W., Schaefer, K., Huang, H & Andrews, W.T. (2007) An evaluation of Levalbuterol HFA in the prevention of exercise-induced bronchospasm. Asthma Journal, 44(9): 729-733

- Peat, J.K., Tovey, E., Toelle, B.G., Haby, M.M., Gray, E.L., Mahmic, A. & Woolcock,A.J. (1996) House dust mite allergens: A major risk factor for childhood asthma in Australia. American Journal of Respiratory and Critical Care Medincine, 153: 141-146

- Randolph, C. (2007) Exercise-induced bronchospasm in children. Clinical Review of Allergy Immunology, 34(2): 205-216

- Salam,M., Islam, T. & Gilliland, F.D. (2008) Recent evidence for adverse effects of residential proximity to traffic sources on asthma. Current Opinion in Pulmonary Medicine, 14(1): 3-8

- Von Mutius, E. (1996) Progression of allergy and asthma through childhood to adolescence. Thorax, 51(1):3-6

- Von Mutius, E.,Martinez, F.D., Fritzsch, C., Nicolai, T., Roell, G.& Thiemann, H.H. (1992)

Prevalence of asthma and atopy in two areas of West and East Germany. American Journal of Respiratory and Critical Care Medicine, 149: 358-364

• Wardlaw, A.J. (1993) Asthma. Oxford: BIOS Scientific Publishers Limited

高血壓
的體力活動

6

重　點

● 高血壓會提高罹患心血管疾病、中風、周邊血管疾病和腎衰竭的風險。

● 在已開發國家的所有疾病中約有11%是由血壓升高引起的，而其中超過
50%的冠心病以及幾乎75%的中風可歸咎於血壓的高收縮壓。

● 據估計西歐地區22%的心臟病發與歐洲中部及東部25%的心臟病發是因
為有高血壓病史。

● 31%的男性和29%的女性具有高血壓（至少140 mmHg收縮壓和／或90
mmHg舒張壓和／或正接受高血壓治療），在英格蘭地區65歲以上的居
民中有超過半數都有高血壓。

● 高血壓每年造成62,000人不必要的死亡。

● 男性平均的收縮壓為131.4 mmHg，女性為125.9 mmHg，而平均的舒張壓
分別為74.3 mmHg和73.2 mmHg。

● 據估計14%冠心病致死的男性和12%的女性是因為血壓升高造成的，而
若能將全民中具有高收縮壓（140 mmHg）的人口比例降低50%，單在英
格蘭地區就能減少18,000個以上的冠心病案例。

● 規律的體力活動平均可以降低收縮壓8～10 mmHg，而舒張壓最多平均可
以降低7～8 mmHg。

● 有些研究確實證明，年齡快90歲的個案血壓也能降低。

>> 怎麼一回事？

所謂的血壓實際上是指血液對所通過的動脈管壁施加的壓力。這就是為什麼動脈的管子會比靜脈粗，因為要承受更大的壓力。高血壓在醫學上的定義通常是指，血壓長期高於適當的水準。高血壓無疑是個重大的健康問題，血壓增高會提高罹患心血管疾病、中風、周邊血管疾病和腎衰竭的風險。血液施加於動脈管壁的壓力大小是由「心輸出量」（cardiac output, CO）和「周邊血管總阻力」（total peripheral resistance, TPR）所決定。心輸出量是指心臟每分鐘輸出的血液總量，至於周邊血管總阻力，則是血流施加於所有動脈管壁壓力的總和。我們使用稱為血壓計的儀器來測量血壓時會得到兩個數值，一個是收縮壓；另一個是舒張壓。兩者的單位都是毫米汞柱（mmHg）。

> **收縮壓：心臟在收縮狀態下動脈管壁所承受的壓力。**
> **舒張壓：心臟在放鬆狀態下測得的動脈管壁所受壓力。**

心臟收縮時，血流通過使得壓力增加，接著心臟放鬆，血液流回心臟時壓力下降。

簡單來說，高血壓可分成兩大類：原發性和續發性高血壓。原發性高血壓是最常見到的類型，90～95％的高血壓患者都屬於此類。雖然找不到直接的致病原因，但有許多危險因子會增加罹患高血壓的風險。相反的，續發性高血壓是可以找到一個明確的原因，例如腎臟疾病。兩者主要的差別在於解決續發性高血壓的辦法，通常就是治療造成血壓升高的根本原因。

>> 盛行率

2002年的世界衛生報告估計，已開發國家的所有疾病中約有11%是由血壓升

高引起的,而其中超過50%的冠心病以及將近75%的中風可歸咎於血壓的高收縮壓。根據2004年國際大規模病例對照研究組織INTERHEART刊登在《刺胳針》（*Lancet*）期刊中的研究報告估計,西歐地區22%的心臟病發與歐洲中部及東部25%的心臟病發是因為有高血壓病史,而有高血壓病史的人心臟病發的風險是沒有病史者的兩倍。英格蘭健康調查於2007年發表的報告顯示,31%的男性和29%的女性有高血壓（至少140 mmHg收縮壓和／或90 mmHg舒張壓和／或正接受高血壓治療）,而英格蘭地區65歲以上居民中有半數以上的人有高血壓症狀。35歲以下的人很少出現高血壓,但不論男女都會隨著年歲增長而增加風險。直到64歲為止,男性比女性更容易得高血壓;但是到了75歲及以上,女性反而更容易得高血壓。調查還揭露46%的男性和53%的女性有在服藥控制病情（尋求治療的比率隨著年齡增加）。英格蘭地區男性平均收縮壓為131.4 mmHg,女性為125.9 mmHg,而平均舒張壓分別為74.3 mmHg和73.2 mmHg。高血壓每年造成62,000人

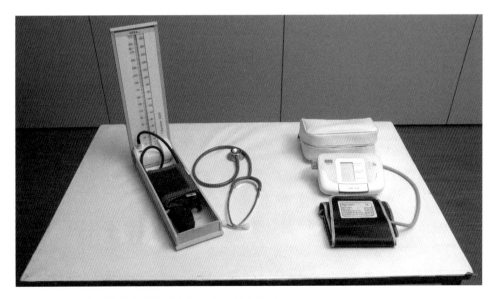

圖6.1　人工操作的傳統水銀柱式血壓計和自動血壓計

不必要的死亡，此外它也跟每年造成7萬多人死亡的冠心病有關。據估計14%冠心病致死的男性和12%的女性是因為血壓升高造成的，因此若能將全民中具有高收縮壓（140 mmHg）的人口比例降低50％，單在英格蘭地區就能減少18,000個以上的冠心病案例。

》 症狀

高血壓是眾所周知的「沉默殺手」，非得等到它造成了血管、心臟、大腦和腎臟相當程度的損傷之後，才會出現疼痛或任何讓人查覺的症狀。

》 診斷

量血壓時通常會讓當事人坐下或躺著使用稱為血壓計的儀器（參見圖6.1）測量左肱動脈（上臂的大動脈）。以這種方式測量血壓稱為「聽診」測量。

市面上的血壓計有幾種類型，例如手動的水銀柱式血壓計、手動的氣壓表式血壓計和電子血壓計。手動水銀柱式血壓計是其中公認最準確的，但因為水銀的危險性促使許多國家禁用因而造成氣壓表式儀器普及。不管用哪種方式測量血壓，準確的儀器是必要條件，否則量了也沒什麼用處。雖然廠商都宣稱他們自家生產的儀器測量精準，不過你可以從歐洲高血壓學會或英國高血壓學會之類的網站中獲得獨立公正的資訊。測量血壓並不是那麼輕易就能量好，因為有很多因素會造成影響，例如表6.1所列舉的。

有些因素只不過是小干擾，但有些則可能影響很大。儘管無法排除所有因素，但測量血壓的人至少要設法排除。譬如說遵守下列簡單的測量前指示。

- 測量血壓前先讓受測者放輕鬆的待在安靜、有隱私的房間至少5分鐘，以緩和壓力或焦慮。建議受測者在測量前30分鐘內避免咖啡因和尼古丁，

因為它們會使血壓升高。

• 上廁所小解，因為滿滿的膀胱也會使血壓升高。

• 確保受測者坐下後腿部和背部都有依靠。

表6.1	影響血壓的因素
因素	評析
焦慮	這通常稱為「戰鬥或逃跑」現象，它可以讓血壓升高30 mmHg甚至更多，心情焦慮的人在白天期間其收縮壓的波動可達50～60 mmHg
白袍效應	患者心裡擔憂或害怕，在醫院或醫師的診間裡常發生血壓升高的情形
白袍高血壓	血壓正常的人每每到了醫療院所都測得高血壓，但是一離開醫院診所血壓便降回正常水準
手臂支撐	測量時手臂若無支撐，可能會導致血壓、心跳速率增加，舒張壓可能升高10%之多；因此測量血壓時手臂要有支撐，尤其患者是站立狀態
手臂姿勢	如果測量時手臂位於心臟下方，可能會導致收縮壓與舒張壓高估，其收縮壓與舒張壓誤差的程度可高達10 mmHg，因此測量血壓時前臂必須要與心臟同等高度
哪隻手臂	手臂的血壓可能左右不同；首次看診時醫護人員會同時測量左右手臂，假如兩邊收縮壓差距超過20 mmHg或舒張壓大於10 mmHg，則有必要做深入的檢查
其他因素	許多因素都會影響血壓，譬如運動、進食、吸菸、酒精、氣溫、疾病和疼痛。

血壓計的位置

- 血壓計與操作者的距離在1公尺之內以利觀測。
- 水銀計必須垂直，與操作者的眼睛等高。
- 使用水銀血壓計時，操作者的視線與水銀柱頂點應維持水平，否則讀取數據時容易產生誤差。

安置壓脈帶和聽診器（參見圖6.2）

- 將壓脈帶纏繞在慣用手的手臂上，聽診器的放置處約略與心臟等高。
- 連接氣囊的橡膠管子應當由頂端或後方伸出，以便聽診器能正確的擺在手臂正面、肘關節上方處。
- 壓脈帶應該在聽診器位置上方相距2～3公分。

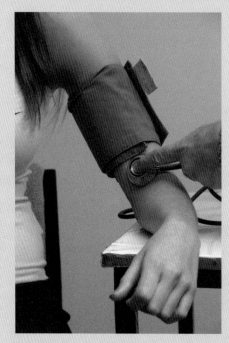

圖6.2 壓脈帶和聽診器的位置

尋找初始壓力

- 尋找肱動脈的脈搏。
- 將壓脈帶加壓到脈搏消失再高30 mmHg，然後立即以每秒2～3 mmHg放鬆壓脈帶的壓力。
- 脈搏重新出現之時大約就是接近收縮壓，留意傾聽是否出現聽診間隙

聽診法測量血壓的收縮壓和舒張壓

- 先在肘前窩附近找尋脈搏最強之處（就在肘關節上方肱動脈的所在），把聽診器放在此處。
- 拿好聽診器不要太用力施壓，不然會干擾到聲音。
- 將壓脈帶快速加壓到比先前量得的啟動壓力更高30 mmHg，然後立即以每秒2～3 mmHg放鬆壓脈帶的壓力。
- 這時開始聽到聲音（詳見表6.2）。
- 首次聽見聲音立即記錄下水銀柱頂端最接近的刻度數值。這應該就是第一期，也就是收縮壓。
- 現在一般的共識是聲音消失之時（第五期）讀取的數值就是舒張壓。
- 等聲音都消失後馬上將壓脈帶放氣。

◎ 測量血壓

　　以人工方式測量血壓的相關資訊不少，例如Beevers等人（2001年）的研究報告。雖然來源不同但大都有著類似的方針，於是形成了標準化的測量法。典型的操作指南包括儀器的放置、操作測量和對聲音的解讀（參見測驗區）。測量老年人的血壓狀況比量年輕人的更困難，一般而言老人家的血壓更是反覆不定，所以重點是在不同時候多測量幾次，以確定測量到的讀數還算一致。針對這年齡層的族群，在測量血壓時分別以立姿和坐姿各測量一次也是很普遍的作法。

聽診時不同的聲音歸屬於不同測量階段，這通常不易判斷，不過表6.2有詳細的敘述。你會注意到所謂的「聽診間隙」（auscultatory gap），此名稱的由來是在第二期後聲音突然短暫的完全消失。這現象只偶爾出現在某些人身上，故遵照測驗區的指示說明設法判別是否為初始壓力就很重要，以防萬一出現聽診間隙讓你誤以為第三期的聲音是第一期。

高血壓的診斷絕非單靠一次血壓測量，而且要由合格的專業人士診察。判斷的過程通常是在兩次或更多次看診時，每次重複測量兩遍或以上再求其平均值，隨後再進行初步的篩選。血壓的分級標準各機構不一。表6.3列出的收縮壓和舒張壓級距標準是根據美國運動醫學學會的建議，單位為mmHg。特別要留意的是，只要血壓讀數（收縮壓和舒張壓）中有一個數值過高就足以讓受測者加入高血壓患者之列。舉例來說，若一個人的收縮壓的讀數為118 mmHg，而舒張壓的讀數是92 mmHg，那麼根據美國運動醫學學會的標準，屬於第一期高血壓患者。

表6.2	聽診的聲音
時期	聲音概述
第一期	首先是重複的微弱敲擊聲，聲音逐漸增強至少持續兩次心跳，這是收縮壓
第二期	短暫一陣子聲音變輕柔、有種快速移動產生的嗖嗖聲
聽診間隙	偶爾會遇到聲音一時間完全消失
第三期	再次聽到比較清晰的聲音，聲音變得清脆而且強度恢復甚至超過第一期的聲音
第四期	清楚、突然逐漸消逝的聲音，聲音變成輕輕的吹氣聲
第五期	所有的聲音完全消失的參考點讀取數值就是舒張壓

表6.3	血壓的分級標準	
	收縮壓	舒張壓
正常	＜120和	＜80
高血壓前期	120～139或	80～89
高血壓（第一期）	140～159或	90～99
高血壓（第二期）	≧160～179或	≧100～109

※資料來源：更改自美國運動醫學學會（American College of Sports Medicine, ACSM）2009年出版的《Guidelines for Exercise Testing and Prescription》

表6.4	原發性和續發性高血壓的危險因子
原發性的危險因子	說明
肥胖	超過85%的高血壓患者其身體質量指數（BMI）都大於25
飲食中攝取過多鹽分	鹽分攝取量和血壓之間有密切的關連，吃太多鹽會造成血壓升高
飲酒過量	一般認為每天只要30～40公克的酒精就足以造成高血壓
抽菸	抽菸導致血管收縮，因而造成高血壓
老化和家族病史	不管是老化或家族病史都與高血壓有關連
不常運動（久坐不動）	規律的活動可以大幅降低罹患高血壓的風險
續發性的危險因子	說明
庫欣氏症候群	這是腎上腺過度分泌皮質醇的病症
主動脈狹窄	這是一種天生缺陷，主動脈狹窄
造成荷爾蒙改變的病症	包括甲狀腺機能亢進、甲狀腺機能低下和腎上腺癌
其他常見原因	例如腎臟疾病、肥胖／代謝疾病和子癇前症（妊娠高血壓）

危險因子

對大多數人而言，他們的高血壓找不出直接原因，因為年紀、種族或甚至家族病史都有關係。除了這些不可修正的危險因子之外，還有幾個生活方式上的因素也會增加罹患高血壓的風險，譬如抽菸和攝取過多鹽分。危險因子常可分為對原發性的或對續發性的；表6.4各舉出了一些主要的危險因子。

有關血壓與各種疾病的研究數量繁多，但一些常見的主題卻是顯而易見的。例如，大家都認同16歲及以上的成年人其高血壓的盛行率（無論有無吃藥控制）會受到身體質量指數和腰圍增加的影響。換句話說，研究結果證實體重過重和肥胖的男女，比體重正常的人更容易罹患高血壓（肥胖男女的風險比體重過重者更高）。另一個常見的主題是腰圍過粗的男性（超過102公分）其罹患高血壓的風險是腰圍102公分及以下的人的兩倍。至於腰圍過粗的女性，比腰圍88公分及以下的同性其罹患高血壓的風險超過兩倍。

體力活動的好處

很多研究結果都證明體力活動有益，例如Kokkinos發表於2000年的研究報告顯示，規律的體力活動計畫平均可以降低收縮壓8～10 mmHg左右，舒張壓則可降低至7～8 mmHg。根據英格蘭健康調查於2007年所發表的報告，若能將全民中具有高收縮壓（140 mmHg）的人口比例降低50％，單在英格蘭地區就能減少18,000個以上的冠心病案例。關於此領域的研究，雖然很多實驗所採用的體力活動強度是依據實驗對象的高血壓與體適能程度而定，但大部分實驗都採用運動強度低於85％最大心跳率（許多研究甚至支持最高只到80％的最大心跳率的建議）。各研究的實驗對象年齡也有差異，有些研究證明降低血壓的效果，甚至在年齡近90歲的實驗對象上也適用。除了體力活動帶來的好處之外，很多研究也顯

示若能長期的改變某些生活方式,則伴隨高血壓而來的風險便能大幅降低,譬如像心血管疾病、腎臟疾病和器官受損。改變生活方式的建議如下:

- 體重過重則要減重
- 降低酒精攝取
- 降低鈉的攝取量,每天少於2.3公克
- 維持適量的鉀、鈣和鎂攝取量
- 減少攝食飽和脂肪
- 戒菸

在這裡要強調的是,除了規律的體力活動計畫之外還要多管齊下,如此才是降低血壓的最佳辦法。將生活方式調整得越健康越可能成功。

>> 體力活動指導原則

許多高血壓的體力活動指南都建議進行有氧型態的運動課程,不過建議阻力訓練的也很多(詳見表6.5)。要特別強調的是,不能只單靠體力活動,無論如何都得配合遵從其他關於體重過重、攝取過多鹽分和飲酒過度方面的建議。對於新加入體力活動課程的人來說,可將一天的活動分量分成多次低強度的簡短活動,讓新參與者慢慢習慣生活上的改變。運動課程應緩慢進行並且限制在80%的最大心跳率,直到不再有高血壓的癥候為止。開始進行任何體力活動課程之前都得為參與者量血壓,確認血壓低於200/110 mmHg才進行課程。

雖然不太可能在運動時全程監測血壓,但是建議指導員至少在覺得情況不太對時測量一下。任何時候都可以暫停活動檢測血壓。

▶ 127

表6.5	高血壓患者的體力活動指導原則	
	有氧訓練	肌力訓練
方式	• 若是肥胖者，選擇能消耗最多卡路里的運動	• 採取延長暖身運動和漸進的緩和運動 • 專注在肌耐力
強度	• 低至中等強度 • 最高至80 %HRmax • 運動自覺量表RPE最高至14 分	• 使用輕的負荷量 • 增加重複次數達到超負荷，其次才漸增強度
持續時間	• 每次30～60分鐘 • 逐步同時增加持續時間和強度	• 最大重複量15～20 RM，1～3組 • 運動間隔休息1～2分鐘
頻率	• 每週3～7天	• 每週2～3次 • 鼓勵做些其他形式的運動
注意事項	• 可分多次在一天內做完 • 超過60分鐘可能會抵銷運動的好處	• 盡力將氣體呼出 • 避免等長運動 • 不要以此作為唯一的運動方式

一般注意事項

• 如果靜止休息時收縮壓高於200 mmHg或舒張壓在110 mmHg以上，就不要做運動。
• 做體力活動時萬一血壓突然下降，或是運動者覺得頭暈或噁心應立即停止。

>> 血壓和體力活動

　　儘管一般建議有高血壓的人最好做些體力活動，但還是要說清楚，不管什麼形式的活動，只要身體使力血壓其實都會升高。在進行阻力訓練和有氧型態的活動時，血壓都會產生變化。舉例來說，一般都認同在有氧型態的活動過程中，活動做多了血壓的收縮壓也會增加，然而舒張壓卻是經常維持原狀，偶爾甚至會

降低。有很多實驗證據顯示，做有氧活動時若測量到誇張的血壓反應，或許這可作為未來罹患高血壓和甚至發生心肌梗塞的指標。可是在做任何形式的活動時測量血壓還是會有問題，譬如說，在腳踏車運動時雖然測得的收縮壓數據良好，但是舒張壓的數值常常不是高估就是低估。以阻力訓練下的血壓反應為主旨的實驗不少，實驗結果表明在做極大的重阻力訓練時血壓很多時候都飆高至400/300 mmHg，所以這一類型的訓練顯然不適合有高血壓的人。圖6.3顯示有氧運動時收縮壓與舒張壓的典型變化。由圖中可看出手臂運動（小肌群）對血壓的影響高於大肌群運動。另外值得注意的是，大肌群做了有氧運動後，舒張壓的測量值等同或甚至低於休息時的舒張壓數值。

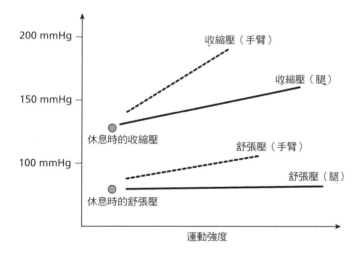

圖6.3　有氧運動時收縮壓與舒張壓的典型變化

> 由於運動時血壓會上升，因此重要的是在事先雙方明確約定，如果靜止休息時收縮壓高於200 mmHg或舒張壓在110 mmHg以上就不該做運動。

【延伸閱讀】

- American College of Sports Medicine (2009a) ACSM's exercise management for persons with chronic diseases and disabilities (3rd edn). Champaign, IL: Human Kinetics

- American College of Sports Medicine (2009a) ACSM's guidelines for exercise testing and prescription (8th edn). London: Lippincott Williams & Wilkins

- Beevers, G., Lip, G.Y.H. 7 O'Brien, E. (2001) Clinical review. ABC of hypertension. Blood pressure measurement. Part II Conventional sphygmomanometry: Technique of auscultatory blood pressure measurement. British Medical Journal, 322: 1043-1047

- Blumenthal, J.A., Babyak, M.A., Hinderliter, A., Watkins, L.L., Craighead, L., Pao-Hwa, L.,Caccia, C., Johnson, J., Waugh, R.7 Sherwood, A. (2010) Effects of the DASH diet alone and in combination with exercise and weight loss on blood pressure and cardio-vascular biomarkers in men and women with high blood pressure: The ENCORE study. Archives of Internal Medicine, 170(2): 126-135

- Blumenthal, S., Epps, R.P., Heavenrich, R., Lauer, R.M., Lieberman, E., Mirkin, B., Mitchell, S.C., Boyar Naito,V., O'Hare, D., McFate Smith, W., Tarazi, R.C. & Upson, D. (1977) Report of the task force on blood pressure control in children. Pediatrics,59(5): Part 2

- Borg, G.A.V. (1998) Borg's rating of perceived exertion and pain scales. Champaign, IL: Human Kinetics

- British Heart Foundation Health Promotion Research Group (2005) Coronary heart disease statistics. University of Oxford: Department of Public Health

- Brown, B. (1993) Heamotology, principles and procedures (6th edn). Philadelphia, PA: Lea and Febiger

- Buchalter, M. & Shpiro, L. (1991) A colour atlas of hypertension (2nd edn). London: Wolfe Publishing

- Carretero,O.A. 7 Oparil, S.(2000) Essential hypertension. Part 1: Definition and etiology. Circulation, 101(3): 329-335

- Dickson, M.E. & Sigmund, C.D. (2006) Genetic basis of hypertension: Revisiting angio-tensinogen. Hypertension, 48(1): 14-20

- Ehrman, J.K., Gordon, P.M., Visich, P.S. & Keteyian, S.J. (2003) Clinical exercise physi-ology. Champaign, IL: Human Kinetics

- Elliott, W.J. (2003) The economic impact of hypertension. Journal of Clinical Hypertension, 5(4): 3-13

- Health Survey for England (2007) Healthy lifestyles: Knowledge, attitudes and behaviour. Leeds: NHS Information Centre for Health and Social Care

- Joint British Societies (2005) Guidelines on prevention of cardiovascular disease in clinical practice. Heart, 91(V)

- Joint Health Surveys Unit (2004) The Health Survey for England 2003. Royal Free and University College Medical School: Department of Health

- Kearney, P.M., Whelton, M., Reynolds, K., Muntner,P., Whelton, P.K. & He, J. (2005) Global burden of hypertension: Analysis of worldwide data. Lancet, 365(9455): 217-223

- Kokkinos, P.F., (2000) Exercise as hypertension therapy. Hellenic Journal of Cardiology, 42: 182-192

- Lackland, D.T. & Egan, B.M. (2007) Dietary salt restriction and blood pressure in clinical trials. Current Hypertension Reports, 9(4): 314-319

- NHS Information Centre, Lifestyle Statistics (2009) Statistics on obesity, physical activity and diet: England, February 2009. London: NHS Information Centre for Health and Social Care

- Papadakis, M.A., McPhee, S.J., & Tieney, L.M. (2008) Current medical diagnosis and treatment. New York: McGraw-Hill

- rahmouni, K., Corrcia, M.L., Haynes, W.G. & Mark, A.L. (2005) Obesity-associated hypertension: New insights into mechanisms. Hypertension, 45(1): 9-14

- Rosengren, A., Hawken, S., Ounpuu, S., Sliwa, K., Zubaid, M., Almahmeed, W.A., Blackett, K.N., Sitthi-amorn, C., Sato, H.& Yusuf, S. (2004) Association of psychosocial risk factors with risk of acute myocardial infarction in 11119 cases and 13648 controls from 52 countries (the INTERHEART study): Case-control study. Lancet,364:953-962

- Sagnella, G.A. & Swift, P.A. (2006) The renal epithelial sodium channel: Genetic heterogeneity and implications for the treatment of high blood pressure. Current Pharmaceutical Design, 12(14): 2221-2234

- Segura, J.& Ruilope, L.M. (2007) Obesity, essential hypertension and renin-angiotensin system. Public Health Nutrition, 10(10A): 1151-1155

- Shankie, S. (2001) Hypertension in focus. Pharmaceutical Press. London: Stationery Office

- Solomon, E.P., Schmidt, R.R. & Adragna, P.J. (1990) Human anatomy and physiology

(2nd edn). Philadelphia, PA: Saunders College Publishing

- Thibodeau, G.& Patton, K. (2003) Anatomy and physiology (5th edn). St. Louis: Mosby, Inc.

- Torrata, G. & Derrickson, B.(2009) Principles of anatomy and physiology (12th edn). New Jersey: John Wiley & Sons

- Wilmore, J.H. & Costill, D.L.,(2005) Physiology of sport and exercise (3rd edn). Champaign, IL: Human Kinetics

- Yusuf, S., Hawken, S., Dans, T., Avezum, A., Lanas, F., Mc Queen, M., Budaj, A., Pais, P., Varigos, J. & Lisheng, L. (2004) Effect of potentially modifiable risk factors associated with myocardial infarction in 52 countries (the INTERHEART study): Case-control study. Lancet, 364:937-952

高血脂症
的體力活動

7

重　點

- 「高血脂症」指的是血液中的脂質含量過多。
- 脂質涵蓋各種形式，例如三酸甘油酯或各種類型的膽固醇。
- 高血脂症可依據三酸甘油酯或是膽固醇的含量高而區分為兩大類 —— 高三酸甘油酯血症或高膽固醇血症。
- 已開發國家中超過60%的冠心病和大約40%的缺血性腦中風，可歸咎於總血膽固醇濃度超出3.8 mmol/l。
- 據估計西歐地區45%的心臟病發與歐洲中部及東部35%的心臟病發是因為血脂異常。
- 血脂異常的人其心臟病發的風險是血脂正常者的3倍。
- 16歲及以上的英格蘭男性平均總血膽固醇濃度大約為5.5 mmol/l，女性則為5.6 mmol/l。而血膽固醇濃度在5.0 mmol/l及以上的男女就有66%左右。
- 16歲及以上的英格蘭男性平均高密度脂蛋白膽固醇濃度約為1.4 mmol/l，而女性則為1.6 mmol/l。整體而言，17%的男性和2%的女性其高密度脂蛋白膽固醇濃度不到1.0 mmol/l；一般科醫師通常會建議濃度低於這標準的人最好就醫治療。
- 濃度低於1.0 mmol/l的其他國家男性資料，如法國7～9%、德國15%左右、荷蘭15～23%、印度24%、加拿大30%、美國7～38%以及泰國75%。
- 研究證實規律的體力活動好處多，包括下列：
  · 降低三酸甘油酯的濃度
  · 增加高密度脂蛋白膽固醇的濃度
  · 增加代謝脂蛋白的酶活性

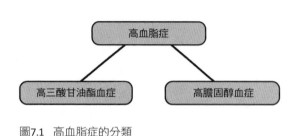

圖7.1　高血脂症的分類

圖7.2　典型的三酸甘油酯

▶▶ 怎麼一回事？

　　高血脂症的英文hyperlipidaemia源自於希臘文「hyper」意指多過，而「lipid」的意思是脂肪，合起來就是指血液中的脂質含量過多。脂質包含各種形式，例如三酸甘油酯或不同類型的膽固醇。如同圖7.1所顯示，高血脂症可依據三酸甘油酯或是膽固醇含量高而分為兩大類——高三酸甘油酯血症或高膽固醇血症。

○ 三酸甘油酯

　　三酸甘油酯是一種脂質，其來源是肉類等食物中的脂肪，不過人體也會利用其他食物如醣類自行製造。食物下肚後會在體內分解以作為能量來源，但如果吃進太多食物又沒有立即要消耗能量，則食物分解為脂肪酸後運送到脂肪細胞內，接著轉換為三酸甘油酯的形式儲存以供未來能量需求。如圖7.2所示，三酸甘油酯是由一個稱為甘油的分子和三個脂肪酸長鏈結合而成。脂肪可分為「飽和」與「不飽和」兩大類，而三酸甘油酯到底屬於飽和還是不飽和類型，則是由組成中的脂肪酸長鏈決定。

○ 膽固醇

　　膽固醇是我們每個人體內都有的一種脂質，因為身體內重要功能的運作都

少不了這種化合物，譬如製造細胞（建構人體的「磚塊」）和荷爾蒙（擔任體內重要的化學信差）。三酸甘油酯和膽固醇都藉由血流往返於腸子和肝臟之間。它們本身不溶於血，因此必須跟蛋白質結合形成不同形式的脂蛋白才能藉由血液輸送。抽血檢測膽固醇含量時，其實真正檢驗的是脂蛋白。最常拿來做檢驗的幾種主要脂蛋白為：

- 極低密度脂蛋白（very low-density lipoprotein, VLDL）是三酸甘油酯主要的載體。
- 低密度脂蛋白（low-density lipoprotein, LDL）是「壞」的膽固醇載體。
- 高密度脂蛋白（high-density lipoprotein, HDL）是所謂「好」的膽固醇載體。

目前已知血液中脂質含量過高會加速「動脈粥狀硬化」的進展。在正常情況下，未受損的動脈內壁是平滑的，可讓血液順暢流過。萬一動脈受到任何損傷（譬如說，抽菸就會造成傷害），血管內壁受傷部位便會生成一種稱為「斑塊」的物質。斑塊只是一個統稱，泛指脂質之類一些在血流中會「黏住」動脈內壁的物質。假如斑塊不斷聚積（如圖7.3所示），動脈會變窄又變硬使得血流減少，進而引發嚴重的後果，例如中風和心臟病發。

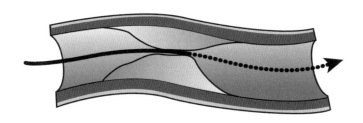

圖7.3　有斑塊堆積的動脈管壁

以膽固醇和斑塊堆積的影響為主題的研究數量龐大，有很多證據證明動脈內壁的沉積物和「壞」的低密度脂蛋白膽固醇含量過高有關。反之，一般認為「好」的高密度脂蛋白膽固醇，能將動脈中過多的膽固醇帶回肝臟分解和重新再利用。所以根據實驗結果來看，具有高濃度的高密度脂蛋白膽固醇是件好事。有很多不同原因都會造成血液中膽固醇濃度過高，舉例來說，有些人膽固醇濃度高是因為遺傳基因缺陷造成的。這種情況就是所謂的家族性高膽固醇血症，占所有已知高血脂症案例的60%左右。其他的40%是所謂的續發性高血脂症。

這類病症通常都跟某些代謝疾病有關比如糖尿病，或者也可能是某些飲食因素造成的，例如吃進很多脂肪或醣類，或甚至是酗酒引起的。

≫ 盛行率

即使各專業機構對脂質含量異常的患者人數估算結果不盡相同，廣受信賴的健康組織如英國心臟基金會和世界衛生組織都同意，罹患冠心病的風險和血膽固醇含量有直接關連。其他報告如世界衛生報告於2002年發布的資料估計，讓已開發國家負擔沉重的疾病中有8%左右是血膽固醇含量增加造成的。這份報告還指出，已開發國家中超過60%的冠心病和大約40%的缺血性腦中風（詳見第13章）可歸咎於總血膽固醇濃度超出3.8 mmol/l（參見表7.2所列膽固醇濃度的分級標準）。更新一點的研究是INTERHEART於2004年發表的病例對照研究，報告中估計西歐地區45%的心臟病發與歐洲中部及東部35%的心臟病發是因為血脂濃度異常，而血脂濃度異常的人其心臟病發的風險是血脂濃度正常者的3倍。根據英格蘭健康調查在2003年公布的資料，16歲及以上的男性（在英格蘭）平均總血膽固醇濃度大約為5.5 mmol/l，而女性則為5.6 mmol/l。不過血膽固醇濃度在5.0 mmol/l及以上的男女就占了66%左右。調查報告中還陳述，16歲及以上的英格蘭男性平均高密度脂蛋白膽固醇濃度約為1.4 mmol/l，而女性則為1.6 mmol/l。令人關注的

是，報告指稱整體而言17%的男性和2%的女性其高密度脂蛋白膽固醇濃度不到1.0 mmol/l。濃度低於這標準的人一般建議最好就醫治療。有研究比較了各個國家高密度脂蛋白膽固醇濃度不到1.0 mmol/l的男性人數比率——法國的比率介於7～9%、德國15%左右、荷蘭15～23%、印度24%、加拿大30%、美國7～38%以及泰國75%。

≫ 症狀

這情況並不會產生讓人察覺的明顯症狀，通常只會在例行的抽血檢查時發現，或者患者還有其他的疾病纏身，比方中風或心臟病發。話雖如此，血膽固醇含量很高的人，其膽固醇是有可能會沉積在皮膚下（眼睛周圍或者在阿基里斯腱中）形成黃色瘤，只是這種情況相當少見。

≫ 診斷

醫師診斷高膽固醇血症通常是在特定條件下（正常是禁食一夜），合併檢視病史、身體檢查和抽血檢查。要是一開始的隨機抽血檢查發現總血膽固醇濃度有過高的跡象，正常情況是進一步做特定檢驗，以確認低密度脂蛋白膽固醇、高密度脂蛋白膽固醇和三酸甘油酯各別的濃度，因為它們之間的比例是重要關鍵。舉例來說，某人的總血膽固醇濃度偏高在臨界值邊緣，假如其低密度與高密度脂蛋白膽固醇的比例良好，那麼他就比同樣狀況但低密度與高密度比例不佳的人更健康些。由於不同的生活方式和用藥會分別對這三者造成不同的影響，因此它們各別濃度的資訊有助於一般科醫師做出合適的處置。一旦血液檢查完成後，醫師通常會根據分級標準（如表7.1和7.2所列）判斷患者屬於哪個層級。不過要提醒的是目前的標準不一。

測驗區：血脂

所需設備

市面上有多種不同類型的血脂測量器材組可供選擇，一旦血液分析完成後，將測得的三酸甘油酯濃度對照表7.1的分級標準。

表7.1	三酸甘油酯的分級標準（血中濃度，單位mmol/l）
級別	濃度
正常	＜1.69 mmol/l
上限邊緣	1.69～2.25 mmol/l
高	2.26～5.63 mmol/l
極高	＞5.63 mmol/l

一旦血液分析完成，將測得的膽固醇濃度對照表7.2的分級標準。

表7.2	膽固醇的分級標準（血中濃度，單位mmol/l）		
脂蛋白	理想的	邊緣	異常
總膽固醇	＜5.2	5.2～6.5	＞6.5
低密度脂蛋白膽固醇	＜3.0	3.0～5.0	＞5.0
高密度脂蛋白膽固醇	＞1.0	0.9～1.0	＜0.9

雖然表7.1和7.2的分級標準是現有健康指南中最通用的，但根據英國學會聯會於2005年發表的資料，全民最佳的總膽固醇目標值應該定為4.0 mmol/l，而低密度脂蛋白膽固醇的目標值應該定為2.0 mmol/l，也就是說，總膽固醇得降低25%而低密度脂蛋白膽固醇得降低30%（不論是哪一個，都是要讓人降到最低的絕對

值）。這些目標是以下幾個組織聯合組成了英國學會聯會之後發表的，包括英國心臟醫學會、英國高血壓學會、HEART UK、英國糖尿病協會、一般醫學心血管學會和中風協會。

這個聯會的主要任務是提供所有與心血管疾病有關的專業建議，特別是預防該疾病的對策。

≫ 危險因子

學界已逐漸接受高血脂症的生成與基因有關連，但還是有許多其他因素參與其中，儘管它們的影響程度不一。例如研究顯示基因突變（這是一種遺傳關連）會導致三酸甘油酯和低密度脂蛋白膽固醇生產過量或清運缺陷，或者是生產不足或過度清運高密度脂蛋白膽固醇。最後結果是高濃度的低密度脂蛋白膽固醇（壞東西）和低濃度的高密度脂蛋白膽固醇（好東西）。前面提過那些罹患家族性高膽固醇血症的人，從出生起血膽固醇含量就偏高，他們可能會提早罹患動脈粥狀硬化和冠心病。一些統計數據顯示，家族性高膽固醇血症患者的兄弟姊妹和子女有50%的風險遺傳到此疾病。除了遺傳因素之外，主要的一些危險因子包括久坐不動的生活型態、飲食中攝取過多的飽和脂肪、膽固醇和反式脂肪（加工食品中廣泛使用到的一種脂肪），或是吃下太多醣類。其他還有許多常見的危險因子包括抽菸、高血壓、糖尿病、飲酒過量、慢性腎臟疾病、甲狀腺機能低下、原發性膽道肝硬化和膽汁鬱積性肝病。另外很多藥物也會增加罹患此症狀的風險，譬如thiazides類利尿劑、β-腎上腺素受體阻斷劑、維生素A類物質（retinoids）、高效能抗反轉錄病毒藥物、動情激素與黃體素以及糖化皮質類固醇。

⏩ 體力活動的好處

有關此疾病的研究相當多，大都顯示定期做體力活動有很多益處，包括：

- 降低三酸甘油酯濃度
- 增加高密度脂蛋白膽固醇濃度
- 增加脂蛋白代謝過程中酶的活性（更具分解和利用的能力）

在運動方面，由Shern-Brewer等人（1998年）、Tomas等人（2002年）和Vasankari等人（2000年）所做的調查證明，個人在參與定期的體力活動計畫後，低密度脂蛋白膽固醇的濃度降低了。不過要記住，天生就有脂質運輸缺陷的人對體力活動的健身規劃可能會有很不一樣的反應。另外也必須非常留意多種不同的降血脂處方用藥，例如纖維酸衍生物（fibric acid derivatives），服用此藥同時又參與體力活動課程可能會增加肌肉損傷的風險。其他研究證實體力活動對一些藥物會有反效果，譬如 β-腎上腺素受體阻斷劑的藥效會因而降低。因此審慎的作法是，針對治療高血脂症用藥合併進行體力活動一事諮詢醫師的建議。

⏩ 體力活動指導原則

罹患高血脂症的人應該養成限制卡路里和脂肪攝取的生活習慣，同時配合參與體力活動。雖然體力活動對血脂的影響因人而異，不過大部分的人都可預期在開始參與體力活動課程幾個月內會有好的轉變。剛開始的運動強度應維持在低強度，通常應視個人狀況調整將進展步調放緩。這個族群的人絕對得堅持身體活動，因為長期來看偶爾一次的活動產生不了什麼作用（參見附表7.3）。

表7.3	高血脂患者的體力活動指導原則	
	有氧訓練	肌力訓練
方式	• 若是肥胖者，選擇能消耗最多卡路里的運動；若不是，則做負重運動	• 採取延長暖身運動和漸進的緩和運動 • 專注在肌耐力
強度	• 低至中等強度 • 50～80 %HRmax • 運動自覺量表8～14 分	• 使用輕的負荷量 • 增加重複次數達到超負荷，其次才漸增強度
持續時間	• 每次最多40分鐘 • 緩慢增加強度	• 最大重複量15～20 RM，1～3組 • 運動間隔休息1～2分鐘
頻率	• 每週5天	• 每週2～3次 • 鼓勵做些其他形式的運動
注意事項	• 可能要用運動自覺量表監測運動強度 • 運動強度的效益似乎比不上運動中所消耗掉的總卡路里	• 單靠阻力運動訓練就能對血脂含量產生正面影響，只是效果不如心血管活動明顯

一般注意事項

• 做過運動後血脂會有些變化，但不會持續太久，48小時內就又恢復原狀。因此必須持續規律的運動。
• 大體而言，體適能較佳的人得更常做運動才能影響血脂含量。
• 對體適能欠佳的人來說，單次運動中消耗掉300至500仟卡左右或許便足以改善其血脂濃度；而體適能較佳者可能得消耗800至1000仟卡才行。
• 減重外加體力活動同時進行，對於降低低密度脂蛋白膽固醇和三酸甘油酯濃度，並增加高密度脂蛋白膽固醇能產生加乘作用。
• 規劃每星期消耗掉1200至2000仟卡的有氧運動以控管血脂濃度。

【延伸閱讀】

- American College of Sports Medicine (2009a) ACSM's exercise management for persons with chronic diseases and disabilities (3rd edn). Champaign, IL: Human Kinetics

- American College of Sports Medicine (2009b) ACSM's guidelines for exercise testing and prescription (8th edn). London: Lippincott Williams & Wilkins

- British Heart Foundation Health Promotion Research Group (2005) coronary heart disease statistics. University of Oxford: Department of Public Health

- Durrington, P. (2003) Dyslipidaemia. Lancet, 362(9385): 717-731

- Gami, A.(2006) Secondary prevention of ischaemic cardiac events. Clinical Evidence, 15: 195-228

- Grundy, S.M., Balady, G.J., Criqui, M.H., Fletcher, G., Greenland,P., Hiratzka, L.F., Houston-Miller, N., Kris-Etherton, P., Krumholz, H.M., LaRosa, J., Ockene, I.S., Pearson, T.A. Reed, J. & Washington, R. (1999) Primary prevention of coronary heart disease: Guidance from Framingham: A statement for healthcare professionals from the AHA Task Force on Risk Reduction. American Heart Association. Circulation,97(18): 1876-1887

- Hayward, R.A., Hofer, T.P. & Vijan, S. (2006) Narrative review: Lack of evidence for recommended low-density Lipoprotein treatment targets: A solvable problem. Annals of Internal Medicine, 145(7):520-530

- Joint British Societies (2005) Guidelines on prevention of cardiovascular disease in clinical practice. Heart, 91(V)

- Joint Health Surveys Unit (2004) The Health Survey for England 2003. Royal Free and University College Medical School: Department of Health

- Kausik, K.R., Seshasai, S.R.K., Erqou, S., Sever, P., Jukema, W., Ford, I. & Sattar, N. (2010) Statins and all-cause mortality in high-risk primary prevention: Ameta-analysis of 11 randomized controlled trials involving 65 229 participants. Archives of Internal Medicine, 170(12): 1024

- McMurry, M.P. Cerqueira, M.T. Connor, S.L. & Connor, W.E. (1991) Changes in lipid and lipoprotein levels and body weight in Tarahumara Indians after consumption of an affluent diet. New England Journal of Medicine, 325(24): 1704-1708

- Mozaffarian, D., Katan, M.B., Ascherio, A., Stampfer, M.J. & Willett, W.C. (2006) Trans-fatty acids and cardiovascular disease. New England Journal of Medicine, 254(15): 1601-

1613

- National Institute for Health and Clinical Excellence (NICE) (2010) Lipid modification: Cardiovascular risk assessment and the modification of blood lipids for the primary and secondary prevention of cardiovascular disease. NICE Clinical Guideline 67. London: NICE

- Pignone, M., (2005) Primary prevention: Dyslipidaemia. Clinical Evidence, 14: 142-150

- Pignone, M., Phillips, C., Atkins, D., Teutsch, S., Mulrow C. & Lohr, K. (2001) Screening and treating adults for lipid disorders. American Journal of Preventative Medicine, 20(3, suppl.):77-89

- Shern-Brewer, R., Santanam, N., Wetzstein, C., White-Welkley, J. & Parthasarathy, S. (1998) Exercise and cardiovascular disease: A new perspective. Arteriosclerosis Thrombosis and Vascular Biology. 18: 1181-1187

- Snow, V., Aronson, M., Hornbake, E., Mottur-Pilson, C. & Weiss, K. (2004) Lipid control in the management of type 2 diabetes mellitus: A clinical practice guideline from the American College of Physicians. Annals of Internal Medicine, 140(8): 644-649

- Starc, T.J., Shea, S., Cohn, L.C., Mosca, L., Gersony, W.M. & Deckelbaum, R.J. (1998) Greater dietary intake of simple carbohydrate is associated with lower concentrations of high-density-lipoprotein cholesterol in hypercholesterolemic children. American Journal of Clinical Nutrition, 67: 1147-1154

- Tang, J.L., Armitage, J.M., Lancaster, T., Silagy, C.A., Fowler, G.H. & Neil, H.A. (1998) Systematic review of dietary intervention trials to lower blood total cholesterol in free-living subjects. British Medical Journal, 316()7139:1213-1220

- Tomas, M., Elosua, R., Senti, M., Vila, J., Anglada, R., Fitó, M., Covas, M.I. & Marrugat, J. (2002) Paraoxonase 1-192 polymorphism modulates the effects of regular and acute exercise on paraoxonase 1 activity. Journal of Lipid Research, 43(5): 7137-7120

- Vasankari, T., Lehtonen-Veromaa, M., Mottonen, T., Ahotupa, M., Irjala, K., Heinonen, O., Leino, A. & Viikari, J. (2000) Reduced mildly oxidized LDL in young female athletes. Atherosclerosis, 151: 399-405

- Vijan, S. & Hayward, R.A. (2004) Pharmacologic lipid-lowering therapy in type 2 diabetes mellitus: Background paper for the American College of Physicians. Annals of Internal Medicine, 140(8): 650-658

- Weingärtner, O., Bohm, M. & Laufs, U. (2009) Controversial role of plant sterol esters in the management of hypercholesterolaemia. European Heart Journal, 30(4): 404-409

- Yusuf, S., Ounpuu, S., Dans, T., Avezum, A., Lanas, F., McQueen, M., Budaj, A., Pais, P., Varigos, J. & Lisheng, L. (2004) Effect of potentially modifiable risk factors associated with myocardial infarction on 52 countries (the INTERHEART study): Case-control study. Lancet, 364:937-952

關節炎
的體力活動

8

重　點

● 英國有7百萬人罹患關節炎（包括所有類型）。

● 在45歲以前骨關節炎常發生在男性身上，45歲以後則常見於女性。

● 據估計英國人口中有2～3%受類風濕性關節炎所苦。

● 西方世界中約有1%的人口在其一生中某個時期（通常20歲或以上）會出現痛風，而且近幾十年來發生頻率有增加的趨勢。

● 男性比女性更容易得僵直性脊椎炎，其比例約為3比1。

● 北歐地區狼瘡的發生率約為每10萬人中有40人，而女性患者多過於男性，其比例約為9比1。

● 男性罹患痛風的機率比女性高，尤其在40～50歲之間的男性，女性在更年期之前很少罹患此疾病。

● 沒有什麼證據可證明體力活動能預防骨關節炎。

● 關節過度或缺乏承壓都可能增加罹患骨關節炎的風險。

● 體力活動可能對骨關節炎患者有助益，包括那些做過人工關節置換的人，不過體力活動做太多可能有害。

● 一般的通則是任何關節炎發作嚴重疼痛時，體力活動程度都應該降低。

>> 怎麼一回事？

　　關節炎是一種很常見的疾病，通常是指關節腫脹或發炎。其英文arthritis源自希臘文「arth」意思是關節，而「itis」意指發炎。關節炎的類型超過200種（統稱為風濕病），而其中最常見的兩種分別為：骨關節炎，它屬於一種退化性的關節疾病；以及類風濕性關節炎，它是一種多處關節發炎的疾病。

○ 骨關節炎

　　這類關節炎是局部性的或特別只發生在某個關節（例如膝關節或髖關節）。經年累月的磨損會影響包覆骨頭兩端的關節軟骨。正常的關節軟骨平滑又堅韌，可讓關節處的骨骼相互滑動而不至有太大的摩擦。可惜軟骨並不厚，而且也不是專為能承受年復一年不斷重複動作而設計的，衝擊性的反覆動作尤其糟，因為這會導致軟骨磨損最後露出底下的骨骼。

　　一旦軟骨磨損掉便會生成骨刺，而骨刺要是斷裂脫離就漂浮在關節間隙中。這時不僅是稍有動作就會讓人感到疼痛，身體還會啟動防衛機制造成關節附近發炎腫脹。圖8.1顯示骨關節炎好發的部位。

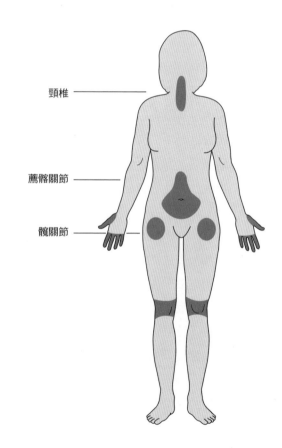

頸椎

薦髂關節

髖關節

圖8.1　　常發生骨關節炎的部位

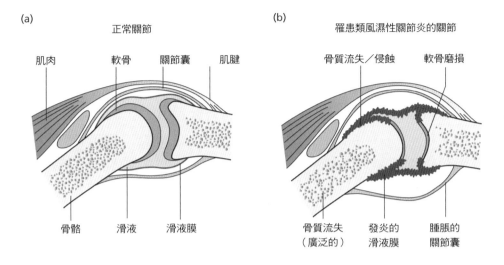

(a) 正常關節

肌肉　　　軟骨　　關節囊　　肌腱

骨骼　　　滑液　　滑液膜

(b) 罹患類風濕性關節炎的關節

骨質流失／侵蝕　　　軟骨磨損

骨質流失　　　發炎的　　腫脹的
（廣泛的）　　滑液膜　　關節囊

圖8.2　　正常關節和罹患類風濕性關節炎的關節

◎ 類風濕性關節炎

　　另一類主要的關節炎是「類風濕性關節炎」，它是一種會侵犯多處關節和體內其他器官系統的發炎性疾病。目前學界認為其致病原因是免疫系統攻擊自己身體的組織。確切的原因還不是很清楚，有可能和基因有關或者也可能是細菌或病毒感染造成的。類風濕性關節炎可發生在體內任何一個關節上，但常見於手指、膝蓋、腰部和手肘的關節上。女性比男性更容易罹患此病，年輕人也可能會得病，但在年長族群間更普遍。它會引起相當劇烈的疼痛，特別是在早晨，其中原因是患部關節的骨頭和軟骨磨損（侵蝕）導致發炎和腫脹，情況類似骨關節炎。圖8.2比較了正常關節和患部關節的差異。

　　除了這兩大類關節炎外，還有一些比較少見的類型。那些擔任體力活動指導員的人也許有機會遇上其他類型的關節炎患者，因此建議儘管機率不大，但是身為體力活動的指導員，還是有必要對少見類型的關節炎具備一定程度的了解。其他類型中較為常見的包括狼瘡、痛風和僵直性脊椎炎。

❍ 狼瘡

這疾病的正確名稱應該是「紅斑性狼瘡」，它實際上是泛指因免疫系統出毛病而引起的疾病，但更常用的名稱為「自體免疫疾病」。除了關節之外，部分類型的狼瘡還會侵犯身體許多不同的系統，例如皮膚、腎臟、血球、心臟和肺部。這種疾病目前還沒有辦法醫治，患者會經歷發病期和緩解期（沒出現症狀）。就像類風濕性關節炎患者，狼瘡患者也深受關節發炎所苦，特別是在手、膝蓋、手肘和腳的關節。

❍ 痛風

眾所周知「痛風」型的關節炎，是因為血液中高濃度的尿酸（一種代謝廢物）結晶沉積在關節中造成發炎，長期下來會導致骨骼侵蝕。血液中尿酸的濃度過高就是所謂的「高尿酸血症」，初期通常只有一個關節受影響，但日積月累下多處關節都可能遭殃而且會相當嚴重。痛風侵犯的關節常會因為尿酸的白堊狀沉積物（即所謂的「痛風石」）在皮膚下聚集成塊而變得腫脹。這些硬塊使關節的功能喪失、動作受限。這疾病也常會引起腎臟結石，因為高濃度的尿酸都得靠腎臟過濾排除。大拇趾基部的關節（趾蹠關節）是最常受痛風侵犯的部位，大約占了一半的痛風病例。痛風影響大拇趾的情況就稱為「足痛風」。

❍ 僵直性脊椎炎

僵直性脊椎炎的英文ankylosing spondylitis出自希臘文，「ankylos」意思為彎曲，而「spondylos」意指脊椎。這疾病是一種慢性的關節發炎，屬於自體免疫疾病的一種。僵直性脊椎炎主要是侵犯脊椎的關節和薦髂關節（脊椎和骨盆間的關節），長期下來可能導致脊椎黏合後果相當嚴重。脊椎完全黏合的情況稱為「竹竿型脊椎」。男性比較容易罹患此病，男女患者比例為3比1，發病出現相關症狀

的年紀一般是在20到40歲之間。僵直性脊椎炎的主要症狀包括慢性疼痛、脊椎下部僵硬,而這有時會擴展到整個脊椎和薦骼關節。患者常常覺得臀部不是這邊痛就是那邊痛,或者大腿後側疼痛。大約40%的患者還會有眼睛發炎的症狀,這情況可能導致眼睛紅腫甚至失明。表8.1概括介紹幾種最常見的關節炎。

》》 盛行率

很難估算到底有多少人罹患了關節炎,因為不是每個有關節炎的人都會去看醫生。不過根據英國關節炎研究聯盟2002年的資料,無論何時,英國大約都有700萬人(占總人口的10%以上)罹患關節炎(包括所有類型)。根據美國關節炎、肌肉骨骼及皮膚疾病國家研究院在2002年所發表的報告,在45歲以前骨關節炎比較好發於男性身上,45歲以後則在女性中更常見。

表8.1	常見的關節炎類型簡介		
疾病	疾病類型	常侵犯的關節	與體力活動的關連
骨關節炎	局部退化	手、脊椎、臀部、膝蓋	關節痛、僵硬、軟骨侵蝕
類風濕性關節炎	發炎性	手腕、手、膝蓋、腳、頸部	早晨僵硬、發炎、關節不穩定
狼瘡	發炎性	手、膝蓋、手肘、腳	關節痛、疲倦
痛風	結晶沉積	大拇趾、腳踝、膝蓋、手腕	關節發炎、疼痛
僵直性脊椎炎	發炎性	脊椎、臀部、肩膀、肩環帶區、膝蓋	疼痛、脊椎黏合

* 資料來源:改寫自美國運動醫學學會(2009年)

這份報告也指出在英國骨關節炎患者中，年輕人（16～44歲）、中年人（45～64歲）和老年人（65歲以上）的比率為1：6：9，這表示此疾病在老人族群中更盛行。據估計英國人口中有2～3%受類風濕性關節炎所苦，而西方世界中約有1%的人在其一生中某個時期（通常20歲或以上）會出現痛風，並且近幾十年來頻率有增加的趨勢。男性罹患痛風的機率比女性高，尤其在40～50歲之間的男性，女性在更年期之前很少罹患此疾病。至於狼瘡，在北歐地區狼瘡的發生率約為每10萬人中有40人，而女性患者多過於男性患者其比例約為9比1。

表8.2	關節炎共有和特有的症狀	
共有的關節炎症狀	狼瘡和類風濕性關節炎症狀	痛風症狀
• 不同程度的疼痛 • 腫脹和變形 • 關節僵硬 • 持續關節疼痛 • 肌肉無力 • 失去靈活性 • 有氧適能降低（後果）	• 失去靈敏或走路有問題 • 疲倦 • 無法解釋的發燒 • 體重減輕 • 睡眠不佳 • 肌肉痠痛 • 關節和腺體腫脹且觸痛 • 掉髮 • 紅疹	• 高尿酸血症（血液中尿酸含量過高） • 關節液中有尿酸結晶 • 急性關節炎反覆發作 • 一天內演變為關節炎，出現關節腫脹、發熱 • 早期只侵犯一個關節（主要是腳趾、腳踝或膝蓋）

≫ 症狀

表8.2列出了各類型關節炎共有的症狀。此外值得注意的是，狼瘡、類風濕性關節炎和痛風也會侵犯身體其他器官，產生有別於共同症狀的病況。由表8.2可看出大部分類型的關節炎都跟某種程度的關節腫脹或發炎有關，而這也是此種

疾病的特徵。發炎的嚴重程度因人而異，可以是輕微的發炎不至於影響活動或感覺太過疼痛，到非常嚴重的發炎使得功能大幅降低、活動受極大限制並且引起劇烈疼痛。圖8.3是罹患類風濕性關節炎導致手指關節腫脹的典型案例，此時手指功能（力量、靈敏等）和動作幅度都降低。

》 危險因子

由於很多類型的關節炎都與免疫系統出問題有關並沒有特定的原因，所以很難認定有什麼危險因子可以修正。換句話說，你無法做任何事來降低得病的潛在風險。因此有些研究是專注在與某幾類關節炎有關的少數可修正危險因子上，其他則是探討免疫功能不良的問題。

◎ 骨關節炎的危險因子

就骨關節炎而言，它無關免疫系統問題，目前已經確認有幾個危險因子是能夠加以矯正至某個程度，因而降低得病的潛在風險。已確認的主要危險因子如下：

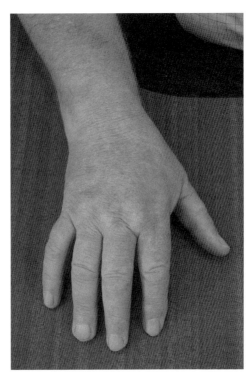

圖8.3　類風濕性關節炎導致腫脹的範例

- 關節曾受傷
- 肥胖
- 反覆使用關節

- 久坐不動的生活型態
- 老化
- 規律的高強度運動
- 規律的高衝擊式運動

　　一般認為進行規律的中等強度運動，譬如走路、騎單車和游泳，並不會增加罹患骨關節炎的風險，事實上風險甚至有可能會降低。可是規律的從事較高程度的體力活動像是田徑比賽或和各類競賽，的確就會提高風險。為了釐清中等和較高程度的體力活動之間的區別，英國衛生部於2004年發表聲明，兩者間似乎有個活動臨界值，超過後罹患骨關節炎的風險就特別高。對此臨界值的提議是每天3小時重度體力活動，或是每週至少20哩的跑步（易罹患膝蓋和臀部的骨關節炎）。這標準與2002年Lueponsak and colleagues所發表的研究結果有些不同，該研究顯示人們要是超越了特定的臨界值，罹患膝蓋和臀部骨關節炎的風險便會增加，而這臨界值可能只是每天爬了10段樓梯。另外也不單單只有高臨界值，根據Pope等人在2003年發表的研究報告顯示，關節缺乏承壓或過度承壓，兩者都會影響罹患骨關節炎的風險。

○ 類風濕性關節炎的危險因子

　　這個疾病與免疫系統有關，因此體力活動不影響得病的潛在風險。女性得病的風險是男性的2至3倍，特別是年紀在40至60歲之間的女性。有家族病史的人得病風險也比較高。舉例來說，類風濕性關節炎患者的兄弟姊妹罹患此疾病的風險是平常人的5到10倍。科學家認為這疾病並非遺傳直接引發生病，而是遺傳了容易罹患此病的體質。抽菸也是另一個認定的危險因子，儘管目前學界還不清楚其中的機制。

❍ 痛風的危險因子

就降低罹患痛風而言，飲食
是非常重要的一環。體重過重也
是主要的危險因子之一，因為研
究發現體內過多的脂肪會導致產
生過量尿酸。在食物類型方面，
攝取富含「嘌呤」（purines，也
譯為普林）的食物會加重痛風的
病況。嘌呤是指特定類型的含氮
化合物，原本就存在於食物中。
之所以會加重病況的原因在於嘌
呤經代謝後分解為尿酸，而尿酸
便是造成痛風的原因。肉類和非
肉類食材中都含有嘌呤（參見附
表8.3）。

表8.3	富含嘌呤（普林）的食物
非肉類食材	肉類和魚類食材
鯤魚	牛腎
蘆筍	腦
乾燥豆類	野味
碗豆	鯡魚
肉汁	肝
菇類	鯖魚／沙丁魚
胰臟或胸腺	扇貝

所以合理的建議是不要常吃富含嘌呤的食物，因為基本上這會增加得病的風
險，而對已經患有痛風的人來說會加重病情。縱情喝酒是另一個可修正的危險因
子，因為它對尿酸排出體外有負面影響。無論是偶爾為之的放縱狂飲，還是長期
的酗酒都應該避免，這不單純僅著眼在罹患痛風的風險，也是整體健康考量。有
研究顯示高血壓也跟增加罹患痛風的風險有關。儘管痛風有這幾個可修正的危險
因子（飲食、高血壓、體重過重等等），但研究發現遺傳的角色相當關鍵，確診
為痛風的病人中，大約有20%都具有某種程度的痛風家族史。

○ 狼瘡的危險因子

　　有幾個潛在的危險因子會影響人們罹患狼瘡的機率（詳見表8.4）。大部分的危險因子都是無法改變的，不過抽菸這危險因子卻是可以修正的。

表8.4	狼瘡的危險因子
危險因子	說明
性別	女性罹患狼瘡的機率幾乎是男性的9倍
年齡	狼瘡症狀通常出現在15到45歲之間；這年齡層的婦女發病的機率是平常的15倍
種族	非裔美國人或亞洲人得病風險較高
遺傳	一般認為此病與基因有關
抽菸	研究證明抽菸和狼瘡有關連

○ 僵直性脊椎炎的危險因子

　　雖然僵直性脊椎炎確切的致病原因尚不清楚，但研究結果一致顯示遺傳在致病過程中的角色舉足輕重。大約95%罹患僵直性脊椎炎的人體內有個「遺傳標記」稱為HLA-B27（這只是一種特殊的蛋白質）。但要注意的是，體內沒有此遺傳標記的人也可能得病，反之有很多體內具有遺傳標記的人卻未曾出現症狀。縱使HLA-B27在引發僵直性脊椎炎的過程中角色重要，但科學家們認為還需要有其他特殊基因誘發才能讓容易生病體質的人得病。有僵直性脊椎炎家族史的人得病的風險增加，此外他們也經常出現腸胃道感染。性別和年齡也列為此病的危險因子。舉例來說，僵直性脊椎炎普遍是在17歲到35歲之間發病，不過兒童和年紀更大的人也會得病。至於在性別方面，此病好發於男性，但女性也會罹病。

>> 診斷

不同類型的關節炎其診斷的方式可能差異極大。舉例來說，假如患者出現了潛在的骨關節炎、類風濕性關節炎或僵直性脊椎炎的症狀，而照X光又無法提供足夠的資訊做診斷，這時就得再做詳細的檢驗，包括核磁共振攝影（MRI）。這類診斷顯然要價不斐，因為動用到專業特殊儀器。至於痛風的診斷，只要抽取患部關節的關節液（關節內的分泌液，提供潤滑和保護；參見附圖8.4），檢驗其中是否含有尿酸結晶。即使這項檢驗的費用相對較低，但是檢驗出不含尿酸結晶也無法完全排除罹患痛風的可

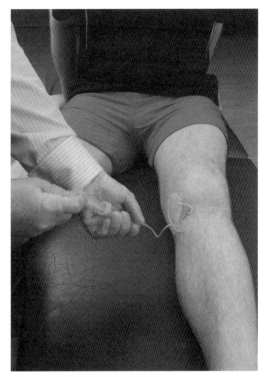

圖8.4　　從膝蓋中抽取關節液

能，因此還得詳細檢視患者的完整病歷綜合考量後才能下判斷。在狼瘡方面，沒有單一的檢測可判斷是否罹患狼瘡，但是有幾項檢驗或許有助於確定診斷，或者至少可以排除一些其他原因引發了患者的症狀。

雖然可以抽血檢驗與狼瘡有關連的某些自體抗體，不過狼瘡的診斷仍然有困難，一般科醫師或專科醫師可能得花好幾個月甚至好幾年才能確診。

〉〉 體力活動的好處

　　關節炎患者令人擔憂的一點是，他們將身體活動與患處疼痛的感受做連結，因而使得他們活動不足。遺憾的是，這個誤導的印象常會造成很多長期和短期的問題，例如：

- 喪失柔軟度
- 肌肉萎縮
- 骨質疏鬆
- 疼痛閾值提高
- 憂鬱
- 疲倦

　　定期參加體力活動課程的最初目標，可能只是想減輕活動不足帶來的負面影響。至於體力活動的助益，研究報告中經常提及的益處如改善心肺適能、肌肉適能和一般的健康狀況。一般而言，規律的體力活動還能改善心情和人生觀，甚至減輕疼痛的感受。大部分罹患關節炎的人都可以參加循序漸進式的定期活動，只是剛開始活動的難易程度因個人狀況不同而有很大的差異。這個族群運動的主要目標之一是恢復正常的日常功能、預防關節進一步損傷並且恢復體力活動至原有水準。在此要特別提出的是關節炎患者常會服用消炎藥物（從阿斯匹靈到注射皮質類固醇藥品）。幸好即使可能有相關的副作用，但是體力活動絕對不會干擾藥物的作用，只不過患者在注射藥物的一星期內要避免劇烈的負重式運動。在骨關節炎方面，一般認為體力活動可以強化包覆在骨骼末端的關節軟骨及其底下的骨骼（即軟骨下骨骼），因而有助於預防該病症。可惜幾乎沒有證據支持體力活動可以預防骨關節炎，不過根據Rogers and colleagues於2002年發表的研究報告，

溫和的日常活動尤其是走路似乎可以減少罹患關節炎的風險，在女性部分特別明顯。現在普遍認為各種不同的體力活動有助於減輕疼痛、僵硬和失能，並且促進一般的行動能力、步態、功能、有氧適能和肌力。譬如Ettinger等人（1997年）的研究顯示，每週3次走路40分鐘會有助於不讓膝蓋骨關節炎進一步惡化。體力活動對做過關節置換的人也有益處，只是過分活動反而有害。例如根據Stevens等人（2003年）的研究，膝蓋的骨關節炎要是惡化到需要置換人工關節，這時大腿肌肉（四頭肌）的力量通常都已流失，手術過後得針對此問題加以處理。Gilbey and colleagues（2003年）的研究也顯示，緊鄰手術前後一段時間做運動，可使患者在術後更快恢復其日常活動，而置換人工關節的病患也都能夠恢復他們的有氧適能。不過仍然得非常謹慎，雖然約半數置換人工關節的患者在手術後3到9個月內可以恢復走動，但根據McAlindon等人（1999年）的研究，手術後過多的身體活動可能反而有害。

▶▶ 體力活動指導原則

　　大部分類型的關節炎都是侵犯關節，因此影響了患者身體活動的能力。一般通則是身體感到最疼痛的時候（例如疾病發作）活動程度要降低，儘管沒什麼證據可釐清在這種節骨眼做體力活動是否會讓患部關節的情況惡化。經常有報告指出，關節炎患者在做過幾小段體力活動後多少會感到不舒服或疼痛，但不舒服的程度則視個人狀況而定。至於不舒服持續的時間，有的報告說影響持續幾個小時；有的報告則說影響持續長達24小時之後。最後，一般認為罹患關節炎的人若不習慣定期進行體力活動，扭傷、脫臼或骨折的風險就會增加，因為患部關節的骨密度偏低。之所以如此是患者會盡量少用關節以免承壓引發不適，長此以往導致骨密度降低。表8.5是針對關節炎患者運動的一般準則。

表8.5	關節炎患者的體力活動指導原則	
	有氧訓練	肌力訓練
方式	• 走路、踩腳踏車和水中運動適合此病患者	• 運用各種方法焦點在關節的穩定 • 剛開始小範圍活動再逐漸增加
強度	• 延長暖身運動和緩和運動 • 60～80 %HRmax，視個別狀況而定 • 運動自覺量表10～14 分	• 使用的負荷量要在當事人能忍痛的範圍內 • 增加重複次數達到超負荷，其次才漸增強度
持續時間	• 每次5～30分鐘 • 增加持續時間而非強度 • 可將運動量分割成多次在一天內完成	• 最大重複量10～15 RM，1～3組 • 運動間隔休息1～2分鐘 • 平衡主要肌群和上部／下部身體
頻率	• 每週3～5天	• 每週2～3天 • 鼓勵做些其他形式的運動
注意事項	• 避免高衝擊式的活動和重複太多次 • 假如活動後有腫脹情形，降低運動強度和持續時間 • 在下午或晚上做活動	• 患部關節採用等長運動 • 避免過度伸展 • 關節腫脹時不要做運動 • 避免低醣飲食，因為這會造成酮血症而導致尿酸濃度增高

一般的注意事項

• 所有類型的關節炎患者都要避免過度重複做同樣的活動或運動。
• 萬一發生腫脹情形，降低運動強度和持續時間。
• 不要訓練腫脹的關節。
• 定時查看大拇趾狀況以防發生痛風。
• 在類風濕性關節炎和僵直性脊椎炎的緩解期，體力活動的焦點在於活動性。
• 注意狼瘡發作的警訊：

  • 越來越疲倦　　　• 腹部不適
  • 疼痛　　　　　　• 頭痛
  • 起疹子　　　　　• 暈眩
  • 發燒

【延伸閱讀】

- American College of Sports Medicine (2009a) ACSM's exercise management for persons with chronic diseases and disabilities (3rd edn). Champaign, IL: Human Kinetics

- American College of Sports Medicine (2009b) ACSM's guidelines for exercise testing and prescription (8th edn). London: Lippincott Williams & Wilkins

- Benoist, M. (1995) Pierre Marie. Pioneer investigator in ankylosing spondylitis. Spine, 20(7): 849-852

- Berger, J.W. & Dirk, E.T. ()2005 Andrews' diseases of the skin: Clinical dermatology (10th edn). Philadelphia, PA: Saunders

- Calin, A., Garrett, S., Whitelock, H., Kennedy, L., O'Hea, J., Mallorie, P. & Jenkinson, T. (1994) A new approach to defining functional ability in ankylosing spondylitis: The development of the Bath Ankylosing Spondylitis Functional Index. Journal of Rheumatology, 21(12): 2281-2285

- Chen, L.X. & Schumacher, H.R. (2008) Gout: An evidence-based review. Journal of Clinical Rheumatology, 14(5, suppl.): S55-S62

- Choi, H.K., Atkinson, K., Karlson, E.W., Willett, W. & Curhan, G. (2004) Purine-rich foods, dairy and protein intake, and the risk of gout in men. New England Journal of Medicine, 350(11):1093

- Department of Health (20040 At least 5 a week: Evidence on the impact of physical activity and its relationship to health. London: Department of Health

- Ettinger, W.H., Burns, R., Messier, S.P., Applegate, W., Rejeski, W.J., Morgan, T., Shumaker, S. & Berry, M.J. (1997) A randomized trial comparing aerobic exercise and resistance exercise with a health education program in older adults with knee osteoarthritis. The Fitness Arthritis and Seniors Trial (FAST). Journal of the American Medical Association, 277(1): 25-31

- Firestein, M.D., Gary, S., Budd, M.D., Ralph, C., Harris, M.D. & Edward, D. (eds) (2008) Gout and hyperuricemia. Kelley's Textbook of Rheumatology (8th edn). Philadelphia, PA: Elsevier, chapter 87

- Gilbey, H.J., Ackland, T.R., Wang, A.W., Morton, A.R., Trouchet, T. & Tapper, J. (2003) Exercise improves early functional recovery after total hip arthroplasty. Clinical Orthopaedics and Related Research, 408: 193-200

- Gordon, N.F., (1993) Arthritis: Your complete exercise guide. Champaign, IL: Human

Kinetics

- Hak, A.E. & Choi,H.K. (2008) Lifestyle and gout. Current Opinion in Rheumatology, 20(2): 179-186

- Luepinsak, N., Amin, S., Krebs, D.E., McGibbon, C.A. & Felson, D. (2000) The contribution of type of daily activity to loading across the hip and knee joints in the elderly. Osteoarthritis and Cartilage, 10: 353-359

- McAlindon,T.E., Wilson, P.W.F., Aliabadi, P., Weissman, B. & Felson, D.T. (1999) Level of physical activity and the risk of radiographic and symptomatic knee osteoarthritis in the elderly: The Framingham study. American Journal of Medicine, 106: 151-157

- Padyukov. L., Silva, C., Stolt, P., Alfredsson, L. & Klareskog, L. (2004) A gene-environment interaction between smoking and shared epitope genes in HLA-DR provides a high risk of seropositive rheumatoid arthritis. Arthritis Rheumatology, 50: 3085-3092

- Pope, D.P., Hunt, I.M., Birrell, F.N., Siulman, A.J. & MacFarlane, G.J. (2003) Hip pain onset in relation to cumulative workplace and leisure time mechanical load: A population based case control study. Annals of the Rheumatic Diseases, 62: 322-326

- Rogers, L.Q., Macera, C.A., Hootman, J.M., Ainsworth, B.E. & Blair, S.N. (2002) The association between joint stress from physical activity and self-reported osteoarthritis: An analysis of the Cooper Clinic data.Osteoarthritis and Cartilage, 10:617-622

- Stevens, J.E., Mizner, R.L. & Snyder-Mackler, L. (2003) Quadriceps strength and volitional activation before and after total knee arthroplasty for osteoarthritis. Journal of Orthopaedic Research, 21: 775-779

- Terkeltaub, R. (2010) Update on gout: New therapeutic strategies and options. National Reviews in Rheumatology, 6(1): 30-38

- Thorburn, C.M., Prokunina-Olsson, L., Sterba, K.A., Lum, R.F., Seldin, M.F., Alarcón-Riquelme, M.E., & Criswell, L.A. (2007) Association of PDCD 1 genetic variation with risk and clinical manifestations of systemic lupus erythematosus in a multiethnic cohort. Genes Immunology, 8: 279-287

- Williams, P.T. (2008) Effects of diet, physical activity and performance, and body weight on incident gout in ostensibly healthy, vigorously active men. American Journal of Clinical Nutrition, 87(5): 1480-1487

骨質疏鬆症
的體力活動

9

重　點

● 骨質疏鬆症是由於骨質流失導致骨折風險增加的一種骨骼狀態。

● 女性比男性更早出現骨質流失的情況。

● 停經後期骨質加速流失時間可長達5年。

● 根據統計在英國50歲以上的女性每2人中有1位，而男性每5人中有1位會因為骨質疏鬆症而承受脊椎、髖部或手腕骨折之苦。

● 每年65歲以上人口中約有1/3會發生跌倒意外，而85歲以上則增加到50%。

● 體力活動可促進青少年骨質密度增加，對年輕成人有助於維持骨質密度，而對老年人則可減緩骨質流失。

● 為達到最佳保護效果以防止骨質疏鬆症，跑步、跳躍、跳繩、體操或慢跑之類會讓骨骼承受壓力的運動值得大力推薦。

● 老年人做體力活動可延緩骨質疏鬆症的進展，卻無法逆轉已流失的骨質。

● 體力活動課程有助於老年人降低跌倒風險，連帶減少發生骨折機會。

≫ 怎麼一回事？

簡單的說，骨質疏鬆症就是骨骼發生骨折或骨骼斷裂風險增加的狀況。在19世紀初一位傑出的英國外科醫師古柏‧阿斯特里‧帕斯頓爵士（Sir Astley Paston Cooper）發現，人生晚年骨骼變輕而且脆弱很容易發生骨折，也就是說我們活得越老骨折風險越高。不過最先使用「骨質疏鬆症」這名詞的是同時代一位名叫約翰‧羅勃斯坦（Johann Lobstein）的病理學家暨外科醫師，他將骨質疏鬆症狀歸因於鈣質流失。之後在1940年一位美國內分泌學家富勒‧歐布萊特（Fuller Albright）敘述了停經後期（post-menopause，即停經之後）的骨質疏鬆症，他對此提出解釋，認為婦女因為缺乏動情激素（oestrogen一種女性荷爾蒙，亦譯為雌激素）而造成骨骼結構受損。雖然這似乎暗示骨質疏鬆症有兩種不同類型，不過目前的看法是有很多機制會造成骨質流失、削弱骨骼結構。人們年紀越大就越常出現骨質疏鬆症，由於跌倒的風險也增加，這就是為什麼有骨質疏鬆症的人其脆弱性骨折的發生率，比沒有骨質疏鬆症的人高得多。多年來的研究發現，人們通常從35歲開始骨質逐漸流失（雖然在很多案例中流失的量微不足道），原因是體內造骨細胞缺少活性。骨質流失的量因人而異，大體上視個人體力活動程度、飲食習慣和許多其他因素而定。不幸的是，現在普遍認同骨質流失越多，骨折的風險也越高。假如屬於「微小創傷」就骨折，而原因是骨質密度低，這種情況就是「骨質疏鬆症」。在性別差異上，近年來很多統計資料顯示，女性停經之後比男性更容易得骨質疏鬆症（女性是男性的3倍）。其致病原因可能很複雜，目前還不十分清楚。這個症狀通常很難診斷，因為有些患者要等到症狀很明顯之後才會知道。骨質疏鬆症的危險因子中有些是可修正的，有些則無法修正，表9.1概要敘述了幾個主要的危險因子。

表9.1	導致骨質疏鬆症的潛在因素
潛在因素	說明
荷爾蒙失調	任何罹患特定荷爾蒙失調的人都可能罹患骨質疏鬆症，例如副甲狀腺疾病導致了副甲狀腺機能亢進
藥物誘發	包括糖化皮質類固醇在內的某些藥物，可能會造成骨質疏鬆症，稱之為類固醇或糖化皮質類固醇引起的骨質疏鬆症（steroid-indnuced osteoporosis, SIOP或glucocoriticoid-indnuced osteoporosis, GIOP）
停經	停經擾亂了荷爾蒙的平衡，這是造成骨質疏鬆症的一個重要原因
飲食	飲食中攝取過多的蛋白質也跟骨質疏鬆症有關；過量的蛋白質會導致人體將鈣從骨骼中抽離，最終由尿液排出

≫ 盛行率

就全球的範圍來看，女性出現骨質流失的時間很明顯的早於男性，停經後期骨質加速流失時間可長達5年（據信這與女性體內動情激素濃度減少有關）。

根據Van Staa and colleagues（2001年）所做的調查，統計資料顯示英國地區50歲以上女性每2位中有一人，男性每5人中有一位都得經歷脊椎、髖部或手腕骨折之苦，主要是因為骨質疏鬆症造成的。這是相當重要的數據，因為英國地區50歲以上的人口接近2000萬人。雖然身體各處都可能發生骨折，但是髖部骨折的影響最大。例如Todd等人（1995年）的研究報告指出，英國地區18%的髖部骨折傷患在受傷的3個月內去世。這個數值非常高，因為據統計65歲以上的成年人每年約有30%的人跌倒。由於住院的案例很高，造成英國國家醫療服務沉重的負擔。有個例子正好足以說明，Burge發表於2001年醫藥經濟學期刊上的報告指出，估計到了2020年治療停經婦女因骨質疏鬆症造成骨折的整體費用將超過21億英鎊。

» 症狀

　　骨質疏鬆症有時也稱作「沉默的流行病」，因為它沒有特殊或明顯的症狀或者警示徵兆，直到病況進展至後期依慣例發生了骨折。有些骨質疏鬆症案例會造成上半身的姿勢問題，即「脊柱後凸」。這很明顯可由患者聳肩弓背的姿勢看出，其背部上方圓凸像似駝背，如圖9.1所示。駝背可能會造成一些問題，例如呼吸功能受損，原因是肺部空間和胸腔受到壓縮。

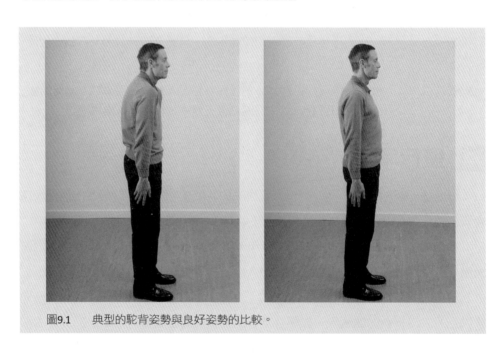

圖9.1　　典型的駝背姿勢與良好姿勢的比較。

　　另一個問題是跌倒的風險增加，因為重心往前移使得身體更不穩定。由於此症狀的特徵是骨骼十分脆弱故時常發生骨折，尤其很小的外力衝擊或甚至沒有明顯的外力介入便會造成傷害。骨質疏鬆型的骨折最常發生的部位是在脊椎、手腕和髖部。

>> 危險因子

儘管不同的人骨質流失的程度有差異，但有幾個與骨質疏鬆症相關的危險因子經常出現在眾多的研究報告中。其中有些歸類為「不可修正的」，意思是你無法做任何事情去降低或消除潛在的風險；其餘的則歸類為「可修正的」，是可以進行干預以降低風險（參見附表9.2）。

老化是罹患骨質疏鬆症最主要的危險因子之一，然而對此我們卻無能為力。男女雙方一生中都在快速累積骨質密度，尤其是在生長陡增期（女孩約在12歲左右，男孩則在14歲左右）。青春期來得晚的人無論是男是女，其骨質密度多半較低。在女性骨質減少方面，最糟的組合或許是月經開始得晚而停經卻提早（婦女平均的停經年齡約在51歲左右）。

表9.2	不可修正與可修正的骨質疏鬆症危險因子
不可修正的危險因子	**可修正的危險因子**
女性	活動不足
年老	抽菸過量
白種人或亞洲人	飲酒過度（每天超過2單位）
家族病史	鈣與維生素D攝取不足
早發性停經	長期無月經★

★有時候這是可以解決的問題，譬如造成問題的原因是因為訓練過度。

>> 診斷

即使單憑骨折的次數和頻率，外加目視對方的姿勢和體態就是很好的骨質疏鬆症指標，不過透過特殊的檢驗可以確診。X光攝影、電腦斷層掃描和核磁共振

攝影（MRI）是經常用來呈現患者骨骼狀態影像的醫療檢測法。測量骨質密度是另一種辦法，最常見的是利用雙能X光吸收儀（dual-energy X-ray absorptiometry, DEXA）來測量。這個檢測法常被視為是診斷骨質疏鬆症的標準檢查。要注意的是這些醫療檢驗和診斷都必須要由合格的專業人士執行。

》》 體力活動的好處

很多研究都證明體力活動可以減緩骨質流失，在部分案例中甚至能中止骨質流失。縱使有部分研究報告宣稱，規律的體力活動再加補充鈣質可讓骨質密度增加5%，但極少有證據可證明體力活動能逆轉骨質流失。根據英國衛生部於2004年發布的資料，使骨骼承受壓力的體力活動（譬如跑步、跳躍和跳繩）可促進青少年骨質密度增加，對年輕成人有助於維持骨質密度，而對老年人則可減緩骨質流失。同樣的結論也出現在Vuori（2001年）的調查報告中，報告中特別強調從事體力活動時負重越重對骨骼的功效越大。另一份Welten and colleagues（1994年）的調查報告也同樣指出，青少年時期增加骨質密度非常重要，因為這會降低他們年紀大了之後骨質流失的機率，連帶的降低骨折的風險。至於所需的活動量多寡，根據Cooper等人（1998年）的研究報告，每週5小時以上的體力活動可有效降低髖部骨折的風險。大多數的相關研究一致認為，最好是規律的進行體力活動直到25、26歲，這對促進骨質發展是絕對必要的。經常有研究指出，進入成年後規律的體力活動有助於減緩骨質流失的速度，例如Snow等人（2000年）的研究報告。該份報告甚至指出體力活動或許還能促進增加一些骨質（不過這一點有很大的爭議）。除此之外還顯示體力活動也許有助於調節某些荷爾蒙的分泌和循環，並且改善平衡能力。其他一些研究也都支持這些主張，譬如其中一項針對65～75歲運動不足的婦女所做的研究。實驗婦女參與為期20週，每週兩次的體力活動課程，最後結果顯示實驗對象的動態平衡能力和肌力都有改善。關於改善肌

力和爆發力方面， Foldvari等人（2000年）的研究報告指出，運用在老年人身上也適用。這點十分重要，改善肌力和爆發力可以預防跌倒降幅達25%。根據美國與英國老年醫學會的資訊，肌肉無力是跌倒的最大危險因子。其他團體的研究也支持此論點，例如Hogan等人（2001年）和Chang等人（2004年）兩份研究都顯示體力活動課程可以降低跌倒的發生率。

≫ 體力活動指導原則

目前許多專業機構對體力活動課程的建議是，要同時包含有氧和強化肌肉的體力活動。老年人多半都健康衰退，因此一開始只做幾分鐘的有氧訓練，之後時間逐漸拉長，或者在有氧活動之間穿插阻力運動。肌力訓練很重要因為它有助於維持骨質密度並且改善動態平衡能力（移動時保持平衡）、降低跌倒的風險。這點非常重要，因為根據Youm and colleagues（1999年）的研究，造成骨折之中最棘手的髖部骨折有90%左右是因為跌到造成的，而之所以會跌倒很可能是肌肉力量不足的緣故。由於肌力訓練的影響主要集中在有運動到的部位，因此運動計畫一定都得盡力協調上半身與下半身以及身體左右兩邊的肌肉，以訓練身體肌肉平衡。任何打算指導骨質疏鬆症患者做體力活動的指導員有可能得（建議最好是）跟醫師與物理治療師共同協商最初的整體評估，並且最重要的是規劃出定期的體力活動計畫。然而對於症狀輕微的患者，指導員可依照一般通用的體力活動指導原則獨立進行（參見附表9.3）。

有鑑於骨質疏鬆的脆弱本質，在指導此症患者時無論其症狀輕重都得特別留意幾個注意事項（參見附表9.4）。

表9.3	骨質疏鬆患者的體力活動指導原則	
	有氧訓練	肌力訓練
方式	• 走路、踩腳踏車和水中運動適合負重承受力降低的人	• 除了肌力訓練還納入強化活動能力的體力活動 • 焦點放在容易受傷的部位、易發生骨折的地方
強度	• 達到當事人症狀能容忍的最大限度	• 開始時使用輕的負荷量 • 增加重複次數達到超負荷,其次才漸增強度
持續時間	• 每次20～30分鐘 • 增加運動持續時間而非強度 • 徐緩進展	• 最大重複量12～15RM,2～3組 • 活動間隔休息1～2分鐘
頻率	• 每週3～5天	• 每週2～3天 • 鼓勵做些其他形式的身體活動
注意事項	• 不時以疼痛和運動自覺量表作為監測指標 • 除非當事人症狀能容忍才可納入衝擊式活動	• 避免肌肉疲勞 • 平衡上半身與下半身 • 別忘了訓練身體姿勢和平衡

一般的注意事項

• 參見附表9.4

表9.4	骨質疏鬆患者的體力活動注意事項
注意事項	評析
大部分情況下避免脊椎向前彎曲（彎腰），或者至少是有限度的	脊椎向前彎曲可能會新增骨折的風險
避免躺著或趴著；選擇坐或站立	原本就容易發生脊椎骨折的患者，躺著做活動時風險會升高
開始時限制負重式的活動量，並且要緩慢逐步進展	萬一負重式的體力活動引起疼痛則改採水中運動
切勿高估體適能程度	此族群的體適能程度往往低於一般人，因其活動能力降低
在整個體力活動過程中隨時待在學員身旁	此族群的人常擔心跌倒，而肢體過度傾斜也可能重心不穩
建議除了體力活動課程外還要有良好的營養策略	營養狀況對骨質疏鬆症至關重要

　　一旦確診罹患骨質疏鬆症，通常醫師會採取幾種方式治療。其中荷爾蒙補充療法是最普遍的，主要是調整停經後期的荷爾蒙濃度，發揮延緩骨骼重塑的功效。其他的處方用藥包括抑鈣素（calcitonin）、雙磷酸鹽類（bisphospho-nates）、氟化鈉（sodium fluoride）。

【延伸閱讀】

- American College of Sports Medicine (2009a) ACSM's exercise management for persons with chronic diseases and disabilities (3rd edn). Champaign, IL: Human Kinetics

- American College of Sports Medicine (2009b) ACSM's guidelines for exercise testing and prescription (8th edn). London: Lippincott Williams & Wilkins

- American Geriatric Society, British Geriatric Society, American Academy of Orthopedic Surgeons Panel on Falls Prevention (2001) Guidelines for the prevention of falls in older people. Journal of the American Geriatrics Society, 49: 664-672

- Berg, K.M., Kunins, H.V., Jackson, J.L., Nahvi, S., Chaudhry, A., Harris, K.A., Malik, R. & Arnsten, J.H. (2008)Association between alcohol consumption and both osteoporotic fracture and bone density. American Journal of Medicine, 121(5): 406-418

- Bonaiuti, D., Shea, B., Iovine, R., Negrini, S., Welch, V., Kemper H.H.G.C., Wells, G.A., Tugwell, P. & Cranney, A. (2002) Physical activity for preventing and treating osteoporosis in post-menopausal women. Cochrane Database of Systematic Reviews, 2: CD 000333

- Bone and Tooth Society of Great Britain, National Osteoporosis Society, Royal College of Physicians (2002) Glucocorticoid-induced osteoporosis. London: Royal College of Physicians of London. London: The Lavenham Press

- Burge, R.T. (2001) The cost of osteoporotic fracrures in the UK. Projections for 2000-2020. Journal of Medical Economics, 4: 51-62

- Chang, J.T., Morton, S.C., Rubenstein, L.Z., Mojica, W.A., Maglione, M., Suttorp, M.J., Roth, E.A. & Shekelle, P.G. (2004) Interventions for the prevention of falls in older adults: Systematic review and meta-analysis of randomised clinical trials. British Medical Journal, 328:680

- Chien, M.Y., Wu, Y.T., Hsu, A.T., Yang, R.S. & Lai, J.S. (2000)Efficacy of a 24-week aerobic physical activity program for osteopenic post-menopausal women. Calcified Tissue International, 67(6): 443-448

- Cooper, C., Barker, D.J. & Wickham, C. (1998) Physical activity, muscle strength and calcium intake in fracture of the proximal femur in Britain. British Medical Journal, 297:1443-1446

- Dalsky, G.P., Stocke, K.S., Ehsani, A.A., Slatopolsky, E., Lee, W.C. & Birge, S.J. (1988) Weight-bearing physical activity training and lumbar bone mineral content in post-menopausal women. Annals of Internal Medicine, 108(6): 824-828

- Davis, S., Sachdeva, A., Goeckeritz, B. & Oliver, A. (2010) All about osteoporosis: A comprehensive analysis. Journal of Musculoskeletal Medicine, 27(4): 149-153

- Department of Health (2004) At least 5 a week: Evidence on the impact of physical activity and its relationship to health. London: Department of Health

- DIPART (vitamin D Individual Patient Analysis of Randomized Trials) (2010) Patient level pooled analysis of 68500 patients from seven major vitamin D fracture trials in US and Europe. British Medical Journal, 340: B5463

- Ebeling, P.R. (2008) Clinical practice. Osteoporosis in men. New England Journal of Medicine, 358(14): 1474-1482

- Foldvari, M., Clark, M., Laviolette, L.C., Bernstein, M.A., Kaliton, D., Castaneda, C., Pu, C.T., Hausdorff, J.M., Fielding, R.A. & Singh, M.A. (2000) Association of muscle power with functional status in community-dwelling elderly women. Journals of Gerontology Series A, Biological Sciences and Medical Sciences, 55: M192-M199

- Ganz, D.A., Bao, Y., Shekelle, P.G. & Rubenstien, L.Z. (2007) Will my patient fall? Journal of the American Medical Association, 297(1): 77-86

- Guglielmi, G. & Scalzo, G. (2010) Imaging tools transform diagnosis of osteroporosis. Diagnostic Imaging Euripe, 26(3): 7-11

- Hogan, D.B., MacDonald, F.A., Betts, J., Bricker, S., Ebly, E.M., Delarue, B., Fung, T.S., Harbidge, C., Hunter, M., Maxwell, C.J. & Metcalf, B. (2001) A randomized controlled trial of a community-based consultation service to prevent falls. Canadian Medical Association Journal, 165:537-543

- Ilich, J.Z. & Kerstetter, J.E. (2000) Nutrition in bone health revisited: A story beyond calcium. Journal of the American College of Nutrition, 19(6): 715-737

- Poole, K.E. & Compston, J.E. (2006) Osteoporosis and its management. British Medical Journal, 333(7581): 1251-1256

- Raisz, L. (2005) Pathogenesis of osteoporosis: Concepts, conflicts, and prospects. Journal o Clinical Investigation, 115(12): 3318-3325

- Riggs, B.L. & Melton, L.J. (1998) Osteoporosis: Etiology, diagnosis and management. New York: Raven Press

- Shapses, S.A. & Riedt, C.S. (2006) Bone, body weight, and weight reduction: What are the concerns? Journal of Nutrition, 136(6): 1453-1456

- Sinaki, M., Brey, R.H., Hughes, C.A., Larson, D.R. & Kaufman, K.R. (2005) Significant reduction in risk of falls and back pain in osteoporotic-kyphotic women through a Spinal Proprioceptive Extension Physical Activity Dynamic (SPEED) program. Mayo Clinic Proceedings, 80(7): 849-855

- Snow, C.M., Shaw,J.M., Winters, K.M. & Witzke, K.A. (2000) Long-term physical activity using weighted vests prevents hip bone loss in post-menopausal women. Journal of Gerontology Series A, Biological Sciences and Medical Sciences, 55: M489-M491

- Todd, C.J., Freeman, C.J., Camilleri-Ferrante, C., Palmer, C.R., Hyder, A., Laxton, C.E., Parker, M.J., Payne, B.V. & Rushton, N. (1995) Differences in mortality after fracture of hip: The East Anglian audit. British Medical Journal, 310: 904-908

- Van Staa, T.P., Dennison, E.M., Leufkens, H.G. & Cooper, C. (2001) Epidemiology of fractures in England and Wales. Bone, 29: 517-522

- Vuori, I.M. (2001) Dose-response of physical activity and low back pain, osteoarthritis, and osteoporosis. Medicine and Science in Sports and Physical Activity, 33:S551-S586

- Waugh, E.J., Lam, M.A. Hawker, G.A., McGowan, J., Papaioannou, A., Cheung, A.M., Hodsman, A.B., Leslie, W.D., Siminoski, K. & Jamal, S.A. (2009) Risk factors for low bone mass in healthy 40-60year-old women: A systematic review of the literature. Osteoporosis International, 20(1): 1-21

- Welten, D.C., Kemper, H.C., Post, G.B., Van Mechelen, W., Twisk, J., Lips, P. & Teule, G.J. (1994) Weight-bearing activity during youth is a more important factor for peak bone mass than calcium intake. Journal of Bone and Mineral Research, 9: 1089-1096

- Wong, P.K., Christie, J.J. & Wark, J.D. (2007) The effects of smoking on bone health. Clinical Science, 113(5): 233-241

- World Health Organization (2002) Report of a Joint WHO/FAO/UNU Expert Consultation: Protein and amino acid requirements in human nutrition. Geneva, Switzerland: WHO Press

- World Health Organization (2003) WHO Technical Report Series 921. Prevention and management of osteoporosis: Report of a WHO scientific group. Geneva, Switzerland: WHO Press

- Youm, T., Koval, K.J., Kummer, F.J. & Zuckerman, J.D. (1999) Do all hip fractures result from a fall? American Journal of Orthopedics, 28: 190-194

帕金森氏症
的體力活動

10

重　點

● 帕金森氏症學會估計英國約有12萬人罹患帕金森氏症。

● 每年大約新增一萬名病患。

● 約有20%的帕金森氏症患者其親屬中至少有一人出現症狀，顯示當中可能存在著遺傳因素。

● 大部分的研究人員認為，大多數案例並非單憑遺傳因素造成。

● 根據英國國家慢性病合作中心的統計帕金森氏症患者以男性居多，而英國國家醫療服務直接用在治療帕金森氏症上的費用，估計為每個病患每年2298英鎊左右。

● 體力活動在治療憂鬱症上成效顯著，可媲美心理治療或藥物治療。

● 體力活動有助於紓解焦慮、恐懼症、恐慌症發作和壓力。

● 體力活動能讓人產生正面的安適感，藉由改善體能上的自我認知進而提升自尊，有助於個人對自己感覺更良好，尤其是原本自尊心低的人。

● 任何有意要指導帕金森氏症患者做體力活動的人，若是沒有這方面的經驗或對此不是很有把握，建議最好時常與物理治療師或其他的醫療專業人員聯繫共同合作。

● 體力活動計畫的主要目標是促進患者保有日常活動的能力。

▶️ **怎麼一回事？**

　　帕金森氏症通常歸類為是一種慢性、持續進展的神經退化性運動失調疾病。換句話說，這疾病是肢體活動發生問題，而且隨著時間日益惡化。這不是新出現的疾病，早在中世紀就有相關的症狀及治療知識流傳。然而直到1817年才有正式的文件紀錄，由一位名為詹姆士・帕金森（James Parkinson）的醫師寫了一篇有關震顫麻痺的文章，從此以後這個症狀就稱為帕金森氏症（雖然這疾病有不同的類型）。最普遍的一種也就是致病原因不明的稱為「原發性帕金森氏症」，至於其他類型的帕金森氏症其致病原因已經確認或是已有鎖定的目標，只不過這些所占的比例極小。目前醫界認為帕金森氏症的致病原因是大腦中某些生產多巴胺的特殊神經細胞退化。當多巴胺（一種神經傳導物質）的生產降低或甚至大幅減少，運動系統的神經（即所謂的運動神經元）便無法控制肢體的運動及協調。多巴胺大幅減少的情況參見圖10.1。

　　遺憾的是，一旦人們出現了帕金森氏症的症狀，通常代表他們已經喪失了80%甚至更多生產多巴胺的神經細胞。雖然帕金森氏症的致病原因大都還不清楚，但部分研究人員認為有幾個因素可能跟此疾病密切相關，包括自由基、快速的老化、環境毒素和遺傳了易得病的體質。

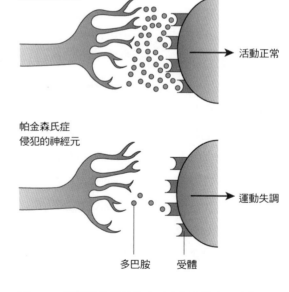

正常的神經元

→ 活動正常

帕金森氏症
侵犯的神經元

→ 運動失調

多巴胺　　受體

圖10.1　正常細胞與帕金森氏症細胞的多巴胺數量

在自由基方面，由於它是易產生化學反應的帶電粒子，因此一般認為它或許跟生成多巴胺的細胞退化有關。暴露在諸如殺蟲劑之類的環境毒素中會抑制多巴胺的生成，而這正是體內產生自由基的眾多途徑之一。抽菸和特定的飲食因素也會促使自由基的生成。眾所周知攝取富含抗氧化物質的食物，譬如維生素A、C、E含量高的食物能有效對抗自由基。許多蔬菜和水果都是這些維生素的極佳來源，這也就是為什麼官方要推廣每日5蔬果作為全民標準，強調多攝取不同食物的原因之一。

≫ 盛行率

帕金森氏症學會估計英國無論何時大約都有12萬人左右罹患帕金森氏症（每500人中有1人得病），而且每年新增的確診病例約1萬人左右。大約20%確診的帕金森氏症患者，其親屬中至少有一人出現症狀，這讓研究人員懷疑遺傳因素可能在其中扮演某種角色。不過大部分的研究人員的確認為，大多數病例並非單憑遺傳因素就引發此疾病。根據國家慢性病合作中心的統計，帕金森氏症患者男性居多，而英國國家醫療服務直接用在治療帕金森氏症上的費用估計為每個病患每年2298英鎊左右。

≫ 症狀

帕金森氏症的許多症狀有可能在任何年齡出現，但是真正發病的平均年齡大約在60歲左右。多數帕金森氏症患者並不會出現所有相關的症狀，在一些病例中患者只出現一種症狀。病患的症狀不盡相同，而病況的進展有些很快，有些則拖延多年，完全因人而異。那些確診為原發性帕金森氏症的患者在經過一段時間後會顯現數種症狀（不同時間可能有不同症狀），一些主要的症狀通常是（參見附

表10.1詳細說明），例如動作遲緩、顫抖、肢體僵硬、姿勢和平衡問題，以及帕金森氏步態（Parkinsonian gait）。

表10.1	帕金森氏症的主要症狀
主要症狀	說明
動作遲緩	緩慢和突然不自主的動作；難以啟始動作，一旦開始動作也不容易完成；以前能輕易完成的日常活動（如洗澡或穿衣服），現在得花費幾小時才行
顫抖	顫抖是部分患者最主要的症狀，但對其他一些人則只能算是小困擾；顫抖通常是拇指和食指以每秒3下的速率規律的來回抖動，有時稱之為「搓藥丸」；顫抖基本上是從一隻手開始，在休息靜止時最為明顯；在早期階段75%的患者只在單側的手出現顫抖現象，到了後期變得更全面性
僵硬	僵硬指的是肌肉日益抗阻做出動作；在這種狀態下肌肉持續緊繃和收縮引起疼痛，並且感到僵硬和無力
身體姿勢和平衡不良	平衡和協調不佳常導致患者身體往前傾或後傾，因而很容易跌倒；當患者顛簸前進或要開始走路時，身體會後傾往後退（即所謂的「後衝」）；身體姿勢變糟，譬如低著頭和彎腰駝背
帕金森氏步態	這是帕金森氏症特有的不穩步態，通常是腳步快、步伐小，即所謂的小碎步；此外雙臂擺動的幅度很小或根本沒擺動

除了表10.1所敘述的主要症狀外，帕金森氏症還有許多其他症狀是所謂的續發性症狀。表10.2是綜合多項資訊後所彙整出的一系列帕金森氏症續發性症狀。

值得關注的是，這個疾病和其他幾種健康狀況有密切關連。舉例來說，據估計20%以上的帕金森氏症患者會演變為「失智」，嚴重喪失認知能力；另外約有50%的患者飽受某種程度的憂鬱之苦。

表10.2	帕金森氏症的續發性症狀
續發性症狀	說明
吞嚥困難	吞嚥口水和食物有困難，或是食物吞下喉嚨時可能噎住、引發咳嗽或流口水
唾液分泌過多	許多患者會有唾液分泌過多的情形
多汗症	這疾病常讓患者大量冒汗
認知改變	喪失智能；帕金森氏症患者罹患失智的風險是平常人的6倍；也可能出現憂鬱現象 —— 情況或許不嚴重，但可能會因為服用治療其他症狀的藥物而加劇
脂漏性皮膚炎	臉部皮膚乾燥、脫屑，頭皮屑過多；前額及鼻翼兩側皮膚油膩
寫字過小	患者寫字變小難以辨識
口齒不清	50%的帕金森氏症患者講話有困難，譬如說話小聲、吞吞吐吐、含糊不清或口吃，或者是說得太快
其他	強迫行為如縱情吃喝滿足慾望；尿失禁以及／或無法控制排便；缺乏臉部表情

≫ 危險因子

　　目前有許多針對帕金森氏症危險因子的研究在進行中。一般認為帕金森氏症並非由單一主要因子引起，而是多種因素累積造成，包括暴露在某些毒素中、中樞神經系統（CNS）老化或其他細胞死亡機制等等。目前已知基因可能也在其中扮演了某種角色，特別是在50歲以前就發病的案例。基於15～20%的帕金森氏症患者都有近親出現諸如顫抖之類的帕金森氏症症狀，因而開啟了較新的研究方向，專注於遺傳在疾病發展上所扮演的角色。

>> 診斷

常見的帕金森氏症症狀通常很容易鑑別，但要準確的診斷出此疾病卻不容易，因為迄今還沒有一種始終確實可靠的檢測方法可以區分帕金森氏症和其他有類似臨床表現的疾病。因此得由專業醫師做詳細的診斷，基本上是鑑別出特定的症狀並排除會出現類似症狀的其他疾病。首先進行神經學檢查、檢視病史，有時還會接著做電腦斷層掃描或核磁共振攝影，以排除有類似症狀的其他疾病（例如腦部腫瘤、中風）。雖然如此，有些廣為人知的診斷標準測驗已經普遍應用在英國地區，例如英國帕金森氏症學會腦庫診斷標準以及美國國家神經及中風疾病研究院的診斷標準。而英國帕金森氏症學會腦庫診斷標準將列於稍後的測驗區中。

>> 體力活動的好處

很遺憾關於體力活動對帕金森氏症患者有何好處的研究十分有限。不過一般認為規律的體力活動能夠舒緩部分症狀的影響，如下列：

- 促進心肺適能
- 預防關節變形
- 改善關節活動度
- 改善協調和平衡
- 增進肌肉力量和柔軟度
- 減輕肌肉痙攣
- 改善身體姿勢
- 改善對大動作活動的控制，例如行走
- 減輕壓力
- 有較大的信心從事日常活動

測驗區：英國帕金森氏症學會腦庫診斷標準

注意：這是專業的醫療診斷

1. 首先，患者要有行動遲緩的現象，合併有僵硬、靜止顫抖或是姿勢不穩其中一項。
2. 其次，排除出現類似症狀的其他疾病。
3. 接著，患者在發病或病況進展期間至少有下列3種狀況：單側發病、靜止顫抖、病況持續進展、不對稱的動作障礙、對左多巴藥物治療的反應良好持續5年以上、臨床病程10年以上，以及大量服用左多巴藥物後誘發異動症（動作失調）。

縱然目前普遍的看法是規律的體力活動無法停止帕金森氏症的病況進展，可是根據2007年五、六月在波士頓召開的美國神經學會第59屆年會上所發表的研究顯示，規律的中等至劇烈程度體力活動或其他特定休閒活動能夠降低罹患帕金森氏症的風險。

≫ 體力活動指導原則

任何有意要指導帕金森氏症患者做體力活動的人若是沒有這方面的經驗或者對此不是很有把握，建議最好時常與物理治療師或其他的醫療專業人員聯繫共同合作。而體力活動課程的主要目標是促進患者保有日常活動的能力。

如同表10.3中所列的，帕金森氏症患者最好能使用平衡訓練器做輔助。這器材用途廣泛，許多不同健康族群都用得到（參見圖10.2）。現在很多健身中心都配備了這項器材，可見它非常受歡迎。

表10.3	帕金森氏症患者的體力活動指導原則	
	有氧訓練	肌力訓練
方式	• 有氧運動例如固定腳踏車和手搖機★和划船健身機 • 分小段走路共20～30分鐘	• 重點在於維持手臂、肩膀、腿部和臀部的力量 • 平衡訓練器是不錯的輔助器材
強度	• 60～85 %HRmax • 運動自覺量表10～15分	• 使用的負荷量要在當事人能力範圍之內 • 增加重複次數達到超負荷，其次才漸增強度
持續時間	• 每次15～20分鐘或每天4～6次	• 最大重複量8～12 RM，1組
頻率	• 每週3天	• 每週3次 • 鼓勵做些其他形式的運動
注意事項	• 活動進行中若覺得疲累立即停下來休息，因為過度使力會讓症狀惡化	• 確認保持良好姿勢 • 別忘了功能性運動

一般的注意事項

- 包含暖身運動以及緩和運動。
- 包含全面性的例行伸展運動，要活動到每個關節和肌群。
- 盡可能維護執行日常活動的能力。
- 留意患者可能會有平衡問題。

★這類器材可以測量使用者的運動量。

　　在平衡訓練器的使用上，患者站在腳踏平台上，而平台則可以依照設定感測壓力隨之傾斜。這表示患者必須控制平台的傾斜讓它保持水平。對於只想改善平衡能力或是骨骼受傷想要復健的人來說也很有幫助。大部分的平衡訓練器內建有

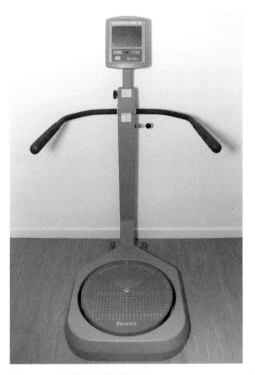

各種不同的測驗功能，可配合進度
在不同的階段做測驗。有些測驗可
以估算出跌倒的風險比率，顯示出
整體的平衡能力。

圖10.2　典型的平衡訓練器。

【延伸閱讀】

- American College of Sports Medicine (2009a) ACSM's exercise management for persons with chronic diseases and disabilities (3rd edn). Champaign, IL: Human Kinetics

- American College of Sports Medicine (2009b) ACSM's guidelines for exercise testing and prescription (8th edn). London: Lippincott Williams & Wilkins

- British Brain and Spine Foundation (1998) Parkinson's disease and Parkinsonism: A guide for patients and carers. London: British Brain and Spine Foundation

- Brooks, D.J. (2010) Imaging approaches to Parkinson disease. Journal of Nuclear Medicine, 51(4): 596-609

- Caballol, N., Marti, M.J. & Tolosa, E., (2007) Cognitive dysfunctin and dementia in Parkinson disease. Movement Disorders, 22(17): S358-S366

- Chade, A.R., Kasten, M. & Tanner, C.M. (2006) Nongenetic causes of Parkinson's disease. Journal of Neural Transmission, 70(suppl.): 147-151

- Davie, C.A. (2008) A review of Parkinson's disease. British Medical Bulletin, 86: 109-127

- Gelb, D.J., Oliver, E. & Gilman, S. (1999) Diagnostic criteria for Parkinson disease. Archives of Neurology, 56: 33-39

- Goldenberg, M.M. (2008) Medical management of Parkinson's disease. Pharmacy and Therapeutics, 33(10): 590-606

- Goodwin, V.A., Richards, S.H., Taylor, R.S., Taylor, A.H. & Campbell, J.L. (2008) The effectiveness of exercise interventions for individuals with Parkinson's disease: A systematic review and meta-analysis. Movement Disorders, 23(5): 631-640

- Hardy,J., Cookson, M.R. & Singleton, A. (2003) Genes and parkinsonism. Lancet Neurology, 2: 221-228

- Howard Hughes Medical Institute (2006) Parkinson's disease mechanism discovered, 22 June. Available online at: www.hhmi.org/news/lindquist20060622.html (accessed 20 July 2010)

- Jankovic, J. (2008) Parkinson's disease: Clinical features and diagnosis. Journal of Neurology. Neurosurgery and Psychiatry, 79(4): 368-376

- Klein, C., Pramstaller, P.P., Kis, B., Page, C.C., Kann, M., Leung, J., Woodward, H., Castellan, C.C., Scherer, M., Vieregge, P., Breakefield, X.O., Kramer, P.L. & Ozelius, L.J. (2000) Parkin deletions in a family with adult-onset, tremor-dominant parkinsonism:

Expanding the phenotype. Annals of Neurology, 48: 65-71

- Lee, M.S. & Ernst, E. (2009) Qigong for movement disorders: A systematic review. Movement Disorders, 24(2): 301-303

- Lee, M.S. Lam, P. & Ernst, E. (2008) Effectiveness of tai chi for Parkinson's disease: A critical review. Parkinsonism & Related Disorders, 14(8): 589-594

- Lücking, C.B., Dürr, A., Bonifati, V., Vaughan, J., De Michele, G., Gasser, T., Harhangi, B.S., Meco, G., Denefle, PL, Wood, N.W., Agid, Y. & Brice, A. (2000) Association between early onset Parkinson's disease and mutations in the parkin gene. New England Journal of Medicine, 342: 1560-1567

- National Collaborating Centre for Chronic Conditions (2006) Parkinson's disease: National guidelines for diagnosis and management in primary and secondary care. London: Royal College of Physicians

- National Collaborating Centre for Mental Health (2007) Dementria: Supporting individuals with dementia and their carers in health and social care. NICE clinical guideline 42. Leicester and London: The British Psychological Society and the Royal College of Psychiatrists

- Valente, E.M., Abou-Sleiman, P.M., Caputo, V., Muqit, M.M., Harvey, K., Gispert, S., Ali, Z., Del Turco, D., Bentivoglio, A.R., Healy, D.G., Albanese, A., Nussbaum, R., Gonzalez-Maldonado, R., Deller, T., Salvi, S., Correlli, P., Gilks, W.P., Latchman, D.S., Harvey, R.J., Dallapicola, B., Auburger, G. & Wood, N.W. (2004) Hereditary early onset Parkinson's disease caused by mutaations in PINK1. Science, 304: 1158-1160

多發性硬化症
的體力活動

11

重　　點

● 多發性硬化症是大腦與脊髓的神經纖維，長期逐步退化的一種慢性神經病變。

● 多發性硬化症延緩了神經衝動，因而可能造成虛弱、麻木、疼痛與視力喪失。

● 大多數多發性硬化症患者的壽命與常人差不多，而發病後預期的壽命約35年。

● 在罹患多發性硬化症25年之後，據估計仍然有2/3左右的病人保有活動能力。但70%的患者最後仍然會有某種肢體障礙的狀況。

● 據估計全球罹患多發性硬化症的人數約為250萬。

● 依全球分布來看，距離赤道越遠此病的盛行率越高。

● 在英格蘭和威爾斯地區每年新增的多發性硬化症確診病例約為1820人至3380人左右。

● 根據統計英格蘭地區平均每個病人每年得花費17,000英鎊，這表示對社會而言是個龐大的負擔，每年總共得花上13.4億英鎊。

● 體力活動計畫的主要目標通常是改善患者執行日常活動的能力，因為多發性硬化症會讓人十分虛弱。

● 關於體力活動對多發性硬化症患者的影響，這方面的研究十分有限，但部分報告曾經提及的益處如下：

　· 改善健康並感覺安適

　· 維持或改善活動功能

　· 減輕復發的衝擊

　· 延緩肌肉萎縮並維持肌肉力量

　· 促進對身體姿態的掌控

　· 減少痙攣發生

▶▶ 怎麼一回事？

　　多發性硬化症是大腦與脊髓（統稱為中樞神經系統）的神經纖維（稱為軸突）長期逐漸退化的一種慢性神經病變。簡言之，它是一種長期失調的疾病，病情會隨著時間日益惡化，不過幸好患者的壽命與平常人無異。目前已知造成多發性硬化症的原因是，在某些部位中包覆神經纖維並提供絕緣功能的脂質（稱為髓鞘）受損，結果影響到該受損部位神經衝動（沿著神經傳輸的電子訊號）的傳導。多發性硬化症也屬於一種「自體免疫疾病」，因為神經纖維髓鞘的髓磷脂絕緣功能之所以受損，往往是遭到自身免疫系統攻擊的結果。髓磷脂絕緣功能受損比較專業的術語是「去髓鞘」，其肇因是生成髓磷脂的特殊細胞（稱之為寡樹突細胞）遭到破壞。一旦出現這種情況，後果就是神經纖維結痂硬化，而受損部位可能包括脊髓、腦幹或視神經。它產生的影響是延緩神經衝動，可能會造成虛弱、麻木、疼痛與視力喪失。神經纖維結痂硬化就稱為「硬化」（sclerosis），而這疾病名稱的由來就是：多處地方結痂。罹患多發性硬化症的人其症狀可能惡化或改善，而且可能不同時間在身體不同部位出現症狀。多發性硬化症可根據其症狀表現出的特性區分為四個類型（雖然有些醫界人士並不贊同此種分類法，參見附表11.1）。

　　醫界對此分類意見不一的主要原因之一在於某些亞型是以疾病的演進史作為識別，而疾病的演進史有助於預測疾病未來的進展，專業醫師便有所依據做診斷並決定採用哪種方式治療。

　　大多數經確診罹患多發性硬化症的人其壽命與常人差不多。一般來說，發病後預期的壽命約35年。研究也顯示在罹患多發性硬化症約25年之後，仍然有2/3左右的病人保有活動能力，且有能力執行日常活動。然而還是得強調，大約70%左右的患者最後不免會產生某些肢體障礙的狀況。關於多發性硬化症的病史，雖然早在1800年代初期就有關於此疾病的詳細臨床記載，但是法國的神經學家夏

科（Jean-Marin Charcot）在1868年最早提出將多發性硬化症列為單一疾病。當時夏科稱呼此疾病為「sclerose en plaques」（斑塊硬化），後來重新命名成為如今廣為人之的multiple sclerosis。值得注意的是，在夏科早期研究時曾提及認知的改變，他描述他的病人有「記憶衰退」和「概念形成緩慢」的現象，這些症狀如今都成為人們認知多發性硬化症的普遍症狀。

表11.1	多發性硬化症的類型
類型	說明
原發進行性（Primary-Progressive MS）	症狀持續進行少有緩解期間
復發緩解性（Relapsing-Remitting MS；80%患者屬於這一類型）	症狀會突然惡化且發生的頻率逐漸增加，發作後都會有一段緩解期
續發進行性（Secondary-Progressive MS；也稱為急速進行型）	情況類似復發緩解性；最終病況進行到沒有緩解期
進行復發性（Progressive-Relapsing MS）	在發作和緩解期間傷害持續累積，健康狀況日益衰退；這是最少見的亞型

❯❯ 盛行率

　　根據英國國家慢性病共同研究中心的統計，全球約有250萬人罹患某個類型的多發性硬化症。依全球分布來看，距離赤道越遠此病的盛行率越高，因為日照減少是罹患此病的高危險因子。舉例來說，在亞洲、非洲和美洲赤道地區多發性硬化症的盛行率非常低，然而像在加拿大和蘇格蘭之類遠離赤道的地區其盛行率就特別高。至於在英國方面迄今尚無官方的統計數字，然而根據多發性硬化症信託基金會的估計，每年英格蘭和威爾斯地區的新增多發性硬化症確診病例約為

1820人至3380人左右，確診的病患年齡通常在20至50歲之間。基金會也估計英國患者人數總計約在8.5萬至10萬人之間。怪的是一旦確診是多發性硬化症之後，患者往往恍然大悟原來他們已經得病多年只是都沒認出症狀。在性別差異上，罹患多發性硬化症的男女比例是2比1。雖然此病的患者人數與其他疾病相比只算少數，但它的花費仍然相當可觀。譬如，據估計光在英格蘭地區平均每個病人每年得花費17,000英鎊，這表示整體的社會負擔大約是每年13.4億英鎊，而其中大部分費用都由英國國家醫療服務支付。

≫ 危險因子

　　多數人普遍認為罹患多發性硬化症的年齡應該是在18到35歲之間，但實際上已知任何年齡都可能得病（不管是年輕人或年紀大的人）。針對多發性硬化症所做的廣泛研究中有許多可靠的資料顯示，多發性硬化症患者的子女其發病率較高（高出30～50%）。不過有一點必須要強調，儘管有些遺傳變異顯示會增加罹患疾病的風險，但仍有很多其他研究證明支持主張多發性硬化症並非遺傳疾病。除了潛在的基因關連外，像是感冒、流行性感冒或腸胃炎之類感染病毒也會誘發此疾病。目前尚未確認特定的病毒危險因子，但是感染到會造成去髓鞘（尤其在青春期之前）作用的病毒可能會是個危險因子。縱使引發多發性硬化症的確實原因尚不完全清楚，而且有關遺傳關連性的爭議也還沒有定論，不過某些地理區域的盛行率較高以及春夏季節疾病復發的頻率較高等事實，讓科學家們相信環境因素也脫離不了關係。此外還有幾項其他因素是目前認為跟多發性硬化症有關連的，例如壓力啟動了某些機制可能會引起發病，另外懷孕的情況看來也是。調查發現生產之後頭幾個月內疾病復發的風險提高。不過總地來說，研究也顯示懷孕似乎與長期的肢體障礙沒什麼關連。多發性硬化症的大部分危險因子都是不可修正的，或許只除了降低或處理壓力這個因素。

表11.2	多發性硬化症的常見症狀
症狀	說明
運動失調	發生平衡問題，例如頭昏、暈眩、動作不協調和顫抖
感覺遲鈍及異常	感覺產生變化
口齒不清	換言之說話有困難
吞嚥困難	此為多發性硬化症相當常見的症狀
眼球震顫、視神經炎或複視	與視覺不正常有關，例如眼睛痛、單眼喪失視力、雙重影像以及不自主的眼球跳動
萊爾米特癥候	患者低頭時引發彷彿電流向下流經背脊的感覺
認知功能障礙	多發性硬化症會影響認知，如記憶力不佳、思考判斷力差或注意力難集中
行為功能障礙	可能包含各種狀況，例如焦慮、情緒起伏不定和憂鬱
膀胱和腸功能障礙	包括尿急、失禁或便祕等失調
運動功能異常	肌肉無力、痙攣（肌肉僵硬）或抽筋
疲倦	由於多發性硬化症造成身心問題，患者體適能情況下降因而導致常覺得疲憊

➤➤ 症狀

　　一旦罹患了多發性硬化症之後可能開始顯現早期症狀，這時候或許只是短暫的小毛病。視力變化（如視力模糊、出現盲點）和肌肉無力之類的症狀會開始出現，並隨著時間持續進展。症狀有可能突然發作（或稱為急性惡化），隨後症狀部分或完全紓解（即所謂的緩解）。復發期往往無法預測，可能會突然發作毫無

前兆，儘管如此發病的頻率一年很少超過兩次。多發性硬化症的眾多潛在症狀可參見附表11.2所列，但特別要強調，患者可能在任何時候出現其中的任何症狀。

>> 診斷

多發性硬化症是個難以正確診斷的疾病，因為它的症狀跟很多其他疾病類似，由於得動用到診斷儀器和專業醫師，費用也是個大問題，因此醫界探索出幾種不同的診斷方法。舉例來說，許多醫療機構已經制定出獨特的診斷標準辦法，試圖解決所費不貲的難題，如麥當勞準則（McDonald criteria）和擴展殘疾狀況評分表（the Expanded Disability Status Sore, EDSS）。儘管費用高昂，但使用最普遍的一種診斷辦法是神經影像，以核磁共振攝影照出的腦神經影像會凸顯發生去髓鞘的位置。另一個常用的診斷方法是利用腰椎穿刺取得腦脊髓液做分析，檢測有無發炎跡象以確認是否得病。

另一個比較少用的方法是誘發電位（evoked potentials），即利用小量電流刺激視神經和聽覺神經。它的原理是多發性硬化症患者神經傳導受到去髓鞘作用的影響，因此患者對電流刺激的反應比較遲緩。根據英國國家慢性病共同研究中心資料，在診斷多發性硬化症上遇到的一些特別問題，正足以凸顯診斷的困難：

- 病人可能已經顯現或正在發展出眾多特定毛病中的一個或多個症狀。
- 病人身體可能已經出現問題但時好時壞不明顯，即使是多發性硬化症患者本身也可能沒意識到發生了問題。
- 病人可能不知道確實有辦法可以設法緩解身體不適的問題，因此沒跟醫師提及。
- 病人可能都給某位醫師看診，而醫師只針對單一問題進行治療，未診斷出或是不知道還有其他問題，於是沒有將病人轉診做進一步治療。

>> 體力活動的好處

　　許多研究報告中提及體力活動的好處在於可以減緩此疾病的症狀，但無法促進復原。舉例來說，規律的體力活動有助於增進心肺適能和肌肉力量，這兩者在得病後常會退化。可惜在體力活動對多發性硬化症患者的效用上，相關的研究十分罕見，不過2003年英國國家健康及臨床卓越研究院發表了體力活動能發揮的助益如下：

- 改善健康及安適感
- 可以維持或改善身體功能
- 緩和疾病復發的衝擊
- 減緩肌肉萎縮並且維持肌肉力量
- 改善對身體姿勢的控制
- 減少痙攣發生

>> 體力活動指導原則

　　有意指導多發性硬化症患者從事體力活動的人，都應該與專業醫療人士共同合作，不過了解相關的體力活動指導原則還是很有幫助。一般情況下體力活動課程的主要焦點在於改善多發性硬化症患者執行日常活動的能力，因為這疾病會讓患者變得十分虛弱。大部分多發性硬化症患者的有氧能力都相當低，因此任何課程都要從較短的運動時間、較低的運動強度開始。另一個得牢記的重點是，多發性硬化症會造成平衡問題，因此運動課程的規劃除了考量運動處方要達成的效果外，也必須顧慮到安全。表11.3概述了多發性硬化症患者的體力活動指導原則。

表11.3	多發性硬化症患者的體力活動指導原則	
	有氧訓練	肌力訓練
方式	• 大肌肉活動（例如走路、固定式腳踏車、游泳）	• 等速肌力機、重量訓練器材、自由重量器材；先訓練身體一側，再換另一側（單側）
強度	• 60～85 %HRmax • 運動自覺量表10～15 分	• 使用的負荷量頂多到極限的50% • 增加重複次數達到超負荷，其次才漸增強度
持續時間	• 每次20～30分鐘 • 增加持續時間，而非運動強度 • 考量到疾病復發，課程步調放慢	• 最大重複量12～15 RM，2～3組 • 運動間隔休息1～2分鐘
頻率	• 每週3次	• 每週2～3次 • 鼓勵做些其他形式運動 • 疾病復發期間減少次數
注意事項	• 為了避免疲累，必要時縮短每次運動的時間 • 疾病復發時不要運動 • 若腳部有問題，避免高衝擊式運動	• 避免肌肉疲勞 • 平衡上半身與下半身 • 與有氧訓練錯開時間在不同天做

一般的注意事項
• 參見附表11.4

表11.4	多發性硬化症患者從事體力活動的注意事項
注意事項	評析
從短暫且穿插間隔休息的有氧運動開始	疲倦會降低體力活動的忍受力
全程留在學員身旁，避免過於困難的平衡訓練	多發性硬化症患者的平衡和協調功能多半都受損
穿著適當服裝、補充水分、不時暫停休息	多發性硬化症患者對熱的忍受力降低，很容易發生脫水情形
與學員討論腳部問題	由於會發生肌肉痙攣，因此可能需要腳部相關的護具
與學員討論個人、家庭和社交情況以便設定目標	個人活動例如穿衣服、吃飯和洗澡；家庭活動如煮飯、洗衣、熨燙衣服和打掃；社交活動如購物、參加社團聚會等

　　有鑑於這特殊疾病複雜的本質以及會導致患者虛弱的情形，因此無論來運動的人其罹患的多發性硬化症是哪一型，在指導過程中都應該謹記一些注意事項（參見附表11.4的舉例）。然而如同前面提過的，面對罹患多發性硬化症的人，應該尋求專業建議。

【延伸閱讀】

- American College of Sports Medicine (2009a) ACSM's exercise management for persons with chronic diseases and disabilities (3rd edn). Champaign, IL: Human Kinetics

- American College of Sports Medicine (2009b) ACSM's guidelines for exercise testing and prescription (8th edn). London: Lippincott Williams & Wilkins

- Ascherio, A. & Munger, K.L. (2007) Environmental risk factors for multiple sclerosis. Part I: The role of infection. Annals of Neurology, 61(4): 288-299

- Compston, A. & Coles, A. (2008) Multiple sclerosis. Lancet, 372(9648): 1502-1517

- Compston, a., Ebers, G., Lassmann, H., McDonald, J., Matthews, P.M. & Wekerle, H. (1998) McApline's multiple sclerosis (3rd edn). London: Churchill Livingstone

- Dyment, D.A., Ebers, G.C. & Sadovnick, A.D. (2004) Genetics of multiple sclerosis. Lancet Neurology, 3(2): 104-110

- Gronseth, G. S. & Ashman, E.J. (2000) Practice parameter: The usefulness of evoked potentials in identifying clinically silent lesions in patients with suspected multiple sclerosis (an evidence-based review): Report of the Quality Standards Subcommittee of the American Academy of Neurology. Neurology, 54(9): 1720-1725

- Hessen, C., Mohr, D.C., Huitinga, I., Bergh, F.T., Gaab, J., Otte, C. & Gold, S.M. (2007) Stress regulation on multiple sclerosis: Current issues and concepts. Multiple Sclerosis, 13(2): 143-148

- Khan, F., Turner-Stokes, L., Ng, L. & Kilpatrick, T. (2007) Multidisciplinary rehabilitation for adults with multiple sclerosis. Cochrane Database of Systematic Reviews, 2: CD 006036

- Kurtzke, J.F. (1983) Rating neurologic impairment in multiple sclerosis: An expanded disability status scale (EDSS). Neurology, 33(11): 1444-1452

- Marrie, R.A. (2004) Environmental risk factors in multiple sclerosis aetiology. Lancet Neurology, 3(12): 709-718

- McDonald, W.I., Compston, A., Edan, G., Goodkin, D., Hartung, H.P., Lublin, F.D., McFarland, H.F., Paty, D.W., Polman, C.H., Reingold, S.C., Sandberg-Wollheim, M., Sibley, W., Thompson, A., van den Noort, S., Weinshenker, B.Y. & Wolinsky, J.S. (2001) Recommended diagnostic criteria for multiple sclerosis: Guidelines from the International Panel on the diagnosis of multiple sclerosis. Annals of Neurology, 50(1): 121-127

- Miller, D., Barkhof, F., Mintalban, X., Thompson, A. & Filippi, M. (2005) Clinically isolated syndromes suggestive of multiple sclerosis, part I: Natural history, pathogenesis, diagnosis, and prognosis. Lancet Neurology, 4(5): 281-288

- Miller, D.H. & Leary, S.M. (2007) Primary-progressive multiple sclerosis. Lancet Neurology, 6(10): 903-912

- National Collaborating Centre for Chronic Conditions (2004) Multiple sclerosis. National clinical guideline for diagnosis and management in primary and secondary care. London: Royal College of Physicians

- National Institute for Health and Clinical Excellence (NICE) (2000) Multiple sclerosis: Management of multiple sclerosis in primary and secondary care. Clinical Guideline 8. London: NICE

- Pearce, J.M. (2005) Historical descriptions of multiple sclerosis. European Neurology, 54(1): 49-53

- Poser, C.M. & Brinar, V.V. (2004) Diagnostic criteria for multiple sclerosis: An historical review. Clinical Neurology and Neurosurgery, 106(3): 147-158

- Rashid, W. & Miller, D.H. (2008) Recent advances in neuroimaging of multiple sclerosis. Seminars in Neurology, 28(1): 46-55

- Rosati, G. (2001) The prevalence of multiple sclerosis in the world: An update. Neurological Sciences, 22: 117-139

- Rovaris, M., Confavreux, C., Furlan, R., Kappos, L., Comi, G. & Filippe, M. (2006) Secondary progressive multiple sclerosis: Current knowledge and future challenges. Lancet Neurology, 5(4): 343-354

- Tataru, N., Vidal, C., Decavel, P., Berger, E. & Rumbach, L. (2006) Limited impact of the summer heat wave in France (2003) on hospital admissions and relapses for multiple sclerosis. Neuroepidemiology, 27(1): 28-32

- Trojano, M. & Paolicelli, D. (2001) The differential diagnosis of multiple sclerosis: Classification and clinical features of relapsing and progressive neurological syndromes. Neurological Sciences, 22(suppl. 2): S98-S102

- Weinshenker, B.G. (1994) Natural history of multiple scleosis. Annals of Neurology, 36(Suppl): S6-S11

心血管疾病
的體力活動

12

重　點

● 在英國每年有13.6%的男性和13%的女性罹患心血管疾病，並且造成21.6
萬人死亡。

● 冠狀動脈性心臟病是英國地區公認的頭號殺手，每年單在英格蘭地區就造
成11萬人以上死亡。

● 據估計超過140萬人有心絞痛的毛病，每年心臟病發的人數約為27.5萬。

● 無論男女體力活動都有助於預防冠狀動脈性心臟病。身體活動不足和體適
能不佳的人，因冠狀動脈性心臟病而死亡的風險是活動大且體適能佳者的
兩倍。

● 體力活動能明顯降低發生中風的風險，對於周邊血管疾病有良好成效。

● 體力活動有助於改善一些心血管疾病的危險因子，包括血壓升高、有害的
血脂肪、胰島素阻抗性。

● 一週至少要有5天，每天花30分鐘以上時間從事中等強度或更激烈的活
動，可降低罹患心血管疾病的風險。

● 一天中分散多次，每次進行一小段時間的體力活動（10分鐘或更多），
其效果跟次數少、時間較長的方式一樣有效（前提是消耗的能量相同）。

● 以運動為主的復健方案，通常可有效降低冠狀動脈性心臟病患者心因性死
亡，對中風病人的復健也具有良好的功效。

● 運動復健可以改善周邊血管疾病患者行走與執行日常工作的能力。

⏩ 怎麼一回事?

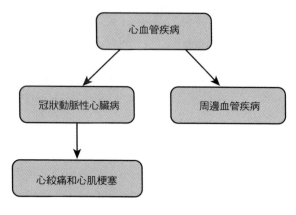

圖12.1　心臟疾病的常見術語

提起某一類心臟疾病各種稱呼不少,但往往都不正確。圖12.1舉出最常見的專業術語。

雖然這些術語的意思稍有不同,但大家常混著使用稱呼同一件事。心血管疾病(cardiovascular disease, CVD)是統稱,泛指心臟和輸送血液至全身的動脈與靜脈血管系統發生病變。任何型態的心血管疾病都足以對患者的生活品質造成不利的影響,其中一個類型是冠狀動脈性心臟病(coronary heart disease, CHD;簡稱冠心病)。它屬於一種可預防的疾病,又可分為兩大類,分別為心絞痛(angina)和心肌梗塞(myocardial infarction, MI);另一個類型的心血管疾病是周邊血管疾病(peripheral vascular disease, PVD),指的是動脈阻塞。

⭕ 心絞痛

此種心血管疾病的正確英文名稱是angina pectoris(源自希臘文,意指「胸口絞痛」),它常跟好幾種嚴重的胸痛混用,因為它是陳述症狀而不是單指一種疾病。引發心絞痛的原因是沉澱物聚積在動脈血管的內壁上(即所謂的動脈粥狀硬化),血管因而變窄阻礙了血液流通。一旦發生這種情況,受阻的動脈運送至組織的氧氣便會減少(參見圖7.3)。心絞痛可區分為「穩定」或「不穩定」全看它如何表現而定。若症狀的發生是在活動增加之後,而且有固定模式可預期,則歸類為「穩定型心絞痛」;若症狀的發生沒有特別的原因,則歸屬於「不穩定型心絞痛」。

○ 心肌梗塞

由於冠狀動脈（供應心臟養分的動脈）中的脂質和纖維組織聚積產生動脈粥狀硬化，血流的通行可能受阻或受限，結果使得運輸到心臟的氧氣減少。這種狀況一般稱為「缺血」，要是發生在心臟則稱之為「冠狀動脈缺血」。萬一這種狀況繼續拖延有可能造成細胞死亡導致心肌梗塞，更通俗的說法是心臟病發。這通常會影響左心室（心臟內的一個腔室，可收縮將血液經由動脈輸出）收縮進而將氧氣輸送至全身的功能。

○ 周邊血管疾病

另一種心血管疾病是周邊血管疾病，有時也稱為周邊動脈疾病或周邊動脈阻塞性疾病。這疾病主要是指周邊動脈（心臟與腦部周遭以外的任何動脈）發生動脈粥狀硬化，其肇因是脂質的沉澱物聚積在動脈的內壁上，使得動脈管壁變厚而內腔（動脈內部血流能通過的空間）變窄。動脈粥狀硬化持續累積之後會造成血流受阻，最常發生的部位是在下肢，特別是腿部和腳踝（這情形有可能只發生在身體的一側）。另外栓塞或血栓（血液凝塊卡在動脈中）也會引起周邊血管疾病。這疾病會讓患者的生活變得痛苦不堪，由於下肢功能受損，但病人還是得走動因而可能產生劇烈的疼痛，尤其在從事費力的活動時。

≫ 盛行率

2003年世界衛生組織的報告指出，全球每年的死亡案例中有29%是心血管疾病造成的，換算成人數約為1670萬人。此外根據同年傳染病學和公共衛生系的研究，英國每年有13.6%的男性和13%的女性罹患心血管疾病，並且造成21.6萬人死亡，整體的相關費用達173.8億英鎊。至於冠狀動脈性心臟病，它是英國公認的頭號殺手，每年單在英格蘭地區就造成11萬人以上死亡。而有心絞痛毛病的人

超過140萬，每年約有27.5萬人心臟病發。按照英國衛生部的說法，政府正致力於降低75歲以下國民因冠狀動脈性心臟病、中風及相關疾病而死亡的人數，到了2010年至少要降低40%（亦即降至每10萬人有83.8人死亡）。至於周邊血管疾病，雖然它不是致命性的疾病但可能會造成病人巨大的痛苦。它的盛行率隨著年齡而增加。根據Fowkes et al.（1991年）的研究，60歲以下的人得病率約為3%，但是年齡超過75歲的族群則上升至20%以上。報告中也指出患者中只有四分之一會出現症狀，而且男性比女性多。

>> 症狀

◯ 心絞痛

　　心絞痛疾病人常出現的症狀包括呼吸急促、噁心、冒汗和前胸有悶痛或壓迫感，並可蔓延至肩膀、手臂、頸部和顎部。這些症狀通常只有幾秒鐘，但也可能持續長達30分鐘。

◯ 心肌梗塞

　　心肌梗塞的症狀通常是在幾分鐘內逐漸產生而非突然發作。最常見的症狀是胸痛蔓延至左臂，而且有時候會傳達至下顎、頸部、右臂和背部。患者也可能出現呼吸急促（即呼吸困難）的情形，因為輸送至心肌的氧氣量降低造成心臟受損。此外還有流汗過多，伴隨著心悸並導致頭暈與噁心的傾向。值得注意的是，半數左右的心肌梗塞病人表示發病前曾經出現過胸痛之類的症狀，在部分案例中症狀出現的時間點最早在發病的一個月前。有一點必須了解，心肌梗塞的早期症狀和心絞痛十分類似。另外約有四分之一左右的心肌梗塞在發病前完全沒有任何一點症狀。

○ 周邊血管疾病

　　由於周邊血管疾病會造成血流減少，患者經常會感到肌肉疼痛（即跛行現象）、無力、痠麻和抽筋。萬一出現發炎、傷口或潰瘍時，復原情況十分緩慢，有時甚至遲遲無法癒合。

表12.1	心血管疾病的症狀
呼吸困難	呼吸急促是日常生活中常見的現象，但也有可能是心血管疾病的早期症狀。呼吸困難可區分成三種主要類型：肺部性、功能性以及心臟性。肺部性的呼吸困難是指通往肺部的氧氣受阻；功能性呼吸困難跟心理層面有關，例如焦慮可能導致過度換氣；心臟性呼吸困難則歸因於動脈阻塞或心肌無力。
胸痛	一旦氧氣輸送心臟受阻，胸部會感到「絞痛」，接著可能會蔓延至肩膀並往下傳達至左臂。如果稍後疼痛消失，表示可能是心絞痛；但假如休息一陣子之後疼痛沒消失則表示是心臟病發。
心悸	心臟跳動非常快速（稱為心律不整），即使身體根本沒使力也可能發生。心悸也許會持續幾分鐘，它號稱是心血管疾病的指標。
暈厥	腦部缺乏含氧血持續幾秒鐘以上就會發生暈厥（昏倒）。而腦部缺氧的原因可能是心跳過慢、低血壓、血管阻塞或心臟瓣膜狹窄。
水腫	淋巴液或水分滯留在細胞中造成水腫。常發生水腫的部位包括腿部、眼睛、腳踝、腹部和胸壁。若心臟右側的心肌無力也會引發腫脹，使得壓力累積造成腿部和腹部的水腫。
發紺	由於缺乏含氧血流過微血管，導致皮膚呈現藍色（主要在嘴唇和指甲周圍）。
跛行	這是周邊血管疾病最主要的症狀，病人常陳述單腿或雙腿因走路而疼痛，持續行走，疼痛並不會消失，休息則可舒緩。受影響的部位主要是小腿肚，也可能在臀部並往下延伸到腿部。

與身體正常的四肢相比，有周邊血管疾病的患肢看起來似乎比較蒼白（或甚至變藍）而且感覺較冰冷。高達40%的周邊血管疾病患者有跛行的症狀，這嚴重影響了他們的體適能和日常活動的能力而降幅高達50%，許多病人因而變得足不出戶或是無法行動。病情嚴重的甚至得截肢。

這三種疾病有部分症狀是類似的，它們通常也都有專業的醫學用語。表12.1概括說明一些比較常見的心血管疾病症狀。

表12.2	心絞痛、心肌梗塞和周邊血管疾病的危險因子
危險因子	說明
年齡	隨著年齡增長風險增加，尤其是男性≧55歲；女性≧65歲
抽菸	風險與抽菸量成正比（不過並非等比的線性增加）
糖尿病	罹患糖尿病風險增加
血脂異常	膽固醇含量高，風險也隨之增加
心血管疾病家族史	有家族病史的男性＜55歲，女性＜65歲得病，都與遺傳因素有關
高血壓	血壓升高與罹患周邊血管疾病的風險呈正相關
肥胖	身體質量指數（BMI）≧30 kg/㎡的人風險增加
久坐不動	久坐不動的生活型態大大提高罹患心絞痛的風險

表12.3	心肌梗塞的危險因子
危險因子	說明
糖尿病	一般認為糖尿病是缺血性心臟病最主要的危險因子之一
抽菸	風險與抽菸量成正比（不過並非等比的線性增加）

高膽固醇血症	特定的膽固醇含量會影響得病風險（低密度脂蛋白含量高而高密度脂蛋白含量低）
高血壓	血壓升高與罹患心肌梗塞的風險有關
缺血性心臟病家族史	有家族史的人風險增加
肥胖	身體質量指數（BMI）≧30 kg/㎡的人得病的風險增加
年齡	男性45歲；女性55歲以後風險增加
高同半胱胺酸血症	血液中同半胱胺酸（homocysteine，一種有毒的胺基酸）的濃度過高，當維生素B_2、B_6、B_{12}和葉酸的攝取量低時，同半胱胺酸的含量就會增加
酒精	研究顯示長期大量喝酒會增加心臟病發的風險
性別	男性的風險高於女性
久坐不動	時常運動的人其心臟病發的風險比運動不足的人低1.9倍

表12.4	周邊血管疾病的危險因子
危險因子	說明
抽菸	抽菸者罹患周邊血管疾病的風險相對的高達10倍
糖尿病	有糖尿病的人罹患周邊血管疾病的風險增加2至4倍；有糖尿病又抽菸則其5年內截肢的風險達30%左右
血脂異常	總膽固醇、低密度膽固醇和三酸甘油酯的含量升高，都與加速形成周邊血管疾病有關連
高血壓	血壓升高與罹患周邊血管疾病的風險有相關
年齡	50歲以上罹患周邊血管疾病的風險增加
肥胖	身體質量指數（BMI）≧30 kg/㎡的人風險增加

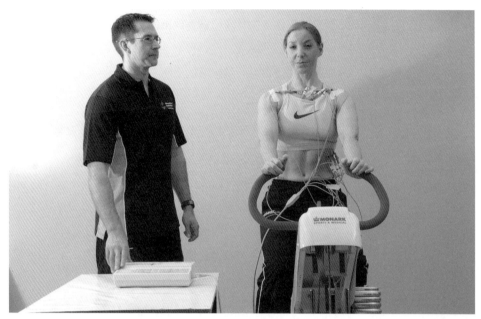

圖12.2　典型的運動心電圖檢驗

>> 危險因子

　　根據英國國家醫療服務資訊中心的資料，肥胖的男性比體重正常者更容易罹患心血管疾病（分別為17%和10%），而肥胖的女性也比體重正常者更容易得病（分別為15%和9%）。此外無論男女有大肚腩的人都比腰圍正常的人更可能罹患心血管疾病。雖然一些常見的危險因子是與整體的心血管疾病相關，但細分的三大類疾病也各有其特殊的危險因子，分別列舉在表12.2、表12.3和表12.4中。就像其他疾病一樣，心血管疾病的危險因子也可區分為可修正和不可修正兩種。

>> 診斷

　　在診斷上，檢測心絞痛、心肌梗塞和周邊血管疾病所使用的方法大不相同，

因此要各別考量。

○ 檢驗心絞痛

有鑑於此疾病可能產生的嚴重後果，故檢驗得在醫療院所由合格的專業人員執行。通常會做運動心電圖檢查（exercise electrocardiogram test，或稱ECG檢查，方法是以跑步機測試並同時監測心臟狀況，參見圖12.2）。檢查時患者要盡力運動直到累垮、喘不過氣或感到疼痛為止。檢查完畢記錄下的心電圖將由專業人員進分析以輔助診斷心絞痛。對於那些無法做到運動至極限的患者，還有其他的檢查方法，例如血管攝影檢查。檢驗人員將一根細小、有彈性的導管插入病人的動脈（通常是鼠蹊部的股動脈），然後逐漸伸進疑似阻塞的血管所在位置，接著透過導管將顯影劑注入動脈中，立即做X光攝影以確認阻塞狀況。

○ 檢驗心肌梗塞

顯然心肌梗塞的診斷只能在急性發作後才能做。若病人發病後幸運存活，醫師會讓病人做身體檢查，一般是做心電圖外加抽血檢驗，目的是檢查心肌受損的實際狀況。如果在診斷過程期間症狀自然紓解，那麼可再做進一步的檢驗以查明是否有哪邊的血流受阻，使身體不適或甚至導致阻塞。

○ 檢驗周邊血管疾病

當病人疑似罹患了周邊血管疾病時，通常得做檢查測量供應腿部血流的動脈血壓降低多少，同樣的這個檢驗只能在醫療院所進行。一般的標準檢查稱為「足踝／肱動脈壓比值」檢驗，它測量手臂和腳踝血壓的差異。若檢查結果數字異常，通常就得再做下肢的都卜勒超音波檢查，檢視動脈（特別是疑似患部的地方）的即時影像並評估動脈阻塞的程度。血管攝影檢查和電腦斷層掃描也是可採用的檢驗法。

⏩ 體力活動的好處

　　探討體力活動對心血管疾病效益的研究報告有很多。表12.5彙整列舉出經眾多研究一致證實的助益。

　　至於在研究方面，很多研究結果都支持每天花30分鐘從事中等至激烈的活動，以降低罹患心血管疾病風險的運動處方。舉例來說，美國有一項大型研究計畫稱為婦女健康計畫，其中將近47,000名停經後期、年齡層在50至79歲的婦女應研究人員的要求每週至少要健走2.5小時。實驗結果顯示3年之後罹患心血管疾病的案例減少30%；另一項大型研究計畫「護士健康研究」中，有72,000名健康的中年女護士每週健走3小時持續8年，她們心臟病發的發生率，比久坐不動的婦女低了30～40%（兩項研究都由Manson主持，參見Manson等人，1999年、2002年）。針對男性的相關研究也有類似的結論。例如在「醫療專業人員追蹤研究計畫」中Tanasescu and colleagues（2002年）的研究報告顯示，有44,000名年紀在40至75歲、身體健康的男性醫療專業人員每天健走半小時或更久，追蹤12年之後調查發現他們心臟疾病的發生率降低了18%。整體而言，還有很多研究證明激烈的體力活動比中等程度的活動更能降低罹患心血管疾病的風險。

表12.5	體力活動對心血管疾病的好處	
心絞痛	心肌梗塞	周邊血管疾病
• 降低血壓 • 降低心臟對非最大負荷活動的反應 • 降低心肌對氧氣的需求 • 提升身體功能 • 紓解心絞痛症狀	• 增進攝氧能力（VO_2） • 降低心跳速率、血膽固醇和血壓 • 增進安適感	• 改善疼痛反應 • 改善步態 • 改善生活品質

Selig and Hare（2006年）的研究報告是以罹患慢性心臟衰竭的人為實驗對象，實驗結果顯示結合了中度有氧訓練和肌力訓練的運動計畫，能改善攝氧能力、肌肉功能和周邊血管的血流。

▶▶ 體力活動指導原則

特別需要留意的是，此一特殊健康族群的人若非由醫師直接監督，就是接受相關檢測後由專業人員訂定出個別的體力活動準則，再轉介到特定的中心由合格的人員監督指導進行體力活動計畫。要指導此健康族群的人做運動必須要有合格的認證（至少要具備英國心臟復健協會第四級專家級指導員認證），而他們的角色是協助體力活動計畫處方順利進行，並且充分明瞭各種狀況該注意的事項。指導員還得熟知患者運動時萬一出現了某些特定狀況（即所謂的禁忌症）就應該暫停體力活動，並將情況直接回報相關的醫師。心血管疾病患者要注意的禁忌症應該已經由醫療院所做過確認，但要是指導員察覺有任何禁忌症是之前沒註明的，則要將患者轉回做進一步的會診。指導員要特別留意的禁忌症如下：

- 不穩定型心絞痛
- 出現收縮壓在180 mmHg或以上，或者舒張壓在100 mmHg或以上任何一種情況
- 每分鐘心跳次數超過100下
- 無法控制的心房顫動或心室性心律不整（心跳異常）
- 不穩定性或急性心臟衰竭
- 不穩定型糖尿病
- 發燒

指導心臟病患做運動的人必須了解，在一些案例中病人動脈的血流嚴重

受阻，而各種促進血流增加的治療方法都不管用，在這種情況下會進行動脈繞道手術以繞過阻塞的血管，即冠狀動脈繞道手術（coronary artery bypass graft, CABG）。若不做這種手術，可選擇在阻塞的血管中植入金屬支架撐開血管，這種手術稱為血管造形術（angioplasty）。若手術成功則血流和氧氣的供給會增加，可望減輕（在部分案例中則是消除）心絞痛或缺血的症狀。然而還是得十分小心，務必確保動過上述其中一種手術的病人有充裕的時間完全復原，才能再進行體力活動計畫。至於體力活動的指導原則。雖然這三大類心血管疾病（心絞痛、心肌梗塞和周邊血管疾病）有不少相似之處，不過最好還是分開個別討論。

○ 心絞痛

在展開心臟病患的復健計畫之前，心絞痛確診病人應該已經在專業人員監督下進行過適合的運動壓力診斷測驗（diagnostic exercise test），之後才會列入運動轉介計畫。做測驗的目的是參考標準的心絞痛評等，界定出個別患者在運動自覺量表上最適宜的範圍。另外則是判定個別患者做運動時心跳速率的上限，讓那些指導員在開始任何體力活動計畫之前就能先獲得此訊息。表12.6所列的指導原則取材並修訂自美國運動醫學學會和英國國家健康及臨床卓越研究院等諸多具公信力機構發表的資料。

表12.6	心絞痛患者的體力活動指導原則	
	有氧訓練	肌力訓練
方式	• 走路、固定式腳踏車，至於有其他健康狀況則做水中活動 • 學員通常會歷經初始、進步和維持期	• 合併使用自由重量器材和利用自身體重的徒手訓練 • 採用功能性的運動，如站立到深蹲或是從架子上拿起罐頭再放回 • 納入胸椎的活動

強度	• 延長暖身運動和漸進的緩和運動 • 鼓勵學員運動強度要達到心跳低於引發心絞痛臨界值10～20下的水準	• 所使用的負荷量最多到40～50%最大自主收縮（maximal voluntary contraction） • 增加重複次數達到超負荷，其次才漸增強度 • 身體適應後可增加運動強度5%
持續時間	• 每次5～10分鐘 • 建議分割成小段時間運動中間穿插休息 • 增加持續時間而非運動強度	• 最大重複量10～15RM，3組 • 運動間隔休息1～2分鐘 • 8～10項運動
頻率	• 一天1～2次 • 每週4～6天	• 每週2～3次
注意事項	• 在寒冷的氣溫下運動可能會引發症狀 • 水中活動有可能發生危險 • 避免任何要躺著做的運動，例如仰臥起坐	• 盡量避免活動時間超過15～20分鐘 • 做完冠狀動脈繞道手術的病人要等痊癒後才能進行上半身運動

一般的注意事項

• 如果學員在運動前、運動期間或休息時感覺心絞痛，立刻停止動作並進行標準的硝酸鹽救治程序★，不要再繼續活動；必要時叫救護車。
• 確認學員熟悉自己的症狀並且知道要如何用藥，才能開始活動。
• 若沒有合格的認證（至少要符合英國心臟復健協會的規範），請勿指導這一健康族群的人做運動。

★硝酸鹽是處方用藥，一般是錠劑或噴劑，使用後可立即紓解症狀。

◎ 心肌梗塞

表12.7是最廣為採用的體力活動計畫指導原則，建議的對象是4至6個月前曾發生心肌梗塞的患者。這類體力活動計畫常稱為「心肌梗塞後」運動。

表12.7	曾發生過心肌梗塞患者的體力活動指導原則	
	有氧訓練	肌力訓練
方式	• 走路、固定式腳踏車對此病況有助益	• 合併使用自由重量器材和利用自身體重的徒手訓練 • 採用功能性的運動如站立到深蹲或是從架子上拿起罐頭再放回 • 納入胸椎的活動
強度	• 延長暖身運動和漸進的緩和運動 • 運動強度在65～90 %HRmax之間 • 運動自覺量表在11～16分之間	• 所使用的負荷量最多到40～50%最大自主收縮 • 增加重複次數達到超負荷，其次才漸增強度
持續時間	• 持續或分段運動20～40分鐘 • 10分鐘暖身運動和緩和運動	• 最大重複量10～15 RM，1～3組 • 運動間隔休息1～2分鐘 • 平衡主要肌群以及上下半身
頻率	• 每週3天	• 每週2～3次
注意事項	• 依據行走測試（在醫療院所中進行）結果設定運動強度 • 水中活動有可能發生危險 • 避免任何要躺著做的運動，例如仰臥起坐	• 盡量避免動時間超過15～20分鐘 • 做完冠狀動脈繞道手術的病人要等痊癒後才能進行上半身運動 • 主要的肌群應該個別運動

一般的注意事項

- 倘若胸部、頸部、喉嚨、手臂或背部疼痛，或者出現噁心或嘔吐等不適，懷疑是心肌梗塞，則立即叫救護車送醫。
- 萬一發生上述情況，讓當事人坐著，頭與肩膀要有支撐、膝蓋彎曲。
- 若沒有合格的認證（至少要符合英國心臟復健協會的規範），請勿指導這一健康族群的人做運動。

　　這類病人應該已經在專業人員監督下進行過適當的運動壓力診斷測驗後才列入運動轉介計畫。做測驗的目的是界定出適合個別患者的最低限度運動，如同上述心絞痛患者的狀況。表12.7所列的指導原則取材並修訂自美國運動醫學學會和英國國家健康及臨床卓越研究院等諸多具公信力機構發表的資料。

○ 周邊血管疾病

　　周邊血管疾病患者在做任何體力活動之前必須先做體檢。患者能做何等強度的運動得依據一些測驗結果而定，譬如血液檢驗、漸進性運動測試（graded exercise test, GXT）和詳細的身體檢查。下列周邊血管疾病患者的體力活動指導原則取材並修訂自多家具公信力機構發表的資料。表12.8的體力活動計畫指導原則適用對象是4至6個月前曾發生周邊血管疾病的患者。

　　在體力活動過程中指導員可以善用疼痛量表，藉此評估活動時腿部感到疼痛和疲勞的程度。這種量表稱為「跛行疼痛量表」（claudication pain scale，參見附表12.9）。換句話說，這量表是讓周邊血管疾病患者在做特定體力活動時有個依據指出疼痛的等級，無論如何疼痛等級進展至3級之前就應該停止活動。

表12.8	周邊血管疾病患者的體力活動指導原則	
	有氧訓練	肌力訓練
方式	• 間歇性的走路、固定式腳踏車	• 合併使用自由重量器材和利用自身體重的徒手訓練 • 選擇功能性的運動如站立到深蹲或是從架子上拿起罐頭再放回 • 納入胸椎的活動
強度	• 延長暖身運動和漸進的緩和運動 • 40～70%漸進性運動測試數值	• 所使用的負荷量最多到40～50%最大自主收縮 • 增加重複次數達到超負荷，其次才漸增強度
持續時間	• 每次20～40分鐘 • 分成小段時間運動中間穿插休息	• 最大重複量10～15 RM，3組 • 運動間隔休息1～2分鐘 • 平衡主要肌群以及上下半身
頻率	• 每週3～5天	• 每週2～3次 • 鼓勵做些其他形式的運動
注意事項	• 在寒冷的氣溫下運動可能會使症狀惡化	• 盡量避免運動時間超過15～20分鐘

一般的注意事項
• 活動時避免太過疼痛。
• 不要超過跛行疼痛量表的2分程度

前文提過目前有些機構提供訓練並且核發英國心臟復健協會第四級專家級指導員認證。這些課程都以實用為準，涵蓋了理論和實際操作最大強度運動測試（submaximal exercise tests），以及將測試結果應用在心臟疾病患者的運動處方上。這些課程主要是針對健康和運動產業的專業人士，他們直接參與或間接支

表12.9	跛行疼痛量表
計分	感覺
0	沒有跛行疼痛
1	開始有一點疼痛
2	中等、擾人的疼痛
3	強烈的疼痛
4	極端疼痛、無法再繼續

援運動能力的評估，以及／或建議及開立運動和活動處方給各臨床群體（clinical population），例如心肺復健和跛行計畫（例如，物理治療師、運動指導員、運動科學專家、運動生理學家）。課程內容通常包括指導上課學員如何做測驗，以及如何將測驗結果應用在開立運動處方以及擬定體力活動的指導原則。課程中常見的測驗如下：

- 6分鐘行走測試
- 漸速性折返行走測試（incremental shuttle walk test）
- 踏車運動測試（cycle ergometry testing）
- 契斯特登階測驗（Chester step test）

【延伸閱讀】

- Ades, P.A., Waldmann, M.L., Poehlman, E.T., Gray, P., Horton, E.D., Horton, E.S. & LeWinter, M.M. (1993) Exercise conditioning in older coronary patients. Submaximal lactate response and endurance capacity. Circulation, 88(2): 572-577

- American College of Sports Medicine (2009a) ACSM's exercise management for persons with chronic diseases and disabilities (3rd edn). Champaign, IL: Human Kinetics

- American College of Sports Medicine (2009b) ACSM's guidelines for exercise testing and prescription (8th edn). London: Lippincott Williams & Wilkins

- Beaglehole, R., Irwin, A. & Prentice, T. (2004) The World Health Report 2004 — changing history. Geneva, Switzerland: WHO Press

- Boie, E.T. (2005) Initial evaluation of chest pain. Emergency Medicine Clinies of North America, 23(4): 937-957

- Braunwald, E. (1992) Heart disease (4th edn). Philadelphia, PA: W.B. Saunders

- British Heart Foundation (2004) Coronary heart disease statistics. University of Oxford: Department of Public Health

- Canto, J.G., Goldberg, R.J., Hand, M.M., Bonow, R.O., Sopko, G., Pepine, C.J. & Long, T. (2007) Symptom presentation of women with acute coronary syndromes: Myth versus reality. Archives of International Medicine, 167(22):2405-2413

- Department of Health (2000) Coronary heart disease: National service framework for coronary heart disease — modern standards and service models. London: DH

- Erhardt, L., Herlitz, J., Bossaert, L., Halinen, M., Keltai, M., Koster, R., Marcassa, C., Quinn, T. & van Weert, H. (2002) Task force on the management of chest pain. European Heart Journal, 23(15): 1153-1176

- Fowkes, F.G., Housley, E., Cawood, E.H., Macintyre, C.C., Ruckley, C.V. & Prescott, R.J. (1991) Edinburgh Artery Study: Prevalence of asymptomatic and symptomatic peripheral arterial disease in the general population. International Journal of Epidemiology, 20(2): 384-392

- Guyton, A.C. (2006) Textbook of medical physiology (11th edn). Philadelphia, PA: Elservier Saunders

- Hiatt, W., Hoag, S. & Hamman, R. (1995) Effect ofdianostic criteria on the prevalence of peripheral arterial disease. Corculation, 91: 1472-1479

- Hombach, V., Höher, M., Kochs, M., Eggeling, T., Schmidt, A., Höpp, H.W. &

Hilger, H.H. (1998) Pathophysiology of unstable angina pectoris: Correlations with coronary angioscopic imaging. European Heart Journal, 9(N): 40-45

- Jolliffe, J.A., Rees, K., Taylor, R.S., Thompson. D., Oldridge, N. & Ibrahim, S. (2001) Exercise-based rehabilitation for coronary heart disease. Cochrane Database of Systematic Reviews, (1): CD001800

- Kannel, W.B. (1986) Silent myocardial ischemia and infarction: Insights from the Framingham Study. Cardiology Clinics, 4(4): 583-591

- Manson, J.E., Greenland, P., LaCroix, A.Z., Stefanick, M.L., Mouton, C.P., Oberman, A., Perri, M.G., Sheps, D.S., Pettinger, M.B. & Siscovick, D.S. (2002) Walking compared with vigorous exercise for the prevention of cardiovascular events in women. New England Journal of Medicine, 347: 716-725

- Manson, J.E., Hu, F.B., Rich-Edwards, J.W., Colditz, G.A., Stampfer, M.J., Willett, W.C., Speizer, F.E. & Hennekens, C.H. (1999) A prospective study of walking as compared with vigorous exercise in the prevention of coronary heart disease women. New England Journal of Medicine, 341: 650-658

- McDermott, M.J. (2009) Treadmill exercise and resistance training in patients with peripheral arterial disease with and without intermittent claudication. Journal of the American Medical Association, 301(2): 165-174

- Morris, C.K. & Froelicher, V.F. (1993) Cardiovascular benefits of physical activity. Sports Medicine, 16: 222-236

- National Heart Lung and Blood Institute (n.d.)Angina. Available online at : www.nhlbi. nih.gov/health/dci/Diseases/Angina/Angina_SignsAnd Symptoms.html(accessed 28 April 2010)

- NHS Information Centre, Lifestyle Statistics (2009)Statistics on obesity, physical activity and diet: England, February 2009. London: NHS Information Centre for Health and Social Care

- Peel, C. & Mossberg, K.A. (1995) Effects of cardiovascular medications on exercise responses. Physical Therapy, 75(5): 387-396

- Scottish Intercollegiate Guidelines Network (2002) Cardiac rehabilitation: A national clinical guideline. SIGN publication volume 57, Edinburgh: SIGN

- Selig, S.E. & Hare, D.L., (2006) Evidence-based approach to exercise prescription in chronic heart failure. British Journal of Sports Medicine, 41: 407-408

- Tanasescu, M., Leitzmann, M.F., Rimm, E.B., Willett, W.C., Stampfer, M.J. & Hu, F.B. (2002) Exercise type and intensity in relation to coronary heart disease in men. Journal of the American Medical Association, 288: 1994-2000

- Thygesen, K., Alpert, J.S. & White, H.D. (2007) Universal definition of myocardial infarction. European Heart Journal, 28(20): 2525-2538

- Walther, C., Gielen, S. & Hambrecht, R. (2004) The effect of exercise training on endothelial function in cardiovascular disease in humans. Exercise Sports Science Reviews, 32: 129-134

- Wells, B.G., Dipiro, J.T., Schwinghammer, T.L. & Dipiro, C.V. (2009) Pharmacotherapy handbook (7th edn). New York: McGraw-Hill

- Wenger, N.K. & Hellerstein, H.K. (1992) Rehabilitation of the coronary partient (3rd edn). New York: Churchill Livingstone

- White, H.D. & Chew, D.P. (2008) Acute myocardial infarction. Lancet, 372 (9638): 570-584

中風
的體力活動

13

重　點

● 中風是會迅速影響腦部功能且持續一天以上的狀況。

● 通往大腦的血流受阻即發生中風。

● 一般公認中風有兩大類：缺血性和出血性腦中風。

● 中風已經成為西方世界僅次於心臟病的第二大致死原因，一般認為全球死亡人數中約有10%是中風造成的（首次中風的病人約有1600萬人，而570萬人因中風死亡）。

● 據估計英國每年約有15萬人中風，因為中風導致死亡的人數超過67,000人。

● 在英格蘭和威爾斯地區，中風是第三大致死原因，僅次於心臟病和癌症。因此它也是人們心中一個主要的健康風險。

● 所有英國男性死亡人數中約9%要歸咎於中風，女性則占13%。

● 英國每個中風患者5年下來得花費英國國家醫療服務約15,000英鎊；若再包含非正式的照護費用則增加至29,000英鎊。

● 體力活動可降低中風的風險。

● 中等運動程度的人發生中風，或因中風相關症狀致死的機率比不常運動的人低。

▶▶ 怎麼一回事？

　　世界衛生組織對中風的定義是：出現急性局部或整體腦功能失調的臨床癥候，症狀持續24小時以上或導致死亡，除血管問題外無其他致病原因。換言之，某個因素快速影響了腦功能，並且持續一天以上。中風也稱為「腦血管意外」，只是這名稱現在比較少用。通往大腦的血流因某種原因受阻即會發生中風，由於它直接影響腦部，是造成死亡與永久失能的主要原因之一。

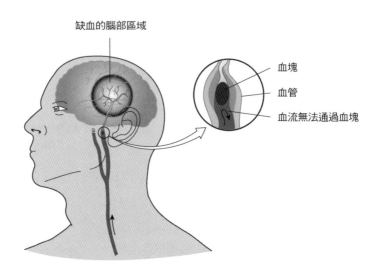

缺血的腦部區域

血塊

血管

血流無法通過血塊

圖13.1　通往大腦的動脈阻塞

　　目前公認中風有兩大類：一種是「缺血性」，另一種是「出血性」的腦中風（參見圖13.2）。簡單的說，缺血性腦中風是因為供給大腦血液的動脈發生阻塞造成的（如圖13.1所示）。阻塞導致血流減少，連帶使得輸送至大腦的氧氣量降低（即所謂的缺血）。醫學之父希波克拉底斯（西元前460～370年）是第一個描述中風常會有的突然麻痺現象的人。

簡單的說，出血性腦中風就是腦部血管破裂使得血液流出造成的。流血量的多寡視血管破裂的程度，以及當事人的血壓高低等因素而定。除了上述兩大類中風之外，還有一種稱為短暫性腦缺血發作或俗稱為小中風。在這種情況下，腦部動脈阻塞的時間很短暫，不久自然就好了並沒有導致腦部組織死亡。雖然只有10%的缺血性腦中風患者曾經在病發前出現過小中風，但出現小中風的人有40%在日後會發生中風。

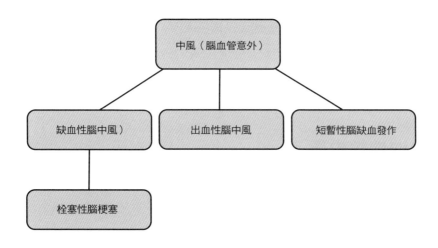

圖13.2　中風的類型

○ 缺血性腦中風

80%的中風都屬於缺血型。阻塞經常發生在腦部表面的一條主要血管（稱之為大血管梗塞），或者是發生在腦部深處的小血管（稱之為小血管梗塞）。梗塞以不同的方式造成缺血性腦中風，因而可區分為三大類：栓塞性腦梗塞、血栓性腦梗塞和腔隙性腦梗塞。

- 栓塞性腦梗塞：血凝塊（稱之為栓子）在身體某處形成，之後剝落並隨著血液流通最後卡在腦血管中阻塞血流，形成了栓塞性腦梗塞。若血凝塊卡在心臟某處的血管中就形成了「心梗塞」。一般認為此類型的梗塞占了所有缺血性腦中風的20～30%。
- 血栓性腦梗塞：這類型的梗塞是供應腦部血液的一條動脈形成了血凝塊。一段時間後血凝塊逐漸聚積並可能導致附近的組織死亡。血凝塊通常是因為動脈內壁斑塊聚積（即所謂的動脈粥狀硬化）而形成的。假如血凝塊剝落隨著血流移動即成為栓子。
- 腔隙性腦梗塞：這一類梗塞發生在深入腦部的動脈中因此得名。目前醫界認為發生阻塞的主要原因在於「粥瘤」或脂質沉積在動脈內壁。據估計這一類型的梗塞占了所有缺血性腦中風的25%。

○ 出血性腦中風

出血性中風是腦部血管破裂，血液流到附近組織導致血液累積在顱腔內。流出的血液壓迫到血管和附近的組織，進而奪走附近組織的氧氣演變為中風。遺憾的是，出血性腦中風影響的範圍大而且致死風險高。若流血的部位是在大腦內部，稱為「軸內出血」；但若流血的部位是在顱骨內部與大腦外部之間，則稱為「軸外出血」。軸外出血還可再細分成幾類，但是那不在本書的討論範圍內。

≫ 盛行率

許多研究都贊同中風很快就會成為全球最常見的致死原因。目前認為中風已是西方世界僅次於心臟病的第二大死亡原因，一般認為全球死亡人數中約有10%是中風造成的（首次中風的病人約有1600萬人，而570萬人因中風死亡）。據估計英國每年約有15萬人中風，因中風導致死亡的人數超過67,000人。就英國

而言，中風是一項主要的健康風險，因為它在英格蘭和威爾斯地區是第三大死亡原因，僅次於心臟病和癌症。根據英國心臟基金會的統計，所有英國男性死亡案例中約9%是中風造成的，女性則占13%。英國衛生部在2005年所公布的報告顯示，英格蘭地區每年約有11萬人中風、2萬人短暫性腦缺血發作（小中風），而且單單在英格蘭地區就有超過30萬人因為中風而導致中度或重度失能。此外英國衛生部的報告也顯示，每位英國中風患者5年下來得花費英國國家醫療服務約15,000英鎊；若再包含非正式的照護費用則增加至29,000英鎊左右。Allender and colleagues（2008年）的調查報告指出，英國國家醫療服務花費在中風醫護上的費用還得大幅增加。他們估算英國國家醫療服務直接支付在中風醫護上的費用每年約30億英鎊，至於因死亡、發病以及非正式的照護費用（病人家屬花費在家庭看護上的支出）所耗費的更廣泛經濟成本達50億英鎊。因此整體而言英國每年花費在中風上的經濟成本為80億英鎊。

》》 症狀

中風症狀一般都出現得非常突然（在幾秒到幾分中之內），而且因大腦受損的部位不同而有差異。受損範圍越大喪失的功能越多。大部分中風都不會連帶出現頭痛，但仍然有可能，只是很少見並且限於特定類型。由於中風是急症必須立即送醫治療，所以儘快辨識出症狀或徵兆極為重要，何況它們多半也不容易辨別。為了幫助辨識中風的症狀，多年來醫界提出了多種不同的建議版本。最早提出的辨識法之一是要病人雙臂伸直，觀察其中一隻手臂是否不自主的向下偏移，若有表示有問題。更新的辨識法如FAST（臉、手臂、說話和時間）目前已經廣為採用（參見附表13.1）。FAST辨識法受到許多國際機構的背書，例如英國衛生部、英國中風協會和美國中風協會。這套辨識法的設計就是要讓每個人都能使用，一旦發現有人疑似中風對FAST任何一項要求難以回應，就應該立即打電話叫救護車，並且在電話中描述當事人的症狀。

表13.1		中風的徵兆
F	臉（Face）	• 要求當事人微笑 • 臉部一邊可能木然並下垂，嘴巴可能流口水 • 單眼或雙眼失去視力
A	手臂（Arms）	• 要求當事人平舉雙臂 • 身體一側可能顯得無力
S	說話（Speech）	• 要求當事人說簡單的一句話 • 說話含糊不清往往就是警訊 • 常會有顯得困惑和難以回應的情形
T	時間（Time）	• 如果當事人對上述任何一個要求無法回應，該是叫救護車的時候

表13.2	缺血性腦中風的可修正和不可修正危險因子
不可修正的危險因子	說明
性別	在大部分的年齡層中，同年紀的男性中風人數高於女性，但女性中風患者有超過一半以上死亡；女性服用避孕藥和懷孕會增加中風的風險
年齡	95%的中風發生在45歲以上的人身上；2/3中風患者的年紀超過65歲；55歲過後每增加10歲中風的風險幾乎加倍
家族或個人的中風史	父母、祖父母或兄弟姊妹曾經中風，或個人之前曾中風都會大大提高風險
可修正的危險因子	說明
高血壓	中風的風險中有35～50%要歸咎於高血壓，研究顯示血壓只要稍稍降低（收縮壓5～6 mmHg或舒張壓2～3 mmHg）就可讓中風（缺血性與出血性腦中風）風險降低40%左右

心房顫動	有心房顫動（心律不整）的人發生中風的風險稍微增加；在這種情況下心臟不能有效收縮，因而導致血液滯留並促使血栓形成。萬一日後血栓剝落隨著血液流到通往腦部的動脈中卡住，即造成栓塞性中風
抽菸	近年來許多研究都證實抽菸是中風的危險因子；例如香菸煙霧裡的尼古丁和一氧化碳會傷害動脈內壁，促使血栓形成；這些血栓就是造成各類型梗塞的罪魁禍首
高膽固醇	雖然實驗結果尚無定論，但一般來說血膽固醇高的人中風的風險增加；此外實驗顯示，高密度脂蛋白膽固醇（好膽固醇）含量低對男性而言是中風的危險因子
糖尿病	一般認為糖尿病是中風的一項獨立危險因子（機率多2～3倍）；許多糖尿病患者還有高血壓、高血膽固醇以及體重過重或肥胖問題，這些更增加他們中風的風險
動脈狹窄	導致動脈狹窄的因素之一是動脈粥狀硬化的脂質沉積物（聚積在動脈內壁上的斑塊）；一旦發生這種情況，中風的風險升高

>> 危險因子

　　根據美國心臟協會的資訊，缺血性腦中風的危險因子可區分為可修正和不可修正兩大類（見表13.2說明）。大多數的中風危險因子都可以採取預防措施加以避免。

　　雖然整體來說情況複雜，但遵循下列的一般建議將有助於降低整體的風險：

- 不抽菸
- 規律運動
- 節制鹽、酒精和飽和脂肪的攝取量

- 使用安全裝備例如安全氣囊、安全帶、兒童安全座椅和安全帽。

❯❯ 診斷

雖然我們可以辨別症狀並採取行動，但診斷得靠專業人士執行，包括身體檢查（和神經學檢查）以評估意識、感覺與功能（視覺、行動、語言）的狀況。這很重要，因為它有助於儘快判定中風的原因、位置和程度，以防止腦部傷害擴大。血液檢驗和影像檢查（例如電腦斷層掃描、超音波、核磁共振攝影）是通常會做的檢測。

❯❯ 體力活動的好處

在預防中風方面，運動不足、肥胖或兩者兼具會提高當事人罹患高血壓、血膽固醇、糖尿病、心臟病和中風的風險。因此重要的是儘早養成規律運動的習慣以降低中風（和其他健康問題）的風險。中風病患的長期治療目標通常會納入復健，體力活動也在其中。這有助於預防再次發生中風。表13.3簡要列舉了兩種中風的初步處理、復健和癒後。

已發表的研究結果顯示，體力活動和降低中風的風險有關連。舉例來說，在檢視18份研究報告後發現，中等程度愛好運動的個人其罹患中風或因中風相關問題而死亡的風險，比起不太活動的人降低了17%（高度愛好運動的人則降低25%）。

表13.3	兩種中風的初步處理、復健和癒後		
	初步處理	復健	預後
缺血性腦中風	去除阻塞並恢復血流	通常包括物理治療、語言治療和職能治療	大約70％恢復獨立，而10％則是幾乎完全康復；約有25％因中風死亡
出血性腦中風	多半需要手術減輕因出血而升高的顱內壓力	通常包括物理治療、語言治療和職能治療	出血的位置是關鍵，但出血型的中風癒後狀況往往比缺血型中風更差

有關這兩類中風方面，Hu等人（2000年）以護士健康研究計畫的數據為基礎所做的研究顯示，活動程度最高的那組人發生缺血性腦中風的風險，只有最不愛動那組人的一半。而其他研究如Lee等人（1999年）以男性醫療專業人員健康研究計畫的數據為基礎所做的研究顯示，體力活動在預防出血性腦中風上或許也有助益。至於利用體力活動作為中風病人的復健，Mead和研究同僚（2007年）的研究是以66位中風病人為研究對象，要求他們做3次體力活動為期12週，實驗結果發現效果極佳。指導原則參見附表13.4。

▶▶ 體力活動指導原則

病人中風過後身體狀況變差，部分案例中會有某種程度的損傷像是半身不遂和痙攣。身體功能的喪失會造成心理上的衝擊，因此儘快展開體力活動計畫是極為重要的事。對這些健康受損的人而言，體力活動的目標可能很簡單就是改善肢體的活動程度、執行日常工作和增進安適感。

表13.4	中風患者的體力活動指導原則	
	有氧訓練	肌力訓練
方式	• 大肌肉活動（例如走路、跑步機、固定式腳踏車、手腳兩用健身機、手搖機、坐式踏步機）	• 合併使用自由重量器材和利用自身體重的徒手訓練 • 選擇功能性的運動如站立到深蹲或是從架子上拿起罐頭再放回（稱之為日常生活活動功能）
強度	• 延長暖身運動和漸進的緩和運動 • 運動等級在50～80 %HRmax • 運動自覺量表8～14 分	• 所使用的負荷量最多到40～50%最大自主收縮 • 增加重複次數達到超負荷，其次才漸增強度
持續時間	• 一次20～60分鐘或分多次做完，或者每次10分鐘分幾次完成	• 最大重複量10～15 RM，1～3組 • 運動間隔休息1～2分鐘 • 平衡主要肌群以及上下半身
頻率	• 每週3～7天	• 每週2～3天 • 鼓勵做些其他形式的運動
注意事項	• 依據行走測試的結果設定運動強度	• 盡量避免動時間超過15～20分鐘

一般的注意事項

• 萬一發生狀況，譬如走路有問題、臉部或身體肌肉無力影響說話，則立即停止活動並且參照表13.1的FAST辨識法做檢視。

• 盡量挑選健身房內人少、較安靜的時段。

• 團體上課或許有助於社交互動。

• 必要時寫下指示以幫助理解。

【延伸閱讀】

- Allender, S., Scarborough, PL, Peto, V., Rayner, M., Leal, J., Luengo-Fernandez, R. & Gray, A. (2008) European cardiovascular disease statistics. Brussels: European Heart Network

- American College of Sports Medicine (2009a) ACSM's exercise management for persons with chronic diseases and disabilities (3rd edn). Champaign, IL: Human Kinetics

- American College of Sports Medicine (2009b) ACSM's guidelines for exercise testing and prescription (8th edn). London: Lippincott Williams & Wilkins

- American Heart Association (2010) Stroke risk factors. Available online at: www.heart.org (accessed 22 July 2010)

- British Heart Foundation Health Promotion Research Group (2005) Coronary heart disease statistics. University of Oxford: Department of Public Health

- Chalela, J.A., Kidwell, C.S., Nentwich, L.M., Luby, M.,Butman, J.A., Demchuk, A.M., Hill, M.D., Patronas, N., Latour, L. & Warach, S. (2007) Magnetic resonance imaging and computed tomography in emergency assessment of patients with suspected acute stroke: A Prospective comparison. Lancet, 369(9558): 293-298

- Deb, P., Sharma, S. & Hassan, K.M. (2010) Pathophysiologic mechanisms of acute ischemic stroke: An overview with emphasis on therapeutic significance beyond thrombolysis. Pathophysiology, 7(3): 197-218

- Department of Health (2005) Reducing brain damage: Faster access to better stroke care. London: The Stationery Office

- Donnan, G.A., Fisher, M., Macleod, M. & Davis, S.M. (2008) Stroke. Lancet, 371(9624): 1612-1623

- Ederle, J. & Brown, M.M. (2006) The evidence for medicine versus surgery for carotid stenosis. European Journal of Radiology, 60(1): 3-7

- Ederle, J., Featherstone, R.L. & Brown, M.M. (2007) Percutaneous transluminal angioplasty and stenting for carotid artery stenosis. Cochrane Database of systematic Reviews. 4: CD000515

- Feigin, V.L. (2005) Stroke epidemiology in the developing world. Lancet, 365(9478): 2160-2161

- Goldstein, L.B. & Simel, D.L. (2005) Is this patient having a stroke? Journal of the American Medical Association, 293(19): 2391-2402

- Hankey, G.J. (1999) Smoking and risk of stroke. Journal of Cardiovascular Risk, 6(4): 207-211

- Harbison, J., Massey, A., Barnett, L., Hodge, D. & Ford, G.A. (1999) Rapid ambulance protocol for acute stroke. Lancet, 353(9168): 1935

- Hu, F.B., Stampfer, M.J., Colditz, G.A., Ascherio, A., Rexrode, K.M., Willett, W.C. & Manson, J.E. (2000) Physical activity and risk of stroke in women. Journal of the American Medical Association, 283: 2961-2967

- Intercollegiate Working Party for Stroke (2000) National clinical guidelines for stroke. London: Royal College of Physicians

- Kidwell, C.S. & Warach, S. (2003) Acute ischemic cerebrovascular syndrome: Diagnostic criteria. Stroke, 34(12): 2995-2998

- Lee, C.D., Folsom, A.R. & Blair, S.N. (2003) Physical activity and stroke risk: A meta-analysis. Stroke, 34:2475-2481

- Lee, I.M., Hennekens, C.H., Berger, K., Buring, J.E. & Manson, J.E. (1999) Exercise and risk of stroke in male physicians, Stroke, 30: 1-6

- Mead, G.E., Greig, C.A., Cuningham, I., Lewis, S.J., Dinan, S.M., Saunders, D.M., Fitzsimons. C. & Young, A. (2007) Stroke: A randomised trial of exercise or relaxation. Journal of American Geriatrics Society, 55: 892-899

- Mohr, J.P., Choi, D., Grotta, J. & Wolf, P. (2004) Stroke: Pathophysiology, diagnosis, and management (4th edn). New York: Churchill Livingstone

- National Collaborating Centre for Chronic Conditions (2008) Stroke: National clinical guideline for diagnosis and initial management of acute stroke and transient ischameic attack (TLA). London: Royal College of Physicians

- Prospective Studies Collaboration (1995) Cholesterol, diastolic blood pressure, and stroke: 13,000 strokes in 450,000individuals in 45 prospective cohorts. Lancet, 346(8991-8992): 1647-1653

- Reynolds, K., Lewis, B., Nolen, J.D., Kinney, G.L., Sathya, B. & He, J. (2003) Alcohol consumption and risk of stroke: A meta-analysis. Journal of the American Medical Association, 289(50: 579-588

- Rudd, A.G., Irwin, P., Rutledge, Z., Lowe, D., Morris, R. & Pearson, M.G. (1999) The national sentinel audit of stroke: A tool for raising standards of care. Journal of the Royal College of Physicians London, 33: 460-464

- Scottish Intercollegiate Guidelines Network (SIGN 78) (2004) Management of patients with stroke: Identification and management of dysphagia. A national clinical guideline. Edinburgh: College of Physicians

- Scottish Stroke Care Audit (2006) Winter 2001 Stroke incidence and risk factors in a population based cohort study. Office of National Statistics Health Statistics Quarterly (12)

- Sims, N.R. & Muyderman, H. (2009) Mitochondria, oxidative metabolilsm and cell death in stroke. Biochimica et Biophysica Acta, 1802(1): 80-91

- Stam, J. (2005) Thrombosis of the cerebral veins and sinuses. New England Journal of Medicine, 352(17):1791-1798

- Thomson, R. (2009) Evidence based implementation of complex interventions. British Medical Journal, 339: B3124

- Wolf, P.A., Abbott, R.D. & Kannel, W.B. (1987) Atrial fibrillation: A major contributor to stroke in the edderly. The Framingham Study. Archives of Internal Medicine, 147(9): 1561-1564

年輕者
的體力活動

14

重　點

- 到了2050年，有高達55%的男孩和70%的女孩體重過重或肥胖。
- 現在兒童每天消耗的卡路里比起50年前的孩童少了大約600仟卡。
- 自從1980年代中期開始，人們每年平均行走的哩程數比以往減少了20%以上。
- 自從1980年代中期開始，人們每年平均騎腳踏車的哩程數比以往減少超過10%。
- 自從1980年代中期開始，坐車上學的孩童人數是以往的一倍。
- 在2006年只有70%的男孩和59%的女孩達到每日建議的活動量。
- 從事體力活動的效益是多方面的，包括健康的成長和發育、維持能量攝取與消耗的平衡、心理上的安適感以及社交互動。
- 說到心血管疾病的危險因子，體力活動的角色或許是間接的——有助於預防孩童時期體重增加太多，或幫助體重過重的兒童減重。
- 體力活動對骨骼的健康十分重要，特別是在生長陡增的時期做一些會對骨骼產生高衝擊力的運動（例如跳躍、跳繩、跳舞和有氧運動）有助於增加骨質密度，日後到了老年期能提供保護對抗骨質疏鬆。
- 從兒童期參與體力活動追蹤至成年期的相關研究仍然不多見。

>> 怎麼一回事？

用來稱呼兒童時期各階段的名稱不少，而且常會使讓人搞不清楚。就指導體力活動課程上的考量，有必要加以釐清並清楚界定，表14.1敘述了從兒童至成年的不同階段及其名稱。

人的發育成長可大致區分為兩種不同的領域，一種是生理的（意思是指所有跟身體有關的），另一種是心理的（任何跟心靈有關的）。

表14.1	發育階段的名稱
發育階段	說明
嬰兒期	這名稱通常是指出生後第一年
兒童期	指的是從一歲到青春期（一般是在10到14歲之間）
青春期	這段時間是指出現第二性徵並且具備有性生殖的能力，時間如上述
青少年期	指的是從青春期到完全成長發育（成年）

雖然兩者的範疇廣泛有很多值得探討，但本書的宗旨只會針對骨架（骨骼）、肌肉、心血管的生長、自尊、和運動行為做簡要概敘。

○ 骨骼的生長

眾所周知骨骼並不是隨著年齡以穩定的速度生長。雖然兒童可以長到成年身高的一半高度，不過骨骼生長速率最快的時期通常是在出生後頭兩年。一般來說，骨骼以每年5公分左右的速度生長可持續到20歲出頭，但是男孩和女孩通常有差別。一般而言，女孩達到生理成熟的年齡比男孩早2～2.5年。生長陡增期出現的時間男孩和女孩也不同。舉例來說，女孩主要的生長陡增期通常出現在10到

13歲之間。至於男孩，主要的生長陡增期一般出現在在12到14歲左右。由於這段時間骨骼還在生長，所以往往也代表著兒童比較容易發生某些傷害，因為他們骨骼的強度還不足以承受他們常做的一些高衝撞性活動。關於兒童期的骨骼生長，這段時間需要攝取許多營養素譬如鈣質、維生素C和磷。除了飲食會影響骨骼生長外，荷爾蒙也會在人生各個時期影響骨骼。生長激素和睪固酮是其中兩種會影響骨骼生長速率的荷爾蒙，特別是在青春期前後。

◎ 肌肉的生長

肌肉的生長就如同骨骼一樣，並非以規律的速度增加。一般認為肌纖維的數量是遺傳決定的，而肌肉的生長是因為肌纖維增大的緣故，並非分裂或肌纖維數量增加。肌纖維的增大（即所謂的「肥厚」）使它們變厚，而長度也可能變長。大致說來，青春期的男孩往往肌肉快速生長，原因在於刺激肌肉生長的荷爾蒙睪固酮含量增加。倘若接受某些類型的訓練（以及具備恰當的遺傳），到了18至25歲左右男性的肌肉質量可激增至體重的50%；而女生方面，在16至20歲間肌肉質量最高可達體重的40%。

◎ 心血管的生長

在同一段時間內，兒童的心臟輸送至全身的血液量不能跟成年人相提並論，因為他們的心房心室比較小、血量較低。這表示兒童的心搏血量（每次心跳心臟收縮時所排出的血液容積）和心輸出量（一分鐘內心臟所排出的血液容積）比較低。基於這個緣故孩童往往得比成人更費勁，因為輸送至肌肉的氧氣量只滿足了部分需求。換句話說，兒童的效率不及成年人。在肺部系統方面，肺泡差不多在6歲左右就發育完成，往後肺泡的體積會增加。與成人相比，從事費力活動時兒童的呼吸功（work of breath）比較高。以衡量有氧適能程度的攝氧能力來看，從6歲起到青少年期之間無論男女其攝氧能力都一直在增加，之後女性多半停滯，而

男性則持續增加。幼童在行走和奔跑時所需的能量比成年人高，其中原因或許是成年人的奔跑更精簡有效。在參與相同活動時（假設體適能程度大致相同），年紀較大的孩童經常顯得較為從容，不像幼小兒童那般費力。這一點很重要，因為正常情況下幼童做比較激烈的運動或活動只能持續一小段時間，不過當他們長大一些、體適能變好之後就會有好進展。

○ 自尊

隨著成長兒童逐漸形成對自己的看法或自我的形象，這通常是基於別人怎麼看待他們（不僅只在運動場合，而是所有日常生活）。這種對自己的看法就是一般所謂的「自尊」。即使還不完全了解這概念，但確實有很多因素會影響個人對自尊的感知。圖14.1舉例說明一些對自尊有直接影響的事物。一般認為若能讓孩童在運動或一些活動上經常體驗到某種勝利的感受，將對他們建立起自信有極大助力，進而對他們的自尊有正面影響。故在指導體力活動時要提供幼童一個正面、有鼓勵性的環境，使他們可以成長並繼續參加運動。

○ 運動行為

孩童參與（或不參與，視情況而定）體力活動或運動的態度有時候稱之為「運動行為」。兒童為什麼會開始參加某項活動然後選擇繼續（堅持）該活動或者乾脆退出的可能原因有很多。他們參加然後堅持下去的理由可能不只一個，一般相信這些理由會隨著時間改變。有關這方面的研究不少；表14.2列舉出部分很常見的理由促使孩童會想參加某個活動並且一再回頭參與。

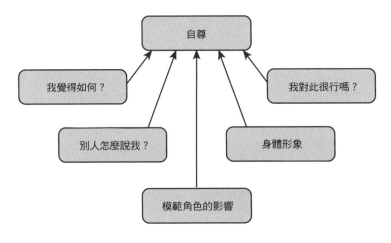

圖14.1　　影響自尊的因素

表14.2	兒童參加並持續活動的常見理由
參加	再次參與
看起來有趣	樂趣
同伴一起加入	不同的活動
跟家人一起加入	自尊
在學校玩	社交
不想落單	幫助他人
交新朋友	模範
我崇拜的人也這麼做	我對此很行

目前有很多理論探討改變運動或體力活動的行為。這些理論比較為人熟悉的名稱是「行為改變模式」。然而這些模式探討的對象多半是年紀較大的孩童和成年人，因此指導兒童做體力活動的人，應該要了解為什麼兒童會一再回來參與

活動的主要理由。其中一個主要理由似乎就是樂趣的因素，簡單的說就是感到有趣。多年來心理學家已知並做實驗探討感覺有趣與激勵之間的關連。這種潛在的關連在競技運動和體力活動上也有其影響，事實證明若孩童感覺沒受到什麼激勵，他們通常很快就會覺得無聊然後停止活動；反之，若激勵程度高孩童比較會樂在其中，並且持續練習。但要特別提醒的是，要是激勵程度太高在某些情況下反而會引發恐懼和焦慮。

>> 盛行率：健康調查

多年來有很多研究在探討休閒活動和靜態娛樂。舉例來說，英國健康教育局在1998年做了一項研究調查「年輕與活力？年輕人和促進健康的體力活動：證據與含義」，報告顯示在受訪的11～16歲孩童中約有75%每天至少花2小時看電視，而其餘的人每天看電視的時間超過4小時。此外報告也指出電腦、電腦遊戲和其他替代性的媒體活動占據了大部分的靜態活動行為，約有10%左右的11～16歲孩童每週玩電腦遊戲的時間超過10小時。英國健康教育局的調查範圍廣泛無法一一詳盡說明，比較值得關注的數據列舉如下：

- 兒童每天消耗的卡路里比起50年前的孩童少了大約600仟卡（得花將近一個小時才能燃燒掉這些熱量）。
- 自從1980年代中期開始，人們每年平均行走的哩程數比以往減少20%以上。
- 自從1980年代中期開始，人們每年平均騎單車的哩程數比以往減少超過10%。
- 自從1980年代中期開始，坐車上學的孩童人數是以往的一倍。

同樣是在這個領域的研究，英國衛生部在2005年所發表的報告指出，現在的

英國兒童越來越少騎腳踏車或走路上學，而是更依賴汽車作為交通工具。此外也陳述兒童們現在都不選擇主動式的休閒嗜好和娛樂性的競技運動，而是選擇各種靜態的娛樂例如看電視、打電玩和用電腦。值得注意的是英國衛生部指出體力活動在促進全國社區團體健康和安適感上扮演著重要的角色。此外規律的運動和體力活動會產生實質的健康獲益，並且降低變得體重過重或肥胖的風險以及隨之而來的健康問題。了解這一點之後就能明白為何促使孩子參與體力活動或運動會如此重要的緣故，根據2007年公布的展望報告（Foresight Report），到了2050年高達55%的男童和70%左右的女童都將屬於體重過重或肥胖。2008英格蘭健康調查擴大調查了英國衛生部在2005年所做的研究並於2009年公布結果。在這份報告中，全國各地受訪的學童（2～15歲之間的孩童）得回答許多關於他們個人的體力活動和不活動期間的習慣。有些幼童需要有人協助回答，年紀較大的兒童得自己回答問題。這種型式的問卷調查是所謂的「自填式評量」。雖然問卷上的問題很多，但表14.3只列舉了其中幾個及其回答的概要。整體來看，英格蘭健康調查的報告顯示男孩在整個童年期變得更活躍好動，而女孩則傾向變得少活動，可是不管男孩或女孩其童年期間坐著不動的時間都增加了。

由於自填式評量老是被批評不夠精確，所以調查中也使用了其他的測量方法：隨機選擇1707位4～15歲的兒童進行「加速度計」（accelerometer）測量法調查，所得的資訊將會與他們自己填寫的資料做比對。加速度計這種儀器戴在身上後可精確追蹤（依照儀器的類型而定）穿戴者行動時的活動量。受試兒童當週至少要配戴4天、每天至少10小時以上，而部分兒童則需戴滿7天。。實驗的結果非常類似以其他方法評量出來的，年紀幼小和年紀較大的孩童在利用加速度計評估與自填式評量之間存在著相當大的差異。結果顯示，利用自填式評量時會低估幼童的體力活動，年紀較大的孩童則是高估。最近的研究Guthold等人（2010年）比較了34個國家學齡兒童的體力活動程度和久坐的行為。這項名為「全球學生健康調查」的研究採用問卷調查的方式，在2003到2007年間對72,845位在學學生發出

問卷並回收資料。詢問的問題包括體力活動概況、走路或騎單車上學以及坐著的時間。結果顯示只有極少數學童做足充分的體力活動。全球平均有23.8%的男孩和15.4%的女孩達到一般的建議標準。然而超過半數以上的國家、超過1/3以上的學童坐在椅子上的時間達3小時或更多（這包括上課聽講和寫家庭作業）。

表14.3	2008英格蘭健康調查的回覆摘要
一般問題	**答覆**
放學後花多少時間活動身體？	根據他們的回答內容，2～15歲的男童比同年齡層的女童有較高的比率符合政府建議的體力活動量，即每天至少花一個小時做中等程度以上的活動（32%男童和24%女童）；值得注意的是，達成政府建議活動量的女童比率整體而言是隨著年齡往下降，2歲時有35%，到了14歲則降低至12%；至於男童方面就沒有這種情況
你上星期花多少時間在體力活動上？	總地來說，95%的男童和女童上星期都有參與某種形式的體力活動；花一些時間走路的女童比率多過男童（65%女童和61%男童）；男童比女童更可能去參加非正式的活動（90%男童和86%女童）以及正式的競技運動（49%男童和38%女童）；過去7天男童平均花在體力活動上的時間多過女童（男童10小時而女童8.7小時）；就大部分兒童而言，非正式的競技運動與活動是他們主要的活動，不過14～15歲的女孩其主要活動是走路。
放學後你有多少時間是坐著不動的？	男童和女童平均坐著不動的時間差不多，在週一至週五的平常日子（各3.4小時）以及週末（4.1小時和4.2小時）；平均坐著不動的時間大致上隨著年齡而增加；平常日子與週末的情況也有差異——在平常日子，2～9歲的孩童中只有不到10%的人坐著不動的時間在6小時或以上，但比例隨著年齡急遽增加，至於週末期間這比例不管在哪個年紀都普遍升高，從2歲男女幼童的8%到15歲時男孩的40%和女孩的41%

⟫ 體力活動的好處

　　兒童參與規律的體力活動能產生生理上和心理上的助益，就如同在其他健康族群身上所顯現的效益。雖然體力活動課程的性質各不相同基本上是因人而異，但對兒童和對成年人的益處相當類似，一般可歸納如下：

- 增加肌力和肌耐力
- 促進骨質形成
- 體重管理
- 減輕焦慮和壓力
- 提升自尊
- 讓罹患心臟疾病的風險降至最低
- 改善技能
- 社交互動

　　根據英國衛生部（2005年）的資料，有很多證據都鼓勵青年多從事身體活動，這不僅只是健康上的好處還有其他原因例如學習社交技巧、發展創造性的智能、刺激成長和增進體適能程度。不過值得一提的是，以兒童做實驗涉及道德問題，因此甚少有關於兒童運動不足與童年健康問題之間關連性的直接證據（與成年人相比），Boreham and Riddoch 在2001年發表的研究則證實有關。兒童們在未來人生中罹患某些健康問題（譬如肥胖、糖尿病、心血管疾病、骨骼健康受損和心理健康）的風險確實是存在的，若童年時期都能維持規律的體力活動上述的風險將可降低。規律的體力活動對個別健康問題的益處可分開來討論。

○ 肥胖

第一章內文曾提及英國兒童與年輕人體重過重和肥胖（參見第二章的定

義）的比例相當高而且還持續升高中。2007年，年齡層在2～15歲的兒童中至少約有30.3%男童和30.7%女童體重過重，而屬於肥胖等級的男童占16.8%而女童則是16.1%。這是個大問題，因為根據諸如Freedman等人（1999年）與Reich等人（2003年）的研究，肥胖的兒童更可能具有罹患某些心血管疾病的危險因子。McGill和其研究同僚（2000年）的研究指出，肥胖兒童其動脈提早阻塞（即所謂的動脈粥狀硬化）的發生率較高。除了相關的生理問題外，根據Gortmaker等人（1993年）和Scheimmer等人（2003年）的研究，肥胖兒童也比較容易產生社交問題此外生活品質也較差。欠缺運動要到什麼程度才算是兒童肥胖比例增加的罪魁禍首，答案仍然不清楚。不過很多研究都顯示較少活動的兒童其身上的脂肪容易過多，甚至早在嬰兒後期就已經出現。兒童花在諸如看電視之類久坐活動的時間越多，就越容易擁有過多的脂肪，這一類的研究已經做過不少，可是近來有人提出質疑，原因在於吃得更多與看電視的關連。另一個爭議點是，那些被認定為花太多時間看電視的兒童他們其餘時間的活動程度不一，而這樣的差異顯然對肥胖有不同的影響。不過有一點是很明確的，那就是大家公認各年齡層的兒童都應該將規律的體力活動納入對抗肥胖以及更重要是預防肥胖的方案中。會如此建議的理由之一是，一般認為童年時期的肥胖會延續到成年，尤其父母親中有一人或兩人是肥胖者。以Freedman等人（1999年）和Sinaiko等人（1999年）的研究為例子，26%至41%的學齡前肥胖兒童以及42%至63%的肥胖學童日後成為肥胖的成人，這會增加健康不良的風險，而且與沒有過胖的兒童相比他們的死亡率增加。

○ 糖尿病

據估計單在英國確診為糖尿病的患者就有140～160萬人左右（參見第三章）。包括英國衛生部（2004年）在內的許多研究報告都指出，英國兒童和青少年罹患第二型糖尿病的情況是在穩定的增加中。雖然目前患者的人數算是相當低，但是過去30年來兒童糖尿病患的人數增加3倍。由於其他相關的健康問題如

肥胖、血脂異常和血壓升高等都出現在兒童身上，故整體的糖尿病患人數現在看來很可能還會再增加。眾所周知以成年人而言，運動不足和肥胖是第二型糖尿病的主要危險因子。這論點是否也同樣適用在兒童身上仍然不明確，但是美國糖尿病學會等機構依然表明，年紀輕輕就得到第二型糖尿病很可能是因為肥胖增加以及越來越少從事體力活動的緣故。

◎ 心理健康

很多實驗都證明規律的體力活動對兒童心理上的安適感相當重要，以Mutrie and Parfitt（1998年）的研究來說，他們受託為英國健康教育局調查體力活動在心理、社交與品德上的影響，調查結果顯示確實有助益。近年來許多研究都證明規律的體力活動課程對年輕人的心理健康通常都有正面的影響。Fox（2000年）和Gruber（1986年）的研究則更深入，結果顯示競技運動和一般運動對自尊和身體形象都有正面影響，對於那些原本自尊就低的孩童效果更顯著。可惜體力活動在減輕壓力、焦慮和憂鬱上效果不佳，從大部分研究結果看來所能發揮的影響很有限。在認知功能上，2003年研究員Sibley與Etnier共同審視了以往對體力活動的影響所做的調查，他們發現體力活動程度越高的孩童更可能擁有較佳的認知功能。這個論點經常因發爭議，有些人認為事實並非如此，然而也有研究支持例如Sallis等人（1999年）所發表的火花計畫（SPARK）。該份報告指出體能教育增加未必會對學校的學業成績（認知功能）造成不利的影響。McCurdy and colleagues（2010年）的研究探討了哪種體力活動能帶來心理上的助益，結果顯示隨性的戶外活動以及花時間待在自然環境中譬如公園或其他休閒地區，對生理和心理的健康都大有益處。可想而知這類型的活動對孩童非常重要，因此可納入成為體力活動的一環。

○ 心血管疾病

　　大家都同意心血管疾病不是孩童該擔心的疾病，不過體力活動程度低的孩童比較容易有心血管疾病的危險因子譬如高血壓和高膽固醇。換句話說，具有這些危險因子的孩童未來年紀大了之後更可能罹患心血管疾病。但重要的是根據Boreham and Riddoch（2001年）和Twisk（2001年）的研究，體力活動對兒童血液中的脂肪組成有助益。不過體力活動對血壓的影響就很可惜無法相提並論，即使有研究證明確實有助益但成效輕微（意思是體力活動只能讓血壓稍微降低一點點）。但有一件事是明確的，有氧適能程度低的兒童更可能發展出心血管疾病的多種危險因子。這一點已經由Riddoch（1998年）、Twisk（2001年）和Wddderkipp等人（2003年）等人的研究證實，他們的研究顯示體力活動程度較高的孩童一般而言都具有程度較佳的有氧適能，而有氧適能程度低的兒童有更高的機率發展出多種心血管疾病的危險因子。之前提過體重過重和肥胖是罹患心血管疾病的主要危險因子，因此可以合理的推論，若規律的體力活動有助於防止童年時期體重增加過多，那麼這也將有助於降低日後他們罹患心血管疾病的風險。

○ 骨骼健康

　　孩童在兒童期和青少年期的骨骼生長（以及骨質增加）相當快速，特別是在生長陡增期（指的是女孩10～13歲、男孩12～14歲左右快速成長的期間）。若骨骼能正常成長，事實上也應該正常成長，即能降低日後骨質流失的機率以及出現骨質疏鬆的可能性（參見第9章）。如同在骨質疏鬆那章節提過的，規律的體力活動到25歲左右對骨質發育的幫助極為重要，尤其是青春期那幾年格外重要。此外也有人討論負重活動如跳躍、舞蹈、有氧運動、體操、排球、球拍運動和足球對增加骨質密度特別有助益。一般說來，只要規律的重複幾次活動就足以產生正面效益。此外也有研究顯示從事上述運動的兒童其骨質密度平均比那些列為運動

不足的孩童多了5～15%。包括Boreham and Riddoch（2001年）在內的眾多研究調查證明，若上了年紀之後還能夠持續這些活動（前提是規律的運動），其擁有的較高骨質密度將足以顯著降低發生骨質疏鬆性骨折的風險。

>> 體力活動指導原則

　　大家都認同應當讓兒童多體驗各種不同的活動，以此為基礎發展出所謂的「動作技能」（motor skill，例如表14.4所列舉的）。目前的觀念是，出生後頭幾年發展出的動作技能是基礎，此後所有的動作技能都以此為根本逐漸累積。所以重要的是盡早也盡可能讓兒童廣泛的探索各種動作技能，使他們有機會發展出這些技能。動作技能就如同認知技能一樣，理應按部就班予以教導，但事實往往不是這麼一回事。舉例來說，學校的許多課程都從簡單的教起逐漸進入複雜的。以數學為例，普通的教學順序是認識數字、書寫數字、認識數值（每個數字代表多少）、加法、減法、乘法和除法，每個範圍都以之前的為基礎。參與競技運動和遊戲活動也是類似的概念，可是這些項目並不像其他科目那樣總是得循序漸進的教導，雖然如此按部就班的教法仍然很重要，因為所有的競技運動都是由個別動作、平衡和操控技能（參見附表14.4）構成，所有這些融合之後才呈現出我們在競技運動和遊戲活動中看到的複雜活動模式。在指導兒童做活動時，重點是必須留意盡可能將各種不同的動作技能以遊戲的形式融入活動中，而且要切記教導時要從簡單技能開，始等學會之後才逐漸進展到更複雜的。幼童的動作技能發展通常稱之為基本動作。指導兒童做活動得十分小心，因為每個兒童的發育情況不同，個別的進展速度不一而年齡也有差別。不過整體而言，在特定的年齡層應該要擁有一定的動作技能。雖然這是個複雜的課題，不過表14.5還是針對特定年齡層該有的動作技能列舉出簡單的指引。

表14.4	典型的動作技能	
動作技能	操控技能	平衡技能
走路和跑步	投擲和彈起	彎腰和轉身
跳躍、單腳跳與跳動	接住和攔截	伸展和伸手觸及
飛奔和蹦蹦跳跳	打擊和踢	轉身和擺動
滑動和縱身跳躍	滾動和踢	搖擺、蹲下、推和拉

表14.5	各年齡該具備的動作技能
一般年紀	相關的動作技能
18個月	爬上而非爬下;行走(前進和後退)
18個月～2歲	飛奔(像馬一樣)
2歲	雙腳定點跳躍
2歲	滾動和踢球
3歲	單腳站立(不動)
3歲	丟出(手不過肩);單腳跳躍和蹦蹦跳跳
4歲	單腳平衡(較長時間)
4歲	投擲(手超過肩)

　　有關於兒童與體力活動的指南相當多,只是它們多半傾向以年齡做區隔。這往往是因為不同年齡適合的活動型態、頻率、強度、持續時間會有相當大的差異。雖然各種版本的指南多少有些差異,也沒有哪個版本是全國通用的,不過大部分都贊同一天至少要累積達30分鐘中等強度到劇烈的體力活動,一週中半數以上的天數,若能天天做更好。所有指南一致認同,這30分鐘的重點活動可分小段

進行例如可分3次，每次10分鐘；或者30分鐘一口氣做完。不過美國運動及體育教育協會所發布的體力活動指導原則則稍有不同，針對3～5歲幼童的指導原則如下：

1. 所有兒童每天都應該至少花60分鐘時間進行有規劃的體力活動。
2. 兒童每天應該至少花60分鐘最多達數小時做些比較隨性的活動，坐著不動的時間每次不該超過60分鐘，睡覺除外。
3. 他們應該要有機會發展出動作技能上的能力，這是往後更複雜動作的基礎。
4. 兒童應該經常到室內或戶外符合甚至超越安全規範的場所做一些大肌肉活動。
5. 學齡前兒童的監護人應當明瞭體力活動和促進兒童發展動作技能的重要性。

然而針對5歲以上兒童的指南各版本的內容差異相當大，不像對5歲以下的那般一致。

表14.6	較大孩童的體力活動指導原則	
	有氧訓練	肌力訓練
方式	• 各種形式的負重活動	• 可能得先採用徒手訓練和訓練繩再進展到重量訓練
強度	• 中等強度至劇烈程度 • 選擇可以不時間斷的活動 • 對幼童要強調是玩遊戲而非運動	• 採用最大重複量8～15 RM • 增加重複次數達到超負荷，其次才漸增強度

持續時間	• 每次20～30分鐘 • 體重過重或肥胖兒童則為30～60分鐘	• 做8～10種運動，1或2組 • 每種運動間休息1～2分鐘
頻率	• 每週至少3天 • 體重過重或肥胖兒童每週6～7天	• 每週2次 • 鼓勵做其他形式的運動
注意事項	• 留意兒童會很快身體過熱	• 平衡上半身與下半身 • 增加重複次數達到超負荷，其次才漸增強度 • 避免讓肌肉疲勞

一般的注意事項

- 所有活動都需要在旁監護。
- 學習技巧優先其次才是肌力。
- 若可能做些全活動範圍、多關節式的運動（full-range multi-joint exercises）。
- 避免任何彈震式動作（ballistic movement）。
- 延長暖身和緩和運動。
- 在配對或團體練習時避免讓身材差太多的兒童同一組。
- 若氣溫超過30℃，兒童運動的時間不要超過20分鐘，並且在運動前、運動中和運動後都必須補充水分。
- 假如氣溫超過38℃，不可讓兒童在戶外運動。
- 兒童（和成年人）在任何運動前、運動中和運動後都要喝水，這點很重要。

　　美國運動醫學學會公布的運動指南可能更合適英國健康與體適能的體制，而且也是全英國各地應用最廣的版本。至於體力活動的強度、持續時間、頻率，表14.6概要列出美國運動醫學學會針對5歲以上兒童的體力活動指導原則。值得關注的是根據英國衛生部（2004年）的資訊，每天一小時的體力活動或許無法預防兒童變胖的趨勢。先前曾提過，每天一小時的體力活動對預防其他疾病大有助益。英國衛生部因此建議，兒童和青少年一天要花60分鐘以上從事至少是中等強

度的體力活動。此外也建議一週至少要有2天將它列為活動的一部分以增進骨骼健康、肌肉力量和柔軟度。至於所謂的中等強度，英國衛生部對此的陳述是「相當於健走到感覺身體發熱、有點喘不過氣來」。就如同成人的狀況一樣，你時常難以判斷兒童在做的體力活動到底屬於哪種等級強度的運動。解決這問題的方法之一是專為兒童修訂的改良版運動自覺量表（參見附表14.7）。跟成人版的一樣，兒童在運動時會看到這量表，並且回答他們當下運動的感覺是屬於哪個等級。指導員可以依據兒童的回答評估他們達到什麼程度。

表14.7	兒童版的運動自覺量表
強度	說明
0休息	坐著或休息時的感覺
1容易	輕鬆走路；沒流汗
2相當費力	在操場或遊樂場玩，開始流汗
3更費力	玩得很累並且流汗
4很累人	四處跑得很累而且流很多汗
5極限	玩到從來沒有過的累；快累垮了

【延伸閱讀】

- Ainsworth, B.E., Haskell, W.L., Leon, A.S., Jacobs, D.R., Montoye, H.J., Sallis, J.F. & Paffenbarger, R.S. (1993) Compendium of physical activities: Classification of energy costs of human physical activities. Medicine and Science in Sports and Exercise, 25: 71-80

- American College of Sports Medicine (2009) ACSM's guidelines for exercise testing and prescription (8th edn). London: Lippincott Willams & Wilkis

- American Diabetes Association (2000) Type 2 diabetes in children and adolescents. Pediatrics, 105:671-680

- Åstrand, P.O., Rodahl, K., Dahl, H.A. & Strømme, S.B. (2003) Textbook of work physiology: Physiological bases of exercise (4th edn). Champaign, IL: Human Kinetics

- Bao, W., Srinivasan, S.R., Valdez, R., Greenlund, K.J., Wattigney, W.A. & Berenson, G.S. (1997) Longitudinal changes in cardiovascular risk from childhood to young adulthood in offspring of parents with coronary artery disease. Journal of the American Dedical Association, 278: 1749-1754

- Berenson, G.S., Srinivassan, S.R., Bao, W., Newman, W.P., Tracy, R.E., & Wattigney, W.A. (1998) Association between nultiple cardiovascular risk factors and atherosclerosis in children and young adults. New England Journal of Medicine, 98(338): 1650-1656

- BHF National Centre for Physical Activity and Health (2010) Cost of physical inactivity fact sheet. Loughborough: British Heart Foundation National Centre for Physical Activity and Health

- Biddle, S.J.H., Gorely, T. & Stensel, D.J. (2004) Health-enhancing physical activity and sedentary behaviour in children and adolescents. Journal of Sport Science, 22: 679-701

- Boreham, C. & Riddoch, C.J. (2001) The physical activity, fitness and health of children. Journal of Sports Sciences, 19: 915-929

- Cavill, N., Biddle, S. & Sallis, J.F. (2001) Health enhancing physical activity for young-people: Statement of the United Kingdom Expert Consensus Conference. Pediatric Exercise Science, 13: 12-25

- Department of Health (2004) At least 5 a week: Evidence on the impact of physical activity and its relationship to health. London: Department of Health Publications

- Department of Health (2005) Choosing health, choosing activity. A physical activity action plan. London: Department of Health Publications

- Foresight (2007) Tackling obesities. Future choices. London: Foresight

- Fox, K.R. (2000) The effects of exercise on self-perceptions and self-esteem. In: Biddle, S.J.H., Fox, K.R. & Boutcher, S.H. (eds) Physical activity and psychological well-being. London: Routledge

- Freedman, D.S., Dietz, W.H., Srinivasan, S.R. & Berenson, G.S. (1999) The relation of overweight to cardiovascular risk factors among children and adolescents: The Bogalusa Heart Study. Pediatrics, 103: 1175-1182

- Freedson, P.S. (1991) Electronic motion sensors and heart rate as a measure of physical activity in children. Journal of School Health, 61: 220-223

- Goran, M.I., Gower, B.A., Nagy, T.R. & Johnson, R. (1998) Developmental changes in energy expenditure and physical activity in children: Evidence for a decline in physical activity in girls prior to puberty, 101: 887-891

- Gortmaker, S.L., Must, A/. Perin, J.M., Sobol, A.M. &Dietz, W.H. (1993) Social and economic consequences in adolescence and young adulthood. New England Journal of Medincine, 329: 1008-1012

- Gruber, J.J. (1986) Physical activity and self-esteem development in children: Ameta-analysis. American Academy of Physical Education Papers, 19: 330-348

- Guthold, R., Cowan, M.J., Autenrieth, C.S., Kann, L. & Riley, L.M. (2010) Physical activity and sedentary behaviour among schoolchildren: A 34-country comparison. Journal of Pediatrics, 157(1): 43-49

- Hammer, L., Kraemer, H., Wilson, D.M., Ritter, P.L. & Dornbusch, S.M. (1991) Standardised percentile curves of body-mass index for children and adolescents. American Journal Diseases of Children, 145: 259-263

- Harsha, D.W. (1995) The benefits of physical activity in childhood. Averican Journal of Medicine and Science, 310(S1): S109-S113

- Janz, K.F. (1994) Validation of the CSA accelerometer ofr assessing children's physical activity. Medicine and Science in Sports and Exercise, 26: 369-375

- Kleges, R.C., Shelton, M.L. & Kleges, L.M. (1993) Effects of television on metabolic rate: Potential implications for childhood obesity. Paediatrics, 91:281-286

- McCurdy, L.E., Winterbottom, K.E., Mehta, S.S. & Roberts, J.R. (2010) Using nature and outdoor activity to improve children's health. American Journal of Preventative Medicine, 40(5): 102-117

- McGill, H.C., McMahan, C.A., Zieske, A.W., Tracy, R.E., Malcom, G.T., Herderick, E.E. & Strong, J.P. (2000) Association of coronary heart disease risk factors with microscopic qualities of coronary atherosclerosis in youth. Circulation. 102: 374-379

- McKenzie, T.L., Sallis, J.F., Elder, J.P., Berry, C.C., Hoy, P.L., Nader, P.R., Zive, M.M. & Broyles, S.L. (1997) Physical activity levels and prompts in young children at recess: A two year study of a bi-ethnic sample. Research quarterly in Exercise and Sport, 68: 195-202

- Mossberg, H.O. (1989) 40 year follow up of overweight children. Lancet, 2: 491-493

- Must, A., Jacques, P.F., Dallal, G.E., Bajema, C.J. & Dietz, W.H. (1992) Long term morbidity and mortality of overweight adolescents. A follow-up of the Harvard Growth Study. New England Journal of Medicine, 327: 1350-1355

- Mutrie, N. & Parfitt, G. (1998) Physical activity and its links with mental, social and moral health in young people. In: Biddle, S., Sallis, J. & Cavill, N. (eds) Young and active? Young people and health-enhancing physical activity: Evidence and implications. London: Health Education Authority

- NHS Information Centre for Health and Social Care (2009)Health Survey for England 2008: Physical activity and fitness. Leeds: NHS information Centre for Health and Social Care

- Nieto, F.J., Szklo, M. & Comstock, G.W. (1992) Childhood weight and growth rate as predictors of adult mortality. American Journal of Epidemiology, 136: 201-213

- Pellegrini, A.D. & Smith, P.K. (1998) Physical activity play: The nature and function of a neglected aspect of play. Child Development, 69:577-598

- Pinhas-Hamiel, O., Dolan, L.M., Daniels, S.R., Standiford, D., Khoury, P.R. (1996) Increased incidence of non-insulin dependent diabetes mellitus among adolescents, Journal of Pediatrics, 128: 608-615

- Reich, A., Muller, G., Gelbrich, G., Deutscher, K., Godicke, R. & Kiess, W. (2003) Obesity and blood pressure-results from the examination of 2365 schoolchildren in Germany. International Journal of Obesity, 27: 1459-1464

- Reilly J.J. (2010) Low levels of objectively measured physical activity in preschoolers in childcare. Medicine and Science in Sports and Exercise, 42(3): 502-507

- Riddoch, C., Savage, J.M., Murphy, N., Cran, G.W. & Boreham, C. (1991) Long-term health implications of fitness and physical activity patterns. Archives of Diseases in Children, 66: 1426-1433

- Riddoch, C.J. (1998) Relationships between physical activity and health in young people. In: Biddle, S., Sallis, J. & Cavill, N. (eds) Young and active? Young people and health-enhancing physical activity: Evidence and implications. London: Health Education Authority, 17-48

- Sallis, J.F., McKenzie, T.L., Kolody, B., Lewis, M., Marshall, S. & Rosengard, P. (1999) Effects of health-related physical education on academic achievement: Project SPARK. Research Quarterly for Exercise and Sport, 70: 127-134

- Saris, W.H.M. (1986) Habitual physical activity in children: Methodology and findings in health and disease. Medicine and Science in Sports and Exercise, 18: 253-263

- Schwimmer, J.B., Burwinkle, T.M. & Varni, J.W. (2003) Health-related quality of life of severely obese children and adolescents. Journal of the American Medical Association, 289: 1813-1819

- Sibley, B.A. & Etnier, J.L. 920030 The relaationship between physical activity and cognition on children: A meta-analysis. Pediatric Exercise Science, 15: 243-256

- Sinaiko, A.R., Donahue, R.P., Jacobs, D.R. & Prineas, R.J. (1999) Relaation of weight and rate of increase of weight during childhood and adolescence and body size, blood pressure, fasting insulin and lipids in young adults. The Minneapolis Children's Blood Pressure Study. Circulation, 99: 1471-1476

- Troiano, R.P. & Flegal, K.M. (1998) Overweight children and adolescents: Description, epidemiology and demographics. Pediatrics, 101: 497-504

- Twisk, J. (2001) Physical activity guidelines for children and adolescents. A critical review. Sports Medicine, 31: 617-627

- Twisk, J., Kemper, H.C., van Mechelen, W. & Post, G.B. (1997) Tracking of risk factors for coronary heart disease over a 14-year period: A comparison between lifestyle and biologic risk factors with data from the Amsterdam Growth and Health Study. American Journal of Epidemiology, 145: 888-898

- Wedderkopp, N., Froberg, K., Hansen, H.S., Riddoch, C. & Andersen, L.B. (2003) Cardiovascular risk factors cluster in children and adolescents with low physical fitness: The European Youth Heart Study (EYHS). Pediatric Exercise Science, 15: 419-427

- Welk, G.J., Corbin, C.B. & Dale, D. (2000) Measurement issues in the assessment of physical activity in children. Research Quarterly in Exercise and Sport, 71: 59-73

- World Health Organization (2004) Young people's health in context. Health Behaviour in School-aged Children (HBSC) study. International report from the 2001/2002 survey. Copenhagen: WHO Press

年長者
的體力活動

15

重　點

- 年長族群的規模持續擴大，50歲及以上的人口逐年攀升。

- 2009年居住在英格蘭地區的50歲及以上居民約有1770萬人，然而到了2029年這數字將升高至2300萬人左右。

- 同一年英國國內65歲及以上的居民約有970萬人，到了2020年全英國居民每5個人中就有一個年紀為65歲或以上。

- 在2009年英國境內約有240萬名80歲及以上的老人。據估計到了2029年人數將會增加至430萬人左右。

- 在2009年約有10,200名百歲及以上的人瑞居住在英國境內；到了2028年這人數將膨脹至驚人的40,500人左右。

- 規律的日常活動對老年人而言格外重要，這能鼓舞他們獨立生活。

- 肌肉的肌力和爆發力是可以改善的，這對執行日常事務很重要，譬如行走或從椅子上站起來。

- 研究證實體力活動有助於減少發生意外跌倒。

- 體力活動有助於改善年長者情緒和心理上的安適感，因而降低出現憂鬱症狀。

- 體力活動能改善某些認知功能，這對執行日常事務很重要。

▶▶ 怎麼一回事？

英國衛生部（2001年）將年長者區分為3大類。

1. 進入老年——那些已經結束有薪工作的職業生涯以及／或者養育子女
   成年的人，這是社會大眾對老年的定義，符合此定義的人有些或許年
   輕到只有50歲；屬於這一族群的人往往是活躍的。

2. 過渡期——年紀更大的一群人，正處於從健康、活躍的生活邁向衰弱
   的途中；這些人多半是70多歲或80多歲的人。

3. 虛弱的老人——飽受健康問題折磨而顯得脆弱的人，需要社會關懷或
   合併醫療照護。

　　人們上了年紀之後生理上會有很大的改變。不僅個人自身有變化，與他人之
間也有些改變，這些變化的速度快慢不同，但其中有些可以透過生活型態和運動
加以調整以延緩改變。變老的生理過程常跟疾病和失能脫離不了關係。基於這個
理由，很多人都認為人老了以後問題多多，像是疼痛、不舒服、生病以及活動力
降低，所以他們可能比以往更加需要依賴朋友和家人的幫忙。

▶▶ 盛行率

　　年長族群的規模持續擴大，50歲及以上的人口逐年攀升。根據英國審計委
員會（2008年）的資料，英格蘭地區人口正在老化，而且趨勢是加速進行。委
員會認為在未來20年老年人口會急速增加。2009年居住在英格蘭地區的50歲及
以上居民約有1770萬人，然而到了2029年這數字將升高至2300萬人左右（參見圖
15.1）。換算成比例來說，年紀在50歲及以上人口比例也在增加中。舉例來說，
2009年英格蘭地區的居民中有34%年齡在50歲及以上，但預期這個數字到了2029

年會增加5%達到39%。

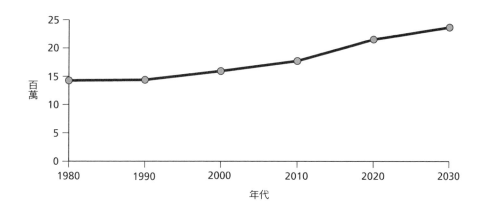

圖15.1　英格蘭地區50歲以上居民的人數（預測至2030年）

○ 英國人的年齡層

　　根據2008年英國國家健康及臨床卓越研究院公布的資料，英國國內65歲及以上的居民約有970萬人（將近每7個人中就有1個），到了2020年全英國居民每5個人中就有1人年紀為65歲或以上。80歲及以上的人口也同樣在快速增加中（參見圖15.2）。據估計2009年英國境內約有240萬名80歲及以上的老人，到了2029年預估這數字將會增加至430萬左右（幾乎增加一倍）。百歲以上的人瑞是增加速度最快的一個年齡層。2009年大約有10,200名百歲及以上的人瑞居住在英國境內，但到了2028年這人數將膨脹至驚人的40,500人左右（幾乎是之前的4倍）。

　　這些數目的增加很難說是某種特定原因造成的，因為可能有許多因素共同影響導致了這種情況。像是生育率降低使得年輕人變少、死亡率下降以及更好的醫療照護使得壽命延長，這些都可能是其中部分的原因。無論老年人口增加的原因是什麼，大家都心知肚明人到了晚年會受到諸如身體健康、財務安全、所在地

點、獲得支持和服務的難易程度等等多種因素的影響。根據英國對晚年生活的心理健康和安適感的調查（2006年），40%的老人會看醫生、住在養護機構裡的老人60%「心理健康狀況惡劣」。儘管過去50年來健康照護的設備比以前好而且財富也增加，但預計英國未來大幅增加的老年人口將對健康照護體系帶來沉重的負擔，可能嚴重影響其素質。

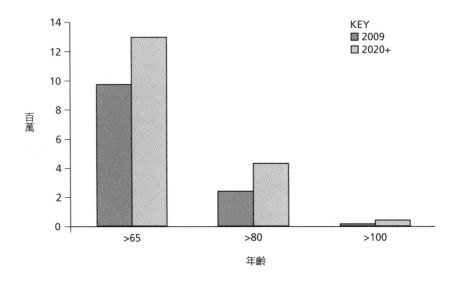

圖15.1　2009年英國各年齡層的人數與2020年的相比

>> 相關的改變

　　當我們日漸變老時無可避免得承受生理和心理上的改變，此過程就是老化。這些改變在人們生命的各個不同期間造成影響，有些人很不幸的飽受改變之苦，另一些人則影響輕微。表15.1簡要敘述了一系列可能的改變。

　　如表15.1所列的，大部分的身體功能隨著年紀日趨衰弱，譬如心跳速率從出

生後以每年約少一次心跳的速度減緩。心臟也可能變得比較無力，因為心臟本身是肌肉，而如同其他所有的肌肉一樣必須維持在良好的狀態。心臟的衰弱或許也可以歸因於個人的生活型態，例如經常抽菸或喝酒。這些加在一起（和其他因素）使得輸送至所有肌肉的血流減少，也就是說氧氣的供給也會下降。攝氧能力（VO_{2max}）也從成年初期之後逐漸下降，到了晚年降低幅度相當大，由表15.2可看出，到了75歲時其攝氧能力掉到幾乎只有原來的一半。

表15.1	老化的影響
影響範圍	說明
心臟	心肌衰弱導致心臟輸出的血液減少；這表示輸送至肌肉的氧氣量也會降低
心跳率	40～50歲後心跳率減緩，同樣也會減少攝氧量
肺部功能	肺活量和第一秒用力呼氣容積（參見第4章）因為一些因素而下降，例如呼吸肌肉變得衰弱以及肺泡失去彈性
最大攝氧量（VO_{2max}）	有氧適能和呼吸（心臟和肺）功能下降，因為心臟和肺產生了上述的變化
柔軟度	肌肉失去彈性；關節滑液流失，關節、軟骨變硬（鈣化）
力量	肌肉大小、運動神經、粒線體（產生能量的地方）和微血管減少
脂肪	脂肪組織增加，瘦肉組織減少
腦細胞	腦細胞死亡的速度快過新細胞取代的速度
感官	聽覺、味覺、嗅覺、和視覺惡化，但大約喪失10%左右
骨骼	骨質密度降低導致脊椎關節黏粘（脊髓腔狹窄）、骨質疏鬆症（參見第9章）以及姿勢問題等毛病
血壓	隨著年齡增加，主要是因為動脈硬化和脂質沉積在動脈內壁

表15.2	活動量普通的人其最大攝氧量的變化	
年紀 （歲）	最大攝氧量（VO_{2max}） （ml/kg/min）	與25歲時相比的變化比率 （％大約）
25	48	N/A
35	43	10
45	39	18
52	38	20
63	34	29
75	25	48

*資料來源：改寫自不同來源的資料

　　老化所帶來的身心變化影響可細分為幾個部分加以討論。

⭕ 老化對心血管的影響

　　每分鐘心跳的次數就是大家熟知的「心跳率」。一個人所能達到的最高心跳率即為「最大心跳率」。按照一般的估算，最大心跳率以每年少跳一次的速度下降。心臟也算是一種肌肉（稱之為心肌），因此就像其他肌肉一樣，如果沒有好好加以鍛鍊就會變虛弱。心臟主要的功能是將血液輸送至全身，如此做的理由之一是為了提供肌肉氧氣，好讓它們能工作（收縮）。若因為久坐不動的習慣使得心臟變得衰弱無力，加上年紀大心跳變慢，會造成心臟輸出的血液量減少。每次心跳排出的血液量稱為「心搏量」，每分鐘排出的量則為「心輸出量」。

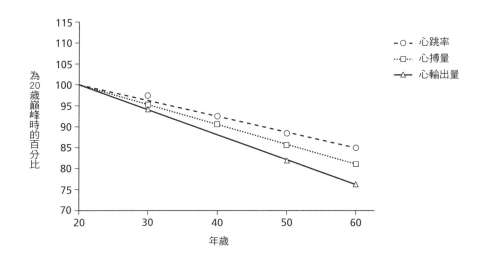

圖15.3　年齡對心跳率、心搏量和心輸出量的影響

　　由圖15.3可看出心跳率、心搏量和心輸出量以百分比顯示都逐年下降，假設巔峰時期是在20歲左右。

⬤ 老化對肌肉的影響

　　心臟並不是身體中唯一會隨著年齡變弱的肌肉，因為肌肉力量減弱在老人族群中很明顯。這對他們的日常生活產生負面影響，原本輕而易舉的事務現在他們卻感到力不從心或十分吃力。上了年紀之後肌肉質量喪失（稱為肌肉減少症）是導致虛弱和缺少行動力的主因之一。某些類型的體力活動有助於延緩肌肉質量的流失，但卻無法停止或逆轉此一過程。即使肌肉質量流失的原因還不很清楚，但老化很明顯是主要的原因，另外根據Roubenoff and Hughes（2000年）的研究活動不足會加速這過程。多年來許多研究發現，肌肉喪失的不只是肌力還包括爆發力，因為很多日常活動需要的不單是肌力還要有爆發力（例如從椅子上站起來）。舉例來說，Skelton等人（1995年）和Bassey等人（1992年）的研究顯示

肌肉的爆發力以每年3.5%的速度下降，而肌力則是每年下降1～2%。然而有一點必須了解體力活動一定得持續到老年，因為根據包括Benvenuti等人（2000年）在內的多項研究顯示，即使到了中年還有在做體力活動但這一點對於老年時期的肌力毫無影響。另一個問題是，一旦老人家停止規律的體力活動，其肌肉質量和肌力流失的情況比年輕人和中年人更快速。這是個嚴重的問題，由於肌力減弱會增加骨質疏鬆和跌倒的風險，並且連帶增加骨折的風險，此外根據Chu等人（1999年）等多項研究發現，腿部肌肉的虛弱無力與跌倒次數有關連。

◎ 老化對柔軟度的影響

肌肉不只是流失力量，它們還失去彈性，這表示是柔軟度也變差。此外包覆關節的軟骨鈣化使得關節的活動範圍縮限，更是讓柔軟度打折扣。由於減損了肌力（和肌肉質量）加上柔軟度變差，年長者往往不再像以前一樣活躍，因此導致脂肪組織增加而體脂肪百分比也隨之升高。

◎ 老化對骨骼強度的影響

骨骼強度降低（由於骨質密度下降的緣故）是老化造成的一個主要的改變，它引發老人常見的骨質疏鬆和姿勢問題。日積月累的流失骨質（即骨質疏鬆，參見第9章）會大大增加跌倒骨折的風險，這就是為什麼維持規律的體力活動以延緩骨質流失及預防跌倒會如此重要的原因。縱使成年後骨骼強度不再增加（雖然目前認為還是有可能增加一些），但重點是降低骨質流失的速度。體力活動尤其是肌力訓練對任何年齡都有好處，只是老人家的骨骼反應比年輕人慢得多。

◎ 老化對心理的影響

至於心理層面的變化上，年長者腦細胞死亡的速度大於新細胞取代速度。聽覺、味覺、嗅覺、和視覺等感官往往隨著年齡變得不敏銳，但還好最多大約喪失

10%左右。此外年紀越大罹患失智和阿茲海默症等疾病的風險也會增加。

○ 日常生活功能

提到老人，不免會遇上學界時常使用的術語日常生活活動（activities of daily living, ADL）和工具性日常生活活動（instrumental activities of daily living, IADL，參見附表15.3）。執行日常生活活動和工具性日常生活活動的能力隨著年齡下降，其實也不令人意外。大體而言，超過1/3以上的英國老人在執行日常生活活動或是工具性日常生活活動上有困難，原因是關節炎、心臟病和糖尿病之類的慢性疾病造成的。

表15.3	常見的日常生活活動和工具性日常生活活動
日常生活活動（ADL）	工具性日常生活活動（IADL）
洗澡	煮飯
吃飯	購物
穿衣	管理金錢
上廁所	使用電話
四處走動	做家事 吃藥

》 診斷

○ 肌力和肌耐力

測試年長族群的肌力或肌耐力所使用的方法與其他族群用的大不相同。有個常用的方法是座椅起立測驗（它其實是下半身的肌肉功能測驗，參見下頁）。這

個測試有幾種不同版本，不同之處在於受試者必須重複的次數，其中30秒測試版本是由Jones and colleagues（2000年）發展出來的。

設計手蜷臂舉測驗（參見Jones等人2000年）的原因在於很多日常活動都得用到上半身的肌力和肌耐力，例如打掃、買菜和整理花園。在這個測驗中受試者以坐姿屈臂舉起特定重量，在固定時間內盡力舉起最多次數（參見第187頁）。美國衛生教育體育休閒教育暨舞蹈聯合會（the Americam Alliance for Health, Physical Education, Recreation and Dance, AAHPERD）認為在這個測驗中要舉起的重量女性是1.81公斤，男性是3.36公斤。

○ 攝氧能力

年長者最常做的活動之一就是走路，因此研究人員設計出6分鐘步行測驗，以評估在6分鐘內延著矩形路徑行走最多能走多遠（Rikli and Jones, 2001年）。

○ 柔軟度

完成日常生活事務的能力對年長者來說是絕對必要的。因此柔軟度是這年齡層最主要的體適能項目。柔軟度通常是指身體關節的活動程度。有種柔軟度測驗稱為角度測定法（goniometry），它是測量每個關節角度（或者視個人需求測量特定的關節）的一種特殊技術。測量後的結果再比對資料表中的正常活動度。這種測驗照理是在醫療院所中由受過訓練且有經驗的專業人員來執行，所以一般廣為使用的是較簡單的方法，例如屈曲 —— 伸展測量法（flexion-extension measurement）。

最常用來評估年長者大腿後側肌群柔軟度（這也可用於評估背部柔軟度）的方法就是坐姿體前彎測驗（sit-and-reach test）。這個測驗有幾個不同的改良版，例如改良坐姿體前彎測驗（modified seated sit-and-reach test）和坐椅體前彎測驗（chair sit-and-reach test）。

測驗區：座椅起立測驗（下半身的肌力和肌耐力）

所需設備

　　馬表和沒有扶手的直背椅子（高度44公分）。椅腳應有橡膠止滑墊避免向後滑動。

圖15.4　　座椅起立測驗

1. 椅子應該靠牆以避免移動。
2. 盡可能椅子坐滿，雙腳著地約略與臀部同寬，小腿後側稍微離開椅子。讓膝關節呈90度彎曲，雙手放胸前。
3. 讓受試者先站起來測試一下以確認腿部不會碰到椅子。
4. 受試者在30秒內盡力做最多次站起坐下。
5. 假如受試者沒人幫忙就無法從椅子上站起，這時他可以用手輔助做站起坐下測驗。務必在記錄上註明受試者有用手輔助。

表15.4	座椅起立測驗分級表					
年齡層	男性測驗結果			女性測驗結果		
	低於平均	平均	高於平均	低於平均	平均	高於平均
60～64	＜14	14～19	＞19	＜12	12～17	＞17
65～69	＜12	12～18	＞18	＜11	11～16	＞16
70～74	＜12	12～17	＞17	＜10	10～15	＞15
75～79	＜11	11～17	＞17	＜10	10～15	＞15
80～84	＜10	10～15	＞15	＜9	9～14	＞14
85～89	＜8	8～14	＞14	＜8	8～13	＞13
90～94	＜7	7～12	＞12	＜4	4～11	＞11

測驗區：手臂蜷舉測驗（上半身的肌力和肌耐力）

所需設備

馬表、直背椅子（類似座椅起立測驗中的椅子）以及選定好重量的啞鈴。

圖15.5　　手臂蜷舉測驗

1. 這個測驗的目標是在30秒內慣用側（或者力氣較大的一側）的手臂要盡力做最多次手臂彎曲。
2. 坐在椅子上，手握啞鈴，掌心面向身體，雙臂下垂在椅子旁。
3. 上臂緊靠身體，只讓下臂能活動（檢測人員可協助上臂靠緊）。
4. 彎曲手臂至關節最大活動範圍，逐漸將掌心朝上（彎曲同時旋後）。
5. 在控制下放低手臂至起始位置。
6. 在30秒內盡可能重複此動作。

表15.5可作為分級標準依此標準檢視受試者的測驗結果，也可將它當成基準與日後的測驗結果做比較。

表15.5	手臂蜷舉測驗分級表					
年齡層	男性測驗結果			女性測驗結果		
	低於平均	平均	高於平均	低於平均	平均	高於平均
60～64	<16	16～22	>22	<13	13～19	>19
65～69	<15	15～21	>21	<12	12～18	>18
70～74	<14	14～21	>21	<12	12～17	>17

75〜79	<13	13〜19	>19	<11	11〜17	>17
80〜84	<13	13〜19	>19	<10	10〜16	>16
85〜89	<11	11〜17	>17	<10	10〜15	>15
90〜94	<10	10〜14	>14	<8	8〜13	>13

測驗區：6分鐘步行測驗（攝氧能力）

所需設備

捲尺、圓錐路障、馬表、椅子

在這測驗中需要有一塊周長50公尺（20公尺 × 5公尺）的平坦場地，並在四個角以圓錐路障標示，如下圖。務必在場內定點擺放椅子，讓受試者在需要時可休息。

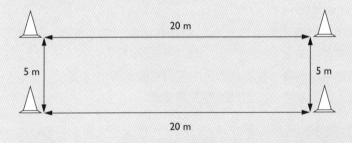

1. 受試者在起點（選定其中一個圓錐路障）排隊等候。
2. 受試者聽候指示在6分鐘內沿著四周盡力快步走，不要太勉強也不可用跑的。
3. 時間一到受試者立即停止，接著測量他們行走的距離四捨五入至公尺整數化。

這個測驗沒有標準的分級表可比對，測量出的數據可作為日後追蹤測試的基準以檢視是否有進步。

測驗區：柔軟度（背部彎曲、側面彎曲和伸展）

所需設備

捲尺

腰部彎曲（參見圖15.6a）

1. 在地板上站直，雙手自然垂放在身體兩側。
2. 身軀盡可能往前彎，雙腿打直，手盡量伸向地板。
3. 檢測人員測量手指尖到地面的垂直距離。

腰部伸展（參見圖15.6b）

1. 在地板上站直，雙手自然垂放在身體兩側。
2. 身軀盡可能往後彎，雙腿打直。
3. 掌心向前，手臂自然垂下與地面垂直。
4. 測量手指尖到地面的垂直距離。

側腰彎曲（參見圖15.6c）

1. 在地板上站直，雙手自然垂放在身體兩側，掌心向內。雙腳分開與臀部同寬。
2. 身軀盡可能側彎，雙腿打直，手臂垂直盡量伸向地面。
3. 檢測人員測量手指尖到地面的垂直距離。

圖15.6a　腰部彎曲　　　圖15.6b　腰部伸展　　　圖15.6c　側腰彎曲

測驗區：坐姿體前彎（大腿後側肌群和下背部柔軟度）

所需設備

坐姿體前彎測量箱、或者長凳和尺

測驗方法

圖15.7　坐姿體前彎測驗

1. 測驗前先讓受試者充分暖身並做伸展活動。
2. 受試者的雙腿伸直（脫鞋），雙腳抵住測量箱的垂直面。
3. 雙手交疊（掌心向下、手臂伸直、手指伸直），受試者身軀盡量向前彎，手部沿著測量箱的量尺往前伸。
4. 記錄手指碰觸的最遠距離。
5. 受試者雙手維持交疊，別讓其中一隻手突出。

表15.6可作為分級標準依此標準檢視受試者的測驗結果，或者當成基準比較日後追蹤測驗時是否有進步。

表15.6	坐姿體前彎分級標準				
性別	極佳	優於平均	平均	低於平均	不佳
男性	≧18公分	6～17公分	0～5公分	-8到-1公分	≦-9公分
女性	≧21公分	11～20公分	1～10公分	-7到0公分	≦-8公分

假如受試者無法坐在地板上，則可採用修改版的坐姿體前彎測驗。兩種測驗法都要求受試者維持最後一個姿勢2秒鐘，測量數值四捨五入至公分整數化。

　　坐椅體前彎測驗是傳統坐姿體前彎測驗的改良版，也是用來檢驗大腿後側肌群和下背部的柔軟度。這個測驗對不方便坐在地板上的人來說很有用。

測驗區：座椅體前彎（大腿後側肌群和下背部柔軟度）

所需設備

　　尺、直背椅或折疊椅（高約44公分）

測驗方法

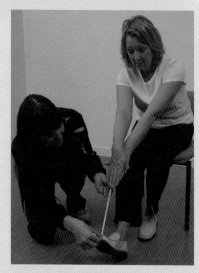
圖15.8　座椅體前彎測驗

1. 坐在椅子前緣，一隻腳踩在地面。另一隻腳向前伸直，膝蓋不可彎曲，腳跟著地（腳踝彎曲90度）。
2. 雙手交疊，中指指尖對齊。
3. 吸氣，吐氣時慢慢前傾伸向腳尖。保持背部挺直，頭抬高，維持前伸姿勢2秒鐘。
4. 測量指尖到腳尖的距離，四捨五入至公分整數化。
5. 假如指尖碰觸到腳尖，數值是零；若指尖碰觸不到腳尖，測量之間的距離（數值為負數）；要是超過，則測量超過的距離（數值為正數）。這些數值都四捨五入至公分——可以是正數或是負數。

　　表15.7可作為分級標準依此標準檢視受試者的測驗結果，或者當成基準比較日後追蹤測驗時是否有進步。

表15.7	座椅體前彎測驗分級表					
	男性測驗結果			女性測驗結果		
年齡層	低於平均	平均	高於平均	低於平均	平均	高於平均
60～64	<-5	-5到8	>8	<-1	-1到10	>10
65～69	<-6	-6到6	>6	<-1	-1到9	>9
70～74	<-7	-7到5	>5	<-2	-2到8	>8
75～79	<-8	-8到4	>4	<-3	-3到7	>7
80～84	<-11	-11到3	>3	<-4	-4到6	>6
85～89	<-11	-11到1	>1	<-5	-5到5	>5
90～94	<-13	-13到1	>1	<9	-9到2	>2

○ 平衡

　　像踮腳尖單足站立測驗（stork stand test）之類的靜態平衡測驗是很常用的平衡測試法，而且適用於各個健康族群。這些測驗都可稍加修改用來測試在特定情況下年長者的平衡能力，例如減少底部支撐且眼睛張開或閉著。例如：雙腳併攏；單腳往前伸半個腳掌長；一腳在前一腳在後，腳尖接腳跟。

　　這種測驗通常是測量受試者最長能保持站姿多久，然而視受試者的情況可在一段時間之後喊停。

測驗區：踮腳尖單足站立（靜態平衡）

所需設備

椅子、馬表

測驗方法

1. 舒適的站在地上，雙手插腰。
2. 屈起一隻腳，腳趾抵住另一腳的膝蓋。
3. 聽到指令開始踮起腳尖。
4. 檢測人員開始計時，受試者盡可能維持平衡，不讓腳跟觸地或讓另一隻腳離開膝蓋。換腳測試。

圖15.9　踮腳尖單足站立

注意：由於這個測驗有跌倒的風險，因此建議勿將測驗結果與任何分級標準做比對，而是單純當成基準方便日後追蹤測驗時做比較。

表15.8	老年人運動和活動的好處
生理上的益處	心理上的益處
• 控制高血壓 • 降低血壓 • 降低血脂 • 維護動脈彈性 • 改善活動功能	• 改善心理健康 • 減輕焦慮 • 提升自尊 • 增加自信 • 改善認知功能 • 延緩記憶流失

>> 體力活動的好處

上了年紀之後想改善或者只是維持健康，無論何種形式的體力活動都很重要。一般公認規律的體力活動對生理和心理都有很大的助益（參見附表15.8），有助於個人繼續獨立自主生活下去。

○ 對有氧適能的益處

大家有個錯誤的觀念，認為年紀大了之後體適能只會日漸衰微。其實任何年紀的人都可以改善其攝氧能力，即使有慢性呼吸毛病的人也一樣。有氧型態的活動適合各年齡的年長者，只要開始時將標準定得比平常習慣稍微高一些即可。

○ 對肌力和爆發力的益處

目前一般認同肌力大約以每10年降低10%的速度流失，到了80歲時降幅達高達60%。因此年長者藉助外在的啞鈴或靠自身重量（阻力運動）規律做肌力訓練其成效不可低估，因為研究證實它能非常有效的提升或就只是維持肌力，縱使年紀很大的人也一樣。例如Narici（2000年）的研究，年長者每星期做2到3次負荷量為1RM的65%以上的運動（1RM＝最大重複量為1，只能承擔舉起一次的最大重量），結果顯示肌力進步顯著，情況類似年輕人。就像有氧適能一樣，只要按部就班進行阻力訓練計畫，任何年紀的人都可以改善其肌力。除了增進肌力之外，附帶的結果是骨質密度和休息代謝也會增加，如同先前提過的，這將有助於個人從事日常生活的活動。

○ 對柔軟度的益處

因柔軟度變差而導致活動程度降低會引發許多負面影響，例如睡眠剝奪、功能性體能下降以及器官功能降低。最理想的情況是，每天都能伸展到所有主要的

肌群，不過就如之前有氧適能提及的，在開始做柔軟運動時可將標準定得比平常習慣的稍微高一些。

○ 對憂鬱的助益

很多研究都證明體力活動有助於年長者增進情緒上和精神上的安適感。例如有許多研究案例顯示，體力活動跟減輕年長者的慢性或非慢性憂鬱有關，此外還有助於降低焦慮和振奮心情（即使體適能程度並沒有改善）。涵蓋體力活動的復健計畫對年長者的情緒功能和心理健康有正面效益。或許其中一個主要的心理效益是跟年長者本身還罹患其他毛病有關。舉例來說，根據Kugler等人（1994年）、Mock等人（1997年）和Carrieri-Kohlman等人（1996年）等人的研究顯示，對於那些進行心臟復健、罹患慢性阻塞性肺部疾病、乳癌、骨關節炎的年長病人，體力活動能夠發揮輕度至中度舒緩焦慮和憂鬱症狀的效果。

○ 對認知功能的益處

認知或者認知思考是屬於「心理學上」的一個領域。簡單一句話，認知就是指思考。認知功能涵蓋了迅速又精確的反應、工作記憶和多工處理等範疇，它們都會因年紀大而變差使得年長者深感痛苦。針對這方面的研究很少，不過確實有研究顯示體力活動至少能夠改善年長者部分的認知功能。例如Boutcher（2000年）的研究顯示，那些有氧適能程度較佳以及活動度較高並參與競技運動的人，更能勝任處理認知工作。不過要提醒，並非所有研究都發現有這種改善情形，譬如Biddle and Faulkner（2002年）和 Etnior等人（1997年）的研究就沒有。然而更新的研究如Colcombe and Kramer（2003年）則顯示，諸如短期記憶、做決定和快速思考等處理程序都會受惠於運動訓練。

◎ 對失智和阿茲海默症的益處

本章稍早提過，人老了之後罹患失智和阿茲海默症等疾病的風險增高。有些長期研究顯示，規律的體力活動或許對這些老人健康問題有所助益。舉例來說，McDowell（2001年）、Laurin等人（2001年）和Schuit等人（2001年）的研究證明高度的體力活動降低了罹患阿茲海默症和失智的風險。另一個值得關注的是由Yaffe等人（2001年）所做的研究，在此研究中65歲以上且體力活動程度較高的婦女在6至8年的追蹤期間，其認知功能退化的可能性，低於那些體適能程度較差的婦女。

◎ 對日常生活功能的益處

保持身體活動自如對年長者來說極為重要，這有助於他們維持獨立自主。日常生活的活動對老人而言是最重要的一環。若能夠不必太依賴別人便能自行活動，譬如走路到附近商店、參加團體聚會以及日常散步等等，這絕對可以促進跟社會團體的互動。雖然沒什麼直接的證據可支持，但坊間的經驗是體力活動課程通常對社交有正面裨益，年長者也不例外。

≫ 體力活動指導原則

體力活動課程的目標應該定在減緩年長者身體機能退化以及社會功能障礙。重點應該擺在改善執行日常活動的能力，因為規律的身體活動就會產生許多正面效益。

表15.9	久坐不動長者的體力活動指導原則	
	有氧訓練	肌力訓練
方式	• 走路、踩腳踏車和水中活動比較適合那些不太能承受負重運動的人	• 或許先採用徒手訓練和訓練繩再進展到重量訓練
強度	• 達到個人可承受的強度	• 增加重複次數達到超負荷，其次才漸增強度
持續時間	• 每次20～30分鐘 • 增加持續時間而非強度 • 和緩漸進	• 最大重複量12～15 RM，2～3組 • 運動間隔休息1～2分鐘
頻率	• 每週3～5天	• 每週2～3次 • 鼓勵做其他形式的運動
注意事項	• 不時檢視學員反應並使用運動自覺量表	• 避免讓肌肉疲勞 • 平衡上半身與下半身

一般的注意事項
• 設定目標要謹慎，通常是把步調定得比較和緩。
• 詢問學員的反應是否有肌肉痠痛的情形，尤其是沒經驗的人。
• 運動過後最好能休息放鬆。
• 考量學員可能會有的各種狀況。

　　功能性活動絕對應該納為整體活動計畫的一環。要一一列出功能性活動的細目可能沒完沒了，而且得看個人的需求而定。然而之前也提過，許多常見的動作或活動都可歸類為具有功能性質，因為在日常生活或事務中都會運用到。本章結尾的附錄一精選了幾項對各年齡的長者都很管用的功能性活動，不過多半是針對很少運動或是體適能程度不佳的人。所有的活動都不需用到任何設備。如果把設備加進來（例如阻力帶或泡綿墊）那更是多到不勝枚舉。建議最好是從鬆動術

運動（mobilisation exercise）做起先活動關節，才好做接下來的活動。行走運動（ambulation）是指身體從一處由不同方向移往另一處的運動方式。乍聽之下是筆直前進，但你可以自問「我有多久沒試過後退走或橫著走？」平衡運動可以分開另外做，或者選在肌力運動之前做，因為肌力運動會讓肌肉疲勞因而影響到平衡運動。

訂出運動頻率、持續時間、組數、重複量等相關的指導原則有其困難，就如同其他健康族群一樣年長者的個別程度也差異很大。基於這個理由，每項運動都該依照個人能負荷的程度訂出底線，並以此作為運動計畫的起始基準。不過要記住此健康族群的運動計畫進度必須定得非常和緩。

⭕ 年長者的行走運動

以腳跟站立和以腳跟走路

1. 有人攙扶著以腳跟站立
   （圖15.10a）。
2. 無人攙扶獨立以腳跟站立。
3. 有人攙扶下以腳跟向前直走
   （圖15.10b）。
4. 無人攙扶獨立以腳跟向前直走。

圖15.10a　　　　　　圖15.10b
有人攙扶著以腳跟站立　　有人攙扶下以腳跟行走

以腳尖站立和以腳尖走路

1. 有人攙扶著以腳尖站立
   （圖15.11a）。
2. 無人攙扶獨立以腳尖站立。
3. 有人攙扶下以腳尖向前直走
   （圖15.11b）。
4. 無人攙扶獨立以腳尖向前直走。

圖15.11a　　　　　　圖15.11b
有人攙扶著以腳尖站立　　有人攙扶下以腳尖行走

多方向直線行走

1. 有人攙扶下向前直走。
2. 無人攙扶獨立向前直走。
3. 有人攙扶下筆直後退
   （圖15.12a）。
4. 無人攙扶獨立筆直後退。
5. 有人攙扶下筆直的往左邊及右
   邊走（圖15.12b）。無人攙扶
   獨立往左邊及右邊直走。

圖15.12a
有人攙扶下往後退

圖15.12b
有人攙扶下往側邊走

走階梯

1. 在有人攙扶下一腳踏上階梯，
   另一腳碰觸階梯後退回。換腳
   重複此動作（圖15.13a）。
2. 換腳踏上階梯，另一腳碰觸階
   梯後退回。換腳重複此動作，
   但這次無人攙扶得獨立完成。
3. 由人攙扶著一腳一個階梯逐步
   往上。
4. 換另一腳開始，自己獨立一腳
   一個階梯逐步往上。
5. 由人攙扶著一腳踏下階梯，另
   一腳碰觸階梯後退回。換腳重
   複此動作（圖15.13b）。

圖15.13a
踏上、碰觸、退回

圖15.13b
踩下、碰觸、退回

6. 自己獨立著換腳踏下階梯，另一腳碰觸階梯後退回。換腳重複此動作。
7. 由人攙扶著一腳一個階梯逐步往下。
8. 換另一腳開始，自己獨立一腳一個階梯逐步往下。

○ 年長者的鬆動術運動

肩膀鬆動術
（坐著或站立）

1. 前後擺動雙臂（輪流或同時），在控制下做到最大關節活動範圍（圖15.14a）。
2. 雙臂伸向左右兩側擺動，在控制下做到最大關節活動範圍，接著移回雙臂在身前交叉（圖15.14b）。
3. 假如採站姿，移動雙腳的位置（雙腳寬立、雙腳窄立、雙腳一前一後）。

圖15.14a
手臂擺動向前

圖15.14b
手臂側面擺動

軀幹鬆動術
（坐著或站立）

1. 雙手插腰轉動上半身，以手肘前導。左右兩邊都要轉動，盡量保持臀部不動（圖15.15a）。
2. 雙手插腰上半身向前彎，下半身不動，然後回復挺直姿勢。
3. 雙手插腰上半身側彎，臀部固定不動。換另一側（圖15.15b）。

圖15.15a
轉動軀幹

圖15.15b
軀幹側彎

骨盆鬆動術

1. 坐直骨盆向前傾（圖15.16a），
   再向後傾（圖15.16b）。
2. 輪流抬高臀部左右兩邊，將臀
   部移進椅子內緣。
3. 骨盆以轉動方式轉圈（左右兩
   個方向都要）。
4. 站立膝蓋稍微彎曲，重複1到3
   的步驟。

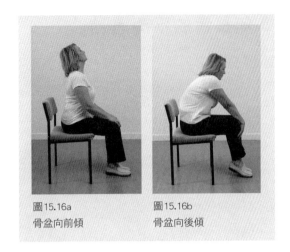

圖15.16a
骨盆向前傾

圖15.16b
骨盆向後傾

腳部和腳踝鬆動術
（坐著或站立）

1. 將腳跟保持著地朝前方伸
   出，再將腳往後拖回。（圖
   15.17a）。
2. 重複上述動作，但腳跟懸空。
3. 腳跟著地，腳掌轉圈圈。換腳
   做。
4. 重複上述動作，但腳跟懸空
   （圖15.17b）。

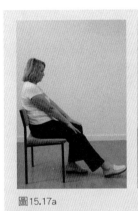

圖15.17a
腳朝前，腳跟著地

圖15.17b
腳踝轉圈，腳跟懸空

▶ 279

◎ 年長者的平衡運動

單腳站立

1. 單腳站立，有人扶著。
2. 自己單腳站立，無人攙扶（圖 15.18a）。
3. 單腳站立並且閉上眼睛，有人 扶著。
4. 自己單腳站立並且閉上眼睛， 身旁有人監護。
5. 單腳站立，手握物品，需有人 扶著。

圖15.18a
單腳站立，無支撐

圖15.18b
單腳站立，手握物品，
閉上眼睛

6. 自己單腳站立，手握物品，無 人攙扶（圖15.18b）。
7. 單腳站立，手握物品且閉上眼睛，有人扶著。
8. 自己單腳站立，手握物品且閉上眼睛，無人攙扶

走平衡木

1. 沿著直線慢速向前走，有人扶 著（圖15.19a）。
2. 沿著直線慢速向前走，暫無人 攙扶。
3. 閉上眼睛慢速向前直走，有人 扶著。
4. 自己閉上眼睛慢速向前直走， 但身旁一定要有人監護（圖 15.19b）。

圖15.19a
向前走，有人扶著

圖15.19b
閉上眼睛自己向前走，
無人攙扶

○ 年長者的肌力運動

從椅子上站起（使用穩固的椅子，最好是可調整的）

1. 坐在椅子上借助扶手使力站起來，有人扶著（圖15.20a）。
2. 坐在椅子上借助扶手使力自己站起來，無人攙扶。
3. 坐在椅子上不靠扶手站起來，有人扶著（圖15.20b）。
4. 坐在椅子上不用扶手自己站起來，無人攙扶。

圖15.20a
撐著扶手站起來，有人扶著

圖15.20b
不靠扶手站起來，有人扶著

坐到椅子上（使用穩固的椅子，最好是可調整的）

1. 從站立姿勢借助扶手穩住身體，慢慢的彎身坐下，有人扶著（圖15.21a）。
2. 從站立姿勢借助扶手穩住身體，自己慢慢彎身坐下，無人攙扶。
3. 從站立姿勢不靠扶手，慢慢的彎身坐下，有人扶著（圖15.21b）。
4. 從站立姿勢不靠扶手，自己慢慢彎身坐下，無人攙扶。

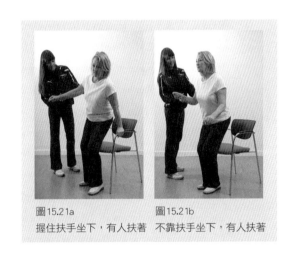

圖15.21a
握住扶手坐下，有人扶著

圖15.21b
不靠扶手坐下，有人扶著

【延伸閱讀】

- American College of Sports Medicine (2009a) ACSM's exercise management for persons with chronic diseases and disabilities (3rd edn). Champaign, IL: Human Kinetics

- American College of Sports Medicine (2009b) ACSM's guidelines for exercise testing and prescription (8th edn). London: Lippincott Williams & Wilkins

- Audit Commission (2004) Older people. Independence and well-being. The challenge for public services. London: Audit Commission

- Audit Commission (2008) Don't stop me now. Preparing for an ageing population. London: Audit Commission

- Bassey, E.J., Fiatarone, M.A., O'Neill, E.F., Kelly, M., Evans, W.J. & Lipsitz, L.A. (1992) Leg extensor power and functional performance in very old men and women. Clinical Science, 82: 321-327

- Benvenuti, E., Bandinelli, S., Di Iorio, A., Gangemi, S., Camici, S. & Lauretani, F. (2000) Relationship between motor behaviour in young/middle age and level of physical activity in late life. Is muscle strength the causal pathway? In: Capodaglio, P. & Narici, M.V. (eds) Advances in rehabilitation. Pavia, Italy: PI-ME Press, 17-27

- Bernard, M. (2000) Promoting health in old age: Critical issues in self health care. Buckingham: Open University Press

- Biddle, S. & Faulkner, g., (2002) Psychological and social benefits of physical activity. In: Chan, K.M., Chodzko-Zajko, W., Frontera, W. & Parker, A. (eds) Active ageing. Hong Kong: Lippincott Williams & Wilkins Asia Ltd, 89-164

- Bouchard, C., Shephard, R.J. & Stephens, T. (1994) Physical activity, fitness and health. Champaign, IL: Human Kinetics

- Boutcher, S.H. (2000) Cognitive performance, fitness and ageing. In: Biddle, S.J.H., Fox, K.R. & Boutcher, S.H. (eds) Physical activity and psychological well-being. London: Routledge, 118-129

- Carrieri-Kohlman, V., Gormley J.M., Douglas, M.K., Paul, S.M. & Stulbarg, M.S. (1996) Exercise training decreases dyspnea and the distress and anxiety associated with it. Monitoring alone may be as effective as coaching. Chest, 110:1526-1535

- Chu, L.W., Pei, C.K., Chiu, A., Liu, K, Chu, M.M., Wing, S. & Wong. A. (1999) Risk factors for falls in hospitalized older medical patients. Journals of Gerontology Series A. Biological Sciences and Medical Sciences, 54: M38-M43

- Colcombe, S. & Kramer, A.F. (2003) Fitness effects on the cognitive function of older adults: A meta-analytic study. Psychological Science, 14: 125-130

- Department of Health (2001) National service framework for older people. London: HMSO

- Department of Health (2005a) Everybody's business: integrated mental health services for older adults: A service development guide. London: HMSO

- Department of Health (2005b) Choosing activity: A physical activity action plan. London: HMSO

- Department of Health (2005c) Securing better mental health as part of active ageing. London: HMSO

- Etnier, J.L., Salazar, W., Landers, D.M., Petuzzello, S.J., Han, M. & Nowell, P. (1997) The influence of physical fitness and exercise upon cognitive functioning: A meta nanlysis. Journal of Sport and Exercise Psychology, 19: 249-277

- Faber, M.J., Bosscher, R.J., Chin A Paw, M.J. & van Wieringen, P.C. (2006) Effects of exercise programs on falls and mobililty in frail and pre-frail older adults: A multicenter randomized controlled trial. Archives of Physical Medical Rehabilitation, 87: 885-896

- Finch, H. (1997) Physical activity 'at our age' . Qualitative research among people over the age of 50. London: Health Education Authority

- Fitzgerald, M.D., Tanaka, H., Tran, Z.V. & Seals, D.R. (1997) Age-related declines in maximal aerobic capacity in regularly exercising vs sedentary women: A meta-analysis. Journal of Applied Physiology, 83: 160-165

- Frontera, W.R., Hughes, V.A., Lutz, K.J. & Evans, W.J. (1991) A Cross-sectional study of muscle strength and mass in 40- to 78-yr-old men and Women. Journal of Applied Physiology, 71: 644-650

- Health Promotion England (2001) Older people and physical activity. Physical education factsheet. London: Health Promotion England

- Jones, C.J. & Rikli, R.E. (2002) Measuring functional fitness of older adults. Journal on Active Ageing, 1: 24-30

- Jones, C.J., & Rikli, R.E., Max, J. & Noffal, G. (1998) The reliability and validity of a chair sit and reach test as a measure of hamstring flexibility in older adults. Research Quarterly for Exercise and Sport, 69: 338-343

- Jones, C.J., & Rikli, R.E., & Beam, W.C. (2000) A 30-s chair-stand test to measure

Oower body strength in community-residing older adults. Journal of Ageing and Physical Activity, 8: 85

- Kugler, J., Seelbach, H. & Kruskemper, G.M. (1994) Effects of rehabilitation exercise programmes on anxiety and depression in coronary patients: A meta-analysis. British Journal of Clinical Psychology, 33: 401-410

- Latham, N.K., Bennett, D.A., Stretton, C.M. & Anderson, C.S. (2004) Systematic review of progressive resistance strength training in older adults. Journal of Gerontology Series A Biological Sciences and Medical Sciences, 59: M48-M61

- Laurin, D., Verreault, R., Lindsay, J., MacPherson, K. & Rockwood, K. (2001) Physical activity and risk of cognitive impairment and dementia in edderly persons. Archives of Neurology, 58: 498-504

- McAuley, E., Kramer, A.F. & Colcombe, S.J. (2004) Cardiovascular function on older adults: A brief review. Brain, Behavior and immunity, 18: 214-220

- McDowell, I. (2001) Alzheimer's disease: Insights from epidemiology. Ageing, 13: 143-162

- Merchant, J., Griffin, B.L. & Charnock, A. (2007) Sport and physical activity: The role of health promotion. Basingstoke: Palgrave Macmillan

- Mertz, K.J., Lee, D.C., Sui, X., Powell, K.E. & Blair, S.N. (2010) Falls among adults: The association of cardiorespiratory fitness and physical activity with walking related falls. American Journal of Preventative Medicine, 39(1): 15-24

- Mock, V., Dow, K.H., Meares, C.J., Grimm, P.M., Dienemann, J.A., Haisfield-Wolfe, M.E., Quitasol, W., Mitchell, S., Chakravarthy, A. & Gage, I. (1997) Effects of exercise on fatigue, physical functioning, and emotional distress during radiation therapy for breast cancer. Oncology Nursing Forum, 24: 991-1000

- Narici, M.V. (2000) Structural and functional adaptations to strength training in the elderly. In: Vspofshlio, P. & Narici, M.V. (eds) Advances in rehabilitation. Pavia, Italy: PI-ME Press, 55-60

- Pendergast, D.R., Fisher, N.M. & Calkins, E. (1993) Cardiovascular, neuromuscular and metabolic alterations with age leading to frailty. Journal of Gerontology, 48: 61-67

- Rikli, R.E. & Jones, C.J. (1997) Assessing physical performance in independent older adults: Issues and guidelines. Journal of Ageing and Physical Activity, 5:244-261

- Rikli, R.E. & Jones, C.J. (2001) Senior fitness test manual. Champaign, IL: Human Kinetics

- Roubenoff, R. & Hughes, V.A. (2000) Sarcopenia: Current concepts. Journal of Gerontology Series A, Biological Sciences and Medical Sciences, 55: M716-M724

- Rózanska-Kirschke, A., Kocur, P., Wilk, M. & Dylewicz, P. (2006) The Fullerton Fitness Test as an index of fitness in the elderly. Medical Rehabilitation, 10(2):9-16

- Schuit, A.J., Feskens, E.J., Launer, L.J. & Kromhout, D. (2001) Physical activity and cognitive decline, the role of the apolipoprotein e4 allele. Medicine and Science in Sports and Exercise, 33: 772-777

- Skelton, D.A. & McLaughlin, A.W. (1996) Training functional ability on old age. Physiotherapy, 82(3): 159-167

- Skelton, D.A., Young, A., Greig, C.A. & Malbut, K.E. (1995) Effects of resistance training on strength, power, and selected functional abilities of women aged 75 and older. Journal of the American Geriatrics Society. 43: 1081-1087

- UK Inquiry into Mental Health and Well-being in late life (2006) Promoting mental health and well-being in later life. London: Age Concern and Mental Health Foundation

- Yaffe, K., Barnes, D., Nevitt, M., Lue, L.Y. & Covinsky, K. (2001) A prospective study of physical activity and cognitive decline in elderly women: Women who walk. Archives of Internal Medicine, 161: 1703-1708

失能（身心障礙）與包容

16

重　點

- 根據英國身心障礙者歧視防制法案，可定義為「失能」的人在英國約有 960萬（約占英國總人口數的15%）。
- 在英國40%的失業人口是屬於身心障礙者。
- 心理健康問題已經成為英國最普遍的請假理由，每一年10個上班族中就 有3個深受壓力或心理健康相關的問題所苦。
- 有心理健康問題困擾的人中21%是在職場裡。
- 世界衛生組織估計到了2020年憂鬱將成為全球第二大導致失能的原因。
- 大約17%的學習障礙者有就業。
- 在英國有學習障礙的人其總數約為150萬。
- 每一年誕生的學習障礙新生兒約有200名。
- 10個學習障礙者中有9個曾遭霸凌。
- 身心障礙者中需要坐輪椅的人不到8%。
- 在英國約有900萬人聽不見或重聽。
- 不管是生理或心理有障礙的人，體力活動都對他們有正面的助益。

>> 怎麼一回事？

　　在這個章節中必須先釐清兩個詞彙，因為在為此特殊族群提供體力活動服務上它們是相關的。所以有必要先敘述「身心障礙」或稱「失能」（disability）和「包容」（inclusion）。

○ 失能

　　「disability」是經常引發爭議又很難界定清楚的詞彙之一。其中一個原因是在不同的範疇中它的定義也有差別，譬如在醫學領域及社會領域中。以醫學領域為例，某人生下來是所謂的「殘障」，例如唐氏症或腦性麻痺，或者因為生病、慢性疾病導致殘障，或是因受傷而造成。另外在醫學領域中，憂鬱、失智、精神分裂症等精神問題也常被人認定是一種殘障。然而依據社會領域的定義：某人不「適合」因而認定為失能。不管是在哪種定義或範疇中，其所指的形式、嚴重性和持續性常有很大的差異。舉例來說，失能可指某人行走、視力、聽力、理解或說話有障礙。就是因為差異極大，因而必須了解每個失能個案都不同，即便是同一個類型的失能對個人的影響也不盡相同。因此最好是將定義擺在一邊，焦點集中在失能者能做什麼，而不是侷限因某種身心狀況帶來的限制。根據英國身心障礙運動聯合會的資料，在英國具有某種程度的失能或傷殘，符合身心障礙者歧視防制法案「失能」（disabled）定義的人大約有800萬至1200萬人。至於在提供競技運動或健身服務方面，2005年身心障礙者歧視防制法案定有一些準則，以及這領域相關的規範。

○ 包容

　　包容（inclusion，或譯為融合）這詞彙使用得越來越普遍，特別是在學校和運動俱樂部。它的意思就是指創造出便利、安全又能獲得支持的環境，讓任何年

齡、性別和能力的人都可輕鬆參與其中。身心障礙者經歷過很多無形的藩籬，例如別人的負面態度、不理解或溝通困難的處境。這類藩籬根本不應該存在，在很多方面只要稍微努力一下就可以確保所有的人都有相同的機會參與體力活動。一些簡單的措施其實不難實現，像是提供必要的改造設備（包括可輕易使用的健身、競技運動或消遣娛樂設備）讓身心障礙者能完全參與。若指導運動課程的教練明白怎麼使特殊器材以及如何調整活動以配合身心障礙者，也會很有幫助。

○ 專業術語

提到有關失能，大家自以為使用正確的專業術語其實常常都搞混了。所以刻意「看人說話」經常會讓人產生困惑造成尷尬場面，因此建議要是不確定該用哪個專業術語，最簡單的辦法就是乾脆直接問身心障礙者他們偏好使用的詞彙。表16.1列舉了一些目前較常使用的各種失能相關用語。

很遺憾當今社會對失能者還是存有很多誤解。許多錯誤的觀念並非基於事實，通常只是因為缺乏理解或者遭到忽視，而這才是問題的核心。直到最近的20或30年前，一般大眾鮮少有管道可獲得特定的身心障礙資訊。可是今日的狀況完全改觀，宣導和資訊的數量龐大而且可以輕易取得。表16.2舉出一些人們對失能者常有的誤解以及一般的實際情況。

表16.1	常用的失能相關用語
用語	說明
失能	泛指功能受限的統稱，個人的能力因而無法充分發揮，有可能是生理上、感官上或心理上的問題
非障礙	之前的用語是身體健全
障礙	強加諸於個人生理上或觀念上的束縛，無論此人是否為失能者
半身不遂	身體的一側完全或部分麻痺

下半身癱瘓	下半身麻痺,包括部分或完全喪失雙腿功能
四肢麻痺	身體發生麻痺,雙手與雙腿的功能完全或部分喪失
唐氏症	染色體異常通常會導致生理、智力和語言發展遲緩;經常導致智能不足;由於韌帶鬆弛也會有關節不穩的情形;「蒙古症」(mongol)是不妥的用語
聽力障礙	指聽覺功能完全或部分喪失;別說「聾子」而是用「失聰的人」
語言障礙	某種程度的語言問題造成說話有困難
腦性麻痺	腦部損傷導致運動和語言有困難;不再用「痙攣」(spasticity)來稱呼
額外需求	通常稱為特殊需求
學習障礙	某些神經性的疾病(例如閱讀障礙、書寫障礙、計算障礙)會影響到個人接收、詮釋和利用資訊的能力
心智障礙	精神障礙、遲緩、學習障礙和認知功能障礙
肌肉萎縮	影響肌纖維的一種狀況,會導致肌肉無力;到最後通常都得坐電動輪椅

表16.2	對失能常有的誤解
錯誤觀念	實際情形
失能代表不健康或不可能健康	失能者從事健康的活動也能獲致良好的健康狀況,就像平常人一樣
坐輪椅就意味著「被綁在輪椅上」	輪椅就像是腳踏車,它只是一種輔助器具可幫助人四處移動
你不該當面問對方失能的事	大部分失能者不介意回答任何問題
失能者總是需要幫忙	很多失能者都相當獨立,如果你願意伸出援手不妨直接問他們是否需要幫忙

⟫ 體力活動有什麼好處？

　　失能者通常比平常人更少活動，然而除了相同的健康風險之外，他們還有與本身失能有關的問題，例如疲勞、肥胖、缺乏自尊和社會隔絕。有大量證據證明失能者參與體力活動不僅可以促進身體健康（譬如心肺適能和肌力），同時有助於心理上的安適感（譬如自信、社會覺察和自尊）。換句話說，體力活動可以在失能者的生活中發揮重大影響，就如同對平常人那樣。在開始規劃體力活動計畫之前，最好都要先諮詢失能者本人找出可能受限制的地方。

⟫ 互動

　　對指導活動的指導員來說，調整活動的能力經常不是問題所在。事實上，問題通常發生在與失能者的溝通上。雖然失能的種類繁雜不勝枚舉，但為了簡化起見指導員還是可以將它們大致分類，譬如包括：坐輪椅者；聽覺、語言或視覺障礙以及學習障礙。下列針對各類別的指導原則應該會有所幫助。

○ 坐輪椅者

　　對坐輪椅的人最常有的誤解之一是，只有行動不方便的人才坐輪椅。你只要到附近的運動中心看一眼就會發現，非失能者也坐在輪椅上做不同的運動。

坐輪椅者：互動原則
- 個人的用具譬如輪椅，就是屬於他的私人空間。
- 不要碰觸對方身體或用具，除非應對方要求或先開口詢問。
- 與坐輪椅的人說話時，盡量能平視他們的雙眼但無需跪下。

- 假如遇上要坐汽車之類得離開輪椅的時候，將輪椅放在容易取得的地方。
- 提醒學員要不時喝水，因為時常會發生身體過熱的情形。
- 鼓勵學員時常變換坐姿，因為血液循環或許不佳。

根據統計資料整體身心障礙者中坐輪椅的人不到8%。坐著輪椅運動可追溯到1940年代末期，在英國斯托克曼德市醫院國立脊髓損傷中心服務的已故德裔神經科醫師路德維希·古特曼（Ludwig Guttmann）爵士引進了運動作為病患復健的一環。1948年他籌辦了首屆的全國比賽，隨後演變為1960年在羅馬舉行的首次夏季帕拉林匹克運動會（Paralympic Games，意思為並行的比賽，也譯為殘障奧運）。如今古特曼成為舉世知名的帕拉林匹克運動會和殘障運動之父。

◎ 語言障礙

語言障礙跟一般人想的完全不同，它幾乎跟智力無關，所以在與他們互動時千萬要記住這一點。以中風的人為例，中風可能導致聽力嚴重受損或言語障礙，別人或許覺得難以和他們溝通。

語言障礙：互動原則
- 溝通時要有耐心。
- 不要代他們說話，讓他們從容回答。
- 有時簡短的問句（或所謂的「封閉性問題」──回答是或不是的問題）會是個好主意，讓他們只需簡短答覆或者以點頭或搖頭示意。
- 如果不了解別裝懂，誠實以對。

聽力障礙：互動原則

● 輕拍他們的肩膀或在他們面前揮手以引起他們注意。

● 確認對方偏好以手語、比手勢、書寫或說話來溝通。

● 直視對方，清楚且緩慢的說話。

● 以平常的語調說話。

● 假如周遭安靜，試著交談。

● 在室外時要面對陽光，在室內則要讓光線照到你的臉。

● 寫著注意事項的便條會很有用。不要一邊寫字一邊說話。

● 如果你實在搞不清楚，就讓對方知道你並不了解。

○ 聽力障礙

聽力障礙的程度差異極大。這一點顯而易見，因為此障礙可以是輕微的聽力受損乃至於「極重度耳聾」（其實就是指完全聽不見）。有些聽力輕微受損的人可能仰賴使用助聽器，其他人或許會靠讀話（唇語）、手語或合併使用兩種。根據英國身心障礙運動聯合會的資料，英國約有900萬人失聰或重聽。

○ 視力障礙

就如同聽力障礙一樣，視力障礙的程度差異也極大。有些人視力受損只需用鏡片矯正（眼鏡或隱形眼鏡），而其他人可能完全喪失視力。

視力障礙：互動原則

● 與視障者會面時總要表明你自己及他人的身分。

● 談話結束而你要離開時最好跟對方說一聲。

● 你想幫忙時可讓對方的手搭在你手臂上再引導他。

● 你請對方就坐時，將他的手擺在椅子的椅背或扶手上。

● 試著讓每次運動都保有一致性，如將器材放在同一個地點。

● 利用「時鐘方位」輔助指示室內的方向

● 在書寫或寫提醒便條時字體放大

至於完全喪失視力的人到底有多依賴他人協助日常活動則是因人而異，從使用拐杖到導盲犬或有照顧者協助差異很大。

○ 學習障礙

學習障礙的發生是因為大腦有外傷、感染、創傷、基因缺陷或發育問題而無法正常發育，或者因為說話和語言有困難而導致。「學習障礙」這字眼很不幸的經常成為一種「標籤」，但其實有此種狀況的人很普遍，因為根據統計英國約有150萬人有學習障礙，而每年出生的嬰兒中大約有200名是有學習障礙的。

學習障礙：互動原則

● 要有耐心並確認你真的了解。

● 使用精確簡單的言語。

● 四周雙方都看得到的物品請用言語稱呼。

● 試著用不同的方式表達相同的資訊。

● 假使你不確定對方的反應，用不同的方式再問一次。

● 指導時要一步一步來。

● 詢問對方在解說時希望用說的還是用寫的。

● 要不斷的提醒，例如不時喝水和擦防曬乳液。

此議題正快速引發人們關注，藉由大眾關注或許能降低其中的負面含意。根據英國身心障礙運動聯合會的資料，目前有17%的學習障礙者進入職場，不過令人憂心的是10個學習障礙者中就有9個曾遭到霸凌。

⏩ 體力活動的好處

　　體力活動所能帶給身心障礙者的好處涵蓋生理與心理。對於那些身體有障礙的人來說，即便肢體障礙確有影響，但體力活動對他們的助益幾乎就跟對平常人的沒兩樣。至於心理健康問題方面，根據英國身心障礙運動聯合會的統計顯示它們如今已成為英國上班族請假的最大理由，每年近乎3/10的受雇員工飽受壓力或心理相關的健康問題所苦。這是個相當重要的統計數字，想想21%有心理健康問題的人身在職場中，另外世界衛生組織預估到了2020年，憂鬱將成為全球第二大失能原因。雖然體力活動對心理健康問題能發揮何等效益還不清楚，但一般認為對大多數案例還是會有些正面效果。這看法支持美國運動醫學學會的觀點──憂鬱通常伴隨著失能，但體力活動可有效改善。

⏩ 活動準則

　　許多身心障礙者會定期參加競技運動或活動團體。就像所有人一樣，從事這些所活動都會涉及心肺耐力、肌力和肌耐力這些體適能的要素。舉例來說，現在有各種款式的運動用輪椅，例如自行車運動、長跑、籃球、網球甚至滑雪。顯然這些活動都需要鍛鍊特定的體適能要素。就促進心肺耐力來說，現在很多健身中心都配備有專為此目的而設計的訓練器材。至於肌力和肌耐力訓練，使用自由重量器材、阻

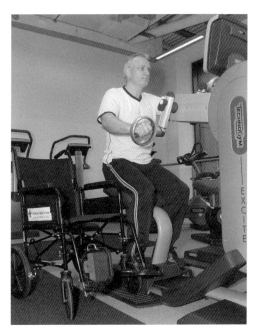

圖16.1　　手搖曲柄運動

力帶和重量訓練器材（在抬舉時具支撐功能）都有效。心血管運動和阻力運動的種類繁多，端看有什麼樣的器材可使用，不過還是有一些適合坐輪椅者採用的標準運動，而所需的器材在大多數的健身中心內都有。圖16.1至圖16.3敘述了其中一些適合的心血管運動。

○ 手搖曲柄運動

目前健身房中可用來做手搖曲柄運動心肺訓練機有多種不同類型。使用者坐在機器座椅上，用手臂轉動曲柄（有點像腳踏車的踏板）。

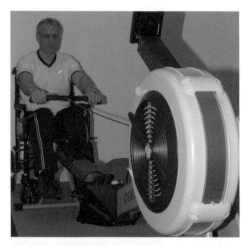

○ 划船運動

現在有些划船訓練機具有固定座椅的功能以方便使用。另外有些則設計為獨木舟式划槳的訓練機。

圖16.2　　划船運動

○ 輪椅競速

目前市面上已推出長途比賽專用的三輪輪椅，使用者可在加速的同時操控方向。

坐輪椅者利用阻力帶或自由重量器材所能做的阻力型運動形式多到不

圖16.3　　輪椅競速

可勝數。不過若要用到重量訓練器材，則得看你參加的健身中心設備如何。圖16.4至圖16.8敘述幾種很普遍但得用到特定器材的阻力運動，萬一沒有器材可用阻力帶替代。

○ 滑輪下拉

1. 目的是要運動到背部的大肌肉。坐在高拉滑輪訓練機（lat pull-down machine）前高舉手臂握住拉桿，或者將阻力帶綁在穩固地方。

2. 將拉桿或阻力帶往下拉至下巴高度。

3. 伸直手臂至起始點，隨時掌控好動作。

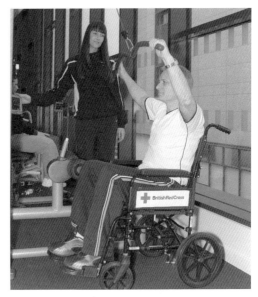

圖16.4　滑輪下拉

○ 胸部推舉

1. 目的是要運動到胸部的大肌肉。坐在長椅或胸部推舉訓練機上，握住手把或阻力帶。

2. 手臂往前伸到底。

3. 手臂回縮到起始點，要隨時掌控好動作。

4. 在起始時盡量讓雙手保持在視野週邊範圍內，以保護肩膀關節。

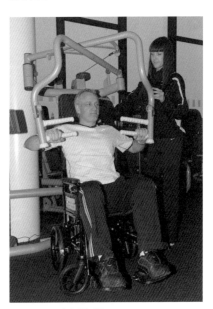

圖16.5　胸部推舉

⚪ 肩部推舉

1. 目的是要運動到肩部的肌肉。坐在肩部推舉訓練機上並握住手把,或者抓住穿過座位下方的阻力帶。
2. 將手臂高舉過頭。
3. 手臂回縮到起始點,要隨時掌控好動作。
4. 在起始時,盡量讓雙手上臂與地面平行。

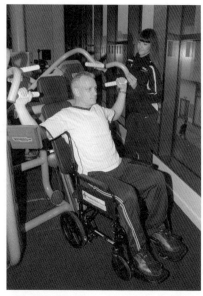

圖16.6　肩部推舉

⚪ 肱三頭肌下推

1. 目的是要運動到手臂後側的肌肉。坐在三頭肌伸展訓練機上並握住手把往下推壓,或者抓住固定在頭頂上方的阻力帶往下推壓。
2. 控制手臂動作回到起始點。

圖16.7　肱三頭肌下推

⊙ 肱二頭肌蜷舉

1. 目的是要運動到手臂前面的肌肉。
   坐在二頭肌訓練機上並握住手把或
   阻力帶，將它拉向臉部。
2. 控制手臂動作回到起始點。

若是不熟悉阻力訓練，特別是重量訓
練器材的人，以下是一些該遵守的通則。

- 在選擇適合的重量做運動之前，聽
  從合格指導員的建議。
- 有些機器的座椅可以拆卸，方便直
  接坐在輪椅上使用。
- 如果直接坐輪椅，確認當事人有妥
  善固定好。

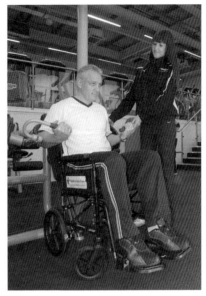

圖16.8　肱二頭肌蜷舉

- 若是使用阻力帶，在每項運動開始前都要確認阻力帶是緊繃的。市面上
  有多種不同厚度的阻力帶可供選擇。
- 對某些障礙者來說，要用手抓握常會是個難題。使用束帶或「功能性手
  套」（action gloves）應該會有幫助。
- 試著判定哪些肌肉無力，常見的有背闊肌、豎脊肌和斜方肌。

≫ 有什麼檢測？

目前並沒有專為身心障礙者設計的檢測，因為大多數現有的標準檢測就足以
因應，可依個別障礙類型決定。由於坐輪椅的人通常是下半身障礙，故一般會針
對體適能要素中的有氧能力做測試。

測驗區:坐輪椅者的體適能測驗

所需設備

馬表、圓錐路障、跑道或已知距離的一段路線

1. 在跑道上每50公尺放一個圓錐路障以方便測量。
2. 所有受試者排在起跑線上。
3. 受試者要在12分鐘內沿著跑道盡力快速轉動輪椅前進。
4. 測量前進距離以100公尺為單位。

比對表16.3確認體適能等級以及估計的攝氧量

表16.3	坐輪椅者的體適能分級表		
哩	公里	估計最大攝氧量（VCO_{2mex}）	體適能等級
<0.63	<1.01	<7.7	差
0.63〜0.86	1.01〜1.38	7.7〜14.5	低於平均
0.87〜1.35	1.39〜2.17	14.6〜29.1	普通
1.36〜1.59	2.18〜2.56	29.2〜36.2	佳
>1.59	>2.56	>36.2	極佳

多年來已經發展出各種不同的測驗方法,但Frankliln等人(1990年)研究報告中所設計出的測驗「輪椅者體適能測驗」(參見上頁)則是讓受試者坐著自己的輪椅做測驗。這個測驗可評估受試者的體適能程度並區分等級,然而它也可以當成基準方便日後追蹤進展。

【延伸閱讀】

- Active Living Alliance for Canadians with a Disability (1995) Moving to inclusion. Oxon Hill, MD: AAHPERD Publications (800-321-0789)

- BAALPE (1996) Physical education for children with special educational needs in mainstream education. Leeds: White Line Press

- De Pauw, K.P. & Gavron, S.J. (2005) Disability and sport. Champaign, IL: Human Kinetics

- Franklin, B.A., Swantek, K.I., Grais, S.L., Johnstone, K.S., Gordon, S. & Timmis, G.C. (1990) Field test estimaation of maximal oxygen consumption in wheelchair users. Archives of Physical Medical Rehabilitation, 71: 574-578

- Lammertse, D. (2001) Maintaining health long-term with spinal cord injuries. Topics in Spinal Cord Injury Rehabilitation, 6(3): 1-21

- Lockette, K. & Keys, A. (1994) Conditioning with physical disabilities. Champaign, IL: Human Kinetics

- Miller, P.D. (1995) Fitness programming and physical disability. Champaign, IL: Human Kinetics

- Peterson, P.A. & Quarstein, V.A. (2001) Disability awareness training for disability professionals. Disability Rehabilitation, 23(1): 43-48

- Potempa, K., Braun, L.T., Tinknell, T. & Popovich, J. (1996) Physiological outcomes of aerobic exercise training in hemi paretic stoke patients. Stroke, 21(4): 101-105

- Randazzo, D. & Corless, K. (1998) Activity for everyone: Children of all abilities in a regular physical activity program. Oxon Hill, MD: AAHPERD Publications

- Rimmer, J. & Hedman, G. (1998) A health promotion program for stoke survivors. Topics in Stroke Rehabilitation, 5(2): 30-44

- Rimmer, J.H. (1994) Fitness and rehabilitation programs for special populations. Dubuque, IA: WCB Brown & Benchmark

- Seaman, J.A. (1995) Physical best and individuals with disabilities: A handbook for inclusion in fitness testing. Reston, VA: AAHPERD Publications

- Sherrill, C. (1998) Adapted physical activity and sport (5th edn). Boston, MA: WCB McGraw-Hill

- Special Olympics International (1997) Fact sheet: Milestones. Washington, DC: Special Olympics International

- Wells, C. & Hooker, S. (1990) The spinal injured athlete. Adapted Physical Activity Quarterly, 7(3): 265-285
- Winnick, J.P. (2005) Adapted physical education and sport. Champaign, IL: Human Kinetics
- World Health Organization (2000) ICF: International classification of functioning, disability and health. Geveva: WHO Press

產前與產後
的體力活動

17

重　　點

● 妊娠可大略分為三個月一期，稱為妊娠第一期、第二期和第三期。

● 懷孕症狀並不一定都會出現，也不會一直持續。

● 懷孕會使身體產生很多變化，例如心血管、呼吸、代謝、荷爾蒙和體溫的改變。

● 2/3的懷孕婦女會有腹直肌分離的情形。

● 近來醫界在爭論婦女懷孕期間鬆弛素（relaxin）的分泌是否真會增加。一般認為此荷爾蒙的作用是在整個懷孕過程及至產後6個月內期間讓韌帶放鬆。

● 雖然相關的研究有限，但確實證明體力活動對懷孕婦女有潛在的益處。

● 懷孕期間以及產後不久從事體力活動會有不少風險，必須加以考量。

● 目前已有相關的體力活動準則適用於懷孕前、懷孕中以及產後，但身為指導員的人得留意是否出現了該停止體力活動的徵兆（禁忌症）。

怎麼一回事？

　　在健康與健身產業裡懷孕婦女是一群相當特別的客戶。妊娠可大略分為三個月一期，如圖17.1所示。這是所謂的「產前」時期。婦女生產後大約一年內即是「產後」時期。

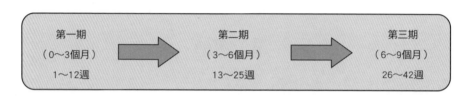

圖17.1　各期的大約時間

表17.1	妊娠各期常見的症狀	
第一期	第二期	第三期
• 休息時心跳速率增加（每分鐘增加5～10次）而呼吸率也增加，連帶使得代謝率增加 • 婦女經歷荷爾蒙改變，譬如鬆弛素的分泌可讓韌帶伸展 • 胸部和子宮變大 • 婦女平均大約增加1～3公斤體重	• 這段期間荷爾蒙似乎穩定下來 • 腸道鬆弛 • 乳房分泌初乳 • 出現肚子中線（linea rigra，腹部的垂直黑線） • 可能會有牙齦流血現象 • 因姿勢改變導致背痛 • 平均約增加6～8公斤體重	• 孕婦變得很容易疲倦 • 部分孕婦出現高血壓 • 出現希克斯氏收縮（Braxton Hicks contraction） • 孕婦可能變得焦慮並且睡不好 • 體重平均增加3～4公斤 • 靜脈回流（流回心臟的血液）可能減少

　　懷孕會產生許多症狀而且大部分都會讓人不舒服，不過這些通常都象徵懷孕正常。症狀並不一定都會出現，也不會一直持續，不過大體來說各個期間內都會

出現一些共同的症狀，參見附表17.1所列。

>> 相關的改變

懷孕初期會發生許多變化導致大家都出現共同的症狀。然而這些變化基於種種不同的理由有其必要性，例如確保隨時可以供應胎兒和母親所需的能量。身體的變化大致可分成幾個部分，譬如心血管、呼吸、代謝、荷爾蒙和體溫。表17.2簡要敘述了部分變化。

表17.2	典型的妊娠變化
改變	狀況
心血管變化 血量增加 紅血球大量增加 血管壁擴張	• 血量增加高達30～40%，理由很明顯 • 紅血球也增加達20～30%，以供應氧氣給胎兒 • 血管口徑加大以容納更大的血流，這會導致血管充血不足
休息時心跳速率 心輸出量增加 左心室擴大 通往皮膚的血流增加	• 休息時心跳速率每分鐘增加5～10次 • 心臟每分鐘壓縮輸出的血量可增加約30% • 將血液壓縮輸出至全身的心室擴大約20% • 這有助於降低體溫
呼吸變化 換氣率與呼吸深度增加 大腦對二氧化碳的濃度更敏感 肺餘容積減少 氧氣消耗增加 可能出現過度換氣	• 意思就是呼吸速率增加，吸氣和吐氣的容量（潮氣容積）增加約40～50% • 這也是導致呼吸速率增加的部分原因 • 肺部「殘餘」空間的容積減少 • 消耗掉空氣中的氧氣量增加幅度達30% • 在懷孕12週左右很常見，因為釋出荷爾蒙黃體素

代謝的改變	
休息時代謝速率增加	• 休息時身體消耗的能量增加高達20%
出現輕微的糖尿病症狀	• 這是因為胰島素反應延遲
醣類能量優先供應胎兒	• 胎兒消耗大量的醣類
母親的血糖值短暫下降	• 這種情形每6～8小時發生一次，因為胎兒在使用
荷爾蒙變化	
釋出鬆弛素	• 由卵巢分泌至到12週左右，然而胎盤也會分泌；它可讓韌帶鬆弛，作用持續至產後6個月
釋出雌激素	• 整個懷孕期都維持在高濃度，它會促進胎兒成長，使乳房變大並刺激分泌初乳
釋出黃體素	• 整個懷孕期都維持在高濃度，它可放鬆平滑肌、穩定血壓和刺激分泌初乳；由於荷爾蒙的濃度增加可能會出現胰島素對葡萄糖的敏感性增加的狀況
體溫變化	
母親的中心體溫升高	• 開始時體溫可升高0.6℃，並且維持高溫狀態約20週
妊娠期肌膚泛紅	• 局部肌膚溫升高2～6℃
熱量散發增加	• 懷孕初期熱量散發增加30%，到後期則增加至70%，原因在於身體質量增加
更容易流汗	• 因為流到皮膚的血流增加，另外呼吸速率提高，兩者都會使得熱量散發增加

○ 姿勢改變

懷孕期間胎兒逐漸成長，使得母親的重心轉移。大體而言，人體的重心位於肚臍高度、脊椎的前方（懷孕婦女除外）。至於孕婦，胎兒逐漸往外成長使得重心往外移並稍微降低。重心轉移會在懷孕期間造成一些影響，很多時候會引起背痛。產生的變化如下：

• 腹部肌肉伸長且變弱

- 韌帶鬆弛，主要是在髖關節、下背部和骨盆周圍
- 由於肌肉變得無力，削弱了對脊椎的支撐
- 肌肉無力也會導致腰椎日漸前凸（下背凹陷）以及胸椎變得過度後突（上背隆起）
- 骨盆也會前傾，使腰椎更彎曲

○ 腹直肌中裂

受懷孕影響的主要軀幹肌肉是腹直肌，它們從較下層的肋骨連接到骨盆。懷孕期間此肌肉會延長且變寬，外表看來彷彿是從中間往下裂開，如圖17.2所示，但中間其實是一條稱為白線（linea alba）的肌腱（或者是腱膜），這樣的分離使胎兒得以成長。

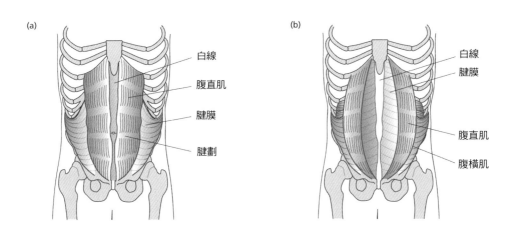

圖17.2　腹直肌中裂前後的腹壁

懷孕期間有一種荷爾蒙的分泌也會增加，那就是鬆弛素。一般認為它的作用是在懷孕至產後6個月內期間讓韌帶鬆弛，只是醫界對此論點仍有爭議。由於

重心轉移加上鬆弛素的作用，鬆弛的韌帶對骨盆、髖部和下背部的支撐變得有彈性，導致穩定性降低以及機械壓力（mechanical stress）增加。因此重要的是軀幹和臀部周圍的肌肉得盡可能維持強健，在這期間停止做任何的柔軟度運動，如果要做也得非常小心。

》 體力活動的好處

　　本章節的內容主要更改自英國皇家婦產科學院和美國婦產科學會所公布的資訊，兩者均贊同應積極鼓勵妊娠正常的孕婦參與體力活動，對母親與胎兒都大有裨益。以產前與產後的體力活動為主題的研究數量相當有限，因為通常很難以孕婦為實驗對象。不過還是有少量的研究發表，此外懷孕生子那麼普遍當然有大量口耳相傳的事證。孕婦從事規律的體力活動在不同時期產生的效益也有些微差別，表17.3概要列舉出英國皇家婦產科學院與美國婦產科學會所認可的潛在益處。

表17.3	體力活動對孕婦的潛在好處		
第一期	**第二期**	**第三期**	**產後**
• 減少或緩和妊娠症狀	• 增加活力及儲備體力 • 改善消化 • 減少體重增加（脂肪） • 減輕背痛 • 增進母親的安適感	• 加自尊 • 身體姿勢較佳 • 改善睡眠 • 精力更充沛 • 生產過程更短、更輕鬆	• 健康清瘦的嬰兒 • 更快恢復產前的體重和健康體能

表17.4	阿帕嘉新生兒評分表（Apgar score chart）		
評分項目	2	1	0
心跳速率	• 正常（每分鐘超過100下）	• 每分鐘低於100下	• 無（沒脈搏）
呼吸（速率和費力程度）	• 正常速率和用力、哭聲響亮	• 呼吸緩慢或不規律，哭聲虛弱	• 無（沒呼吸）
不悅表情（反應）	• 受到刺激會推開、打噴嚏、咳嗽	• 只在刺激時臉部才有表情（不悅）	• 無（對刺激沒反應）
活動（肌肉張力）	• 有活力、自主的動作	• 四肢稍微彎曲	• 沒有動作，「軟趴趴」的樣子
外表（膚色）	• 整體膚色正常（手腳為粉紅色）	• 正常膚色（但手腳發紺）	• 全身藍灰色或蒼白

　　就對胎兒的益處而言，Paisley等人（2003年）的研究報告顯示，有運動的孕婦其胎兒對分娩的忍受度比沒運動產婦的胎兒更佳。另外還有些研究如Clapp（2000年）的調查顯示，與健康情況良好但在妊娠第一期結束前就不再運動的運動員孕婦相比，整個妊娠期都持續運動的孕婦發生胎兒窘迫狀況的程度較低（為原先預期程度的50%）。

　　有幾種方法可測量胎兒的窘迫程度，其中一種稱為阿帕嘉檢查（Apgar test）。這個臨床檢查辦法是由維吉妮亞‧阿帕嘉醫師在1952年所創，主要是用來評估剛出生嬰兒的生理狀況以確認是否需要立即的醫療或緊急救治。這個檢查一般是做兩次：第一次是在出生後的一分鐘；出生後5分鐘再做一次。表17.4

是阿帕嘉檢查的修改版，它包括5個主要項目：活動和肌肉張力、脈搏（心跳率）、不悅反應（醫學術語為「反射感應性」〔reflex irritability〕）、外表（膚色）以及呼吸（呼吸頻率和費力程度）。每個項目的評分標準是0至2分，最高為2分。各項目分數加總，滿分為10分，最差為0分。出生後一分鐘的評分為7分或以上算是狀況良好。少於7分可能只代表新生兒需要立即的照護。出生後5分鐘的第二次評分低於7分通常表示新生兒需要進一步的醫療照護。不過要特別聲明的是，這檢查並不適用在預測日後長期的健康狀況，因為有些嬰兒的評分低是正常的。

表17.5	孕婦從事體力活動的潛在風險
風險	說明
流產的風險升高	• 流產的風險顯然隨著運動量及強度的增加而升高
輸送至胎兒的血流和氧氣降低	• 從事體力活動時運作中的肌肉需要氧氣供給，因而可能挪用了原本要給胎兒的氧氣
低血壓	• 孕婦躺下時胎兒壓迫到血管（尤其是腔靜脈）導致血壓減少
臍帶	• 高衝擊性的活動 可能會造成臍帶纏繞胎兒
羊水破	• 高強度或高衝擊性的活動可能會造成羊水破
分娩時間延長或難產	• 如果腹部和骨盆底肌肉太過強壯在部分案例中可能導致分娩過程延長
母乳分泌不足	• 在部分案例中發現勤奮做運動會降低母乳的質與量
體溫過高	• 體溫可能升得比平常高，而過高的溫度（不超過39.2℃）會影響胎兒的發育
靜脈回流減少	• 在妊娠第三期流回心臟的血液可能因為下腔靜脈受壓而減少，特別是仰躺的姿勢

>> 體力活動的風險

　　雖然在整個妊娠期和產後期間參與規律的體力活動課程會有很多好處（就如同所有族群一樣），但相對的其中也有不少風險必須加以考量。這方面的研究相當有限，在此要強烈建議採取合乎常理的作法：寧可過分小心也不要大意。表17.5概述孕婦做體力活動可能發生的風險，內容取材自英國皇家婦產科學院和美國婦產科學會所發表的資訊。根據坊間的談論，大家顯然都關心妊娠對孕婦身心的影響，雖然產前到產後階段關切焦點往往會有所不同。舉例來說，懷孕初期最常見的心理影響包括對小事反應過度、情緒容易起伏，以及因為太在意身體的變化（譬如體重增加，以及較少出現的靜脈曲張）而損及自尊。

>> 體力活動指導原則

　　任何想參加規律體力活動課程的孕婦都必須先獲得醫師的認可。而有意指導孕婦做體力活動的人都要接受過現有的相關課程訓練且具備合格認證。由於懷孕期間出現異常的風險比平常高，取得認證的指導員應該會逐漸熟悉一些用來協助確認懷孕狀況的特殊書面問卷（即調查表），其中之一是加拿大運動生理協學製作的妊娠專用，運動前準備就緒問卷（PARmed-X for PREGNANCY）。就一般活動準則而言，協會的建議是若婦女在懷孕前就相當常運動且健康狀況良好，那麼在妊娠期間持續進行專業建議的活動應該不成問題。然而要是該名婦女在懷孕前是久坐不動的生活型態，則建議只能做低強度的活動。英國皇家婦產科學院和美國婦產科學會發表過更具體詳實的指引，概要列舉如下：

- 利用說話測試或運動自覺量表來判定運動強度。
- 不要運動到精疲力竭。
- 不要以仰躺的姿勢做運動，也別站著不動。

- 穿著輕便、舒適的服裝，時常補充水分。

- 運動前先攝取30～50公克的醣類。

- 避免腹部運動。

- 將運動時心跳速率限制在每分鐘140次以下。

- 避免高衝擊性的活動。

表17.6	孕婦停止活動的禁忌症與原因
禁忌症	停止活動的原因
• 妊娠高血壓 • 心臟病 • 第一型或第二型糖尿病 • 慢性支氣管炎或肺部疾病 • 早產破水 • 之前或此次懷孕早產 • 子宮頸閉鎖不全 • 妊娠第二期或第三期持續出血 • 子宮內胎兒生長遲滯 • 貧血和血液疾病 • 甲狀腺疾病 • 心律不整（心跳不規則） • 前置胎盤（覆蓋住子宮頸口） • 重度抽菸者（每天20支以上） • 病態肥胖或極端削瘦 • 久坐不動者 • 多胞胎妊娠	• 陰道出血 • 液體滲漏（羊水） • 小腿肚突然疼痛，或腳踝、手或臉部腫脹 • 頭痛或視力障礙 • 昏倒或頭暈 • 心悸或胸痛 • 持續或疼痛的子宮收縮（每小時超過6～8次） • 肌肉無力 • 呼吸太過急促 • 在妊娠二、三期體重增加不足（低於每個月一公斤） • 過度疲累 • 腹部或骨盆疼痛 • 胎動減少

　　英國皇家婦產科學院和美國婦產科學會都建議要善加利用運動自覺量表，由於孕婦的休息時心跳速率和心搏血量都會增加，使得心率監測器難以發揮作用。

美國婦產科學會也公布了一些資訊提及在特定狀況下孕婦應該避免或停止做任何形式的體力活動，這些狀況常稱為運動的「禁忌症」（contraindications）。表17.6列舉了不該從事體力活動的禁忌症，此外，也說明該中止當前活動的相關情況。

就算這些術語中有些可能讓人覺得陌生，但你若打算指導孕婦做體力活動，就必須在運動前詢問該孕婦是否有任何禁忌症。這程序應該不成問題，孕婦本身應當都很了解這些用語。

另一個重點是，指導員（或當事人）在進行體力活動時必須全程監測，隨時留意是否出現該立即停止活動的狀況（參見附表17.6，資料來源為美國婦產科學會的建議），有時得諮詢醫師意見。根據

表17.7	有氧活動的安全心跳區間
母親的年紀	心跳速率的目標區（次／分鐘）
不到20歲	140～155
20～29歲	135～150
30～39歲	130～145
40歲以上	125～140

英國皇家婦產科學院的報告，過去慣常活動的婦女應該參照有氧活動的安全心跳區間（heart rate training zone）作為運動時依循的標準，參見附表17.7。

關於產前體力活動的通用準則，表17.8是取材自多個不同專業機構的指南彙整而成的概況，包括英國皇家婦產科學院、美國婦產科學會和美國運動醫學學會。要特別注意的是：這些活動只能在妊娠第13週至第28週之內進行。

○ 產後活動

在整個妊娠期間以及產後都有必要強化核心（軀幹）部位，因為胎兒成長帶來的負荷日增對此部位造成極大的負擔。腹部和背部的肌力訓練應該要納入每次的阻力訓練中。骨盆底肌肉在妊娠期間會變得格外無力需要特別留意，因為它負

責掌控膀胱、子宮和直腸。由於妊娠和分娩期間骨盆底肌肉承受胎兒的重量而伸展，做凱格爾提肛運動可強化肌肉。此運動就像小便時中途憋尿般緊縮肌肉，維持10秒然後放鬆，連續做10～20分鐘，每天至少3次。

表17.8	孕婦的體力活動指導原則	
	有氧訓練	肌力訓練
方式	• 走路、踩腳踏車和水中運動很適合懷孕的人	• 原本就常運動的人可照常繼續；若不是，則要從徒手訓練慢慢進展到固定式器械／自由重量器材
強度	• 運動自覺量表10～14 分 • 最大心跳率百分比60～80%HRmax	• 避免沈重的負荷量 • 增加重複次數達到超負荷
持續時間	• 每次5～45分鐘 • 每週增加2分鐘，但只在第13週至第28週內進行	• 最大重複量15～20 RM，1～3組 • 運動間隔休息1～2分鐘
頻率	常運動者： • 每週3～4天，至妊娠第14週 • 每週3～5天，至妊娠第28週 • 每週3天，妊娠28週以後 不太運動者： • 無，妊娠第13週之前 • 每週3天，妊娠第13～36週 • 每週1～2天　　，妊娠36週以後	• 每週2～3次 • 鼓勵從事不同形式的活動 • 隨著妊娠進行減少重量和組數，延長復原時間
注意事項	• 避免高衝擊性活動和重複太多次 • 留意身體過熱的跡象	• 若懷孕前沒做過肌力訓練則避免 • 避免過度伸展和高舉過頭

一般的注意事項

- 平常很少運動的婦女在參與運動課程前最好先詢問醫師獲得認可。
- 若有任何活動引發疼痛或不舒服，應該立刻停止。
- 產後6～12週先做腹直肌檢查才可作某些腹部運動。
- 留意會陰切開術並採取適當的因應措施。
- 避免站著不動。
- 妊娠16週以後避免仰躺的運動。

　　然而在開始做任何運動之前，有個顧慮得列入考量，那就是產婦是否做過會陰切開術。這項外科手術是在肛門與陰道間剪開一個切口以擴大胎兒的出口通道。若產婦有做會陰切開術，那麼復原的時間需要10～15天，大約6週後縫線才會被身體吸收。另一個運動前的考量是腹直肌中裂的情況（或者更精確的用語是白線）。分娩過後腹直肌分開距離可達20公分（兩至三根手指裂口），這情況很平常，因此重要的是讓肌肉有充裕時間恢復到原來的狀況。這通常需要好幾週的時間，所以此時要避免做某些運動，譬如屈腹運動（abdominal curl）或斜向屈腹運動（oblique curl）和仰臥起坐。媽媽們可以輕易檢查自己的腹直肌是否合攏，以及白線是否消退。檢查步驟如下：

1. 屈膝仰躺且雙腳踩地。
2. 將一隻手伸到腰下檢查腰椎曲度，手臂應該是緊貼著腰間。
3. 抬起頭部並讓肩膀稍微離開地面（必要時請別人幫忙），這動作會使腹直肌收縮。
4. 手指滑過腹部，包括肚臍上方與下方，如對頁圖17.3（手指只稍微輕壓）。
5. 過程中記得要呼吸。

如果裂口小於3公分（大約兩根手指寬），這表示白線已經復原且腹直肌合攏了。但要是裂口依然大於3公分，則建議避免做某些腹部運動，如屈腹運動或斜向屈腹運動和仰臥起坐，因為這會造成腹部突出（腹壁有個腫塊）。同樣的情況也適用於剖腹產的婦女。當胎兒無法安全的從陰道自然生產，則會採取剖腹方式將腹部與子宮下段切開取出胎兒。重要的是必須瞭解，剖腹產的產婦不可以做腹部運動，直到腹直肌合攏而且傷口完全痊癒。復原時間可能長達12週，即使復原之後在做運動時也得非常小心，並且以緩慢的步調進行。

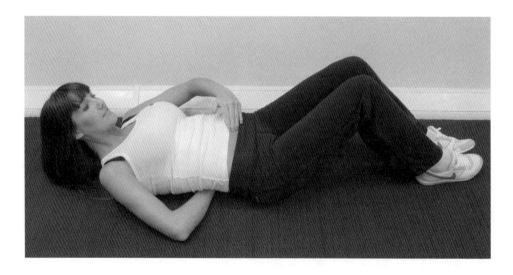

圖17.3

【延伸閱讀】

- American College of Sports Medicine (2009) ACSM's guidelines for exercise testing and prescription (8th edn). London: Lippincott Williams & Wilkins

- American Congress of Obstetricians & Gynecologists (2003a) Exercise during pregnancy. ACOG patient education. Washington, DC: ACOG

- American Congress of Obstetricians & Gynecologists (2003b) Getting in shape after your baby is born. ACOG patient education. Washington, DC: ACOG

- Artal, R. & O'Toole, O. (2003) Guidelines of the American Congress of Obstetricians and Gynecologists for exercise during pregnancy and the postpartum period. British Journal of Sport Medicine, 37:6-12

- Avery, N.D., Stocking, K.D., Tranmer, J.E., Davies, G.A. & Wolfe, L.A. (1999) Fetal responses to maternal strength and conditioning exercises in late gestation. Canadian Journal of Applied Physiology, 24:362-376

- Bauer, P.W., Broman, C.L. & Pivarnik, J.M. (2004) Exercise and pregnancy survey for health care providers. Medicine and Science in Sports and Exercise, 36(5): Abstract S113

- Clapp, J.F. (2000) Ecercise during pregnancy. A clinical update. Clinical Sports Medicine, 19: 273-286

- Clapp, J.F., Kim, H.,Burcio, B., Schmidt, S., Petry, K. & Lopez, B. (2002) Continuing regular exercise during pregnancy: Effect of exercise volume on fetoplacental growth. American Journal of Obstetrics and Gynecology, 186:142-147

- Clarke, P.E. & Gross, H. (2004) Women's behaviour, beliefs and information sources about physical exercise in pregnancy. Midwifery, 20: 133-141

- Da Costa, D., Rippen, N., Dritsa, M. & Ring, A. (2003)Self-reported leisure-time physical activity during pregnancy and relationship to psychological well-being. Journal of Psychosomatic Obstetrics and Gynaecology, 24: 111-119

- Davies,G.A., Wolfe, L.A., Mottola, M.F. & MacKinnon, C. (2003) Joint SOGC/CSEP clinical practice guideline: Exercise in pregnancy and the postpartum period. Journal of Obstetrics and Gynaecology Canada, 25: 516-529

- Dempsey, J.C., Butler, C.L. & Williams, M.A. (2005) No need for a pregnant pause: Physical activity may reduce the occurrence of gestational diabetes mellitus and pre-eclampsia. Exercise and Sport Sciences Reviews, 33(3): 141-149

- Dempsey, J.C., Sorensen, T.K., Welliams, M.A., Lee, I.M., Miller, R.S., Dashow, E.E. &

Luthy, D.A. (2004) Prospective Study of gestational diabetes mellitus risk in relation to maternal recreational physical activity before and during pregnancy. American Journal of Epidemiology, 159: 663-670

- Evenson, K.R., Savitz, D.A. & Huston, S.L. (2004) Leisure-time physical activity among pregnant women in the US. Paediatric and Perinatal Epidemiology, 118: 4000-4007

- Goodwin, A., Astbury, J. & McMeeken, J. (2000)Body image and psychological well-being in pregnancy. A comparison of exercisers and non-exercisers. Australian and New Zealand Journal of Obstetrics and Gynaecology, 40" 422-447

- Kardel, K.R. & Kase, T. (1998) Training in pregnant women: Effects on fetal development and birth. American Journal of Obstetrics and Gynecology, 178: 280286

- Krans, E.E., Gearhart, J.G., Dubbert, P.M., Klar, P.M., Miller, A.L. & Replogle, W.H. (2005) Pregnant women's beliefs and influences regarding exercise during pregnancy. Journal of the Mississippi State Medical Association, 46(3): 67-73

- Leiferman, J.A. & Evenson, K.R. (2003) The effect of regular leisure physical activity on birth outcomes. Maternal and Child Health Journal, 7: 59-64

- Lokey, E.A., Tran, Z.V.,Wells, C.L., Myers, B.C. & Tran, A.C. (1991) Effects of physical exercise on pregnancy outcomes: A meta-analytic review. Medicine and Science in Sports and Exercise, 23: 1234-1239

- Lynch, A.M., McDonald, S., Magann, E.F., Evans, S.F., Choy, P.L., Dawson, B., Blanksby, B.A. & Newnham, J.P. (2003) Effectiveness and safety of a structured swimming program in previously sedentary women during pregnancy. Journal of Maternal-Fetal and Neonatal Medicine, 114(3):163-169

- MacPhail, A., Davies, G.A., Victory, R. & Wolfe, L.A. (2000) Maximal exercise testing in late gestation: Fetal responses. Obstetrics and Gynecology, 96: 565-570

- Morris, S.N. & Johnson, N.R. (2005) Exercise during pregnancy: A critical appraisal of the literature, Journal of Reproductive Medicine, 50(3): 181-188

- Paisley, T.S., Joy, E.A. & Price, R.J. (2003) Exercise during pregnancy: A practical approach. Current Sports Medicine Reports, 2: 325-330

- Petesen, A.M., Leet, T.L. & Brownson, R.C. (2005) Correlates of physical activity among pregnant women in the United States. Medicine and Science in Sports and Exercise, 37: 1748-1753

- Pivarnik, J.M., Chambliss, H.O., Clapp, J.F., Dugan, S.A., Hatch, M.C., Lovelady, C.A.,

Mottola, M.F. & Williams, M.A. (2006) Impact of physical activity during pregnancy and postpartum on chronic disease risk. Medicine and Science in Sports and Exercise, 38: 989-1006

- Poudevigne, M.S. & O'Connor, P.J. (2006) A review of physical activity patterns in pregnant women and their relationship to psychological health. Sports Medicine, 36: 19-38

- Sorensen, T.K., Williams, M.A., Lee, I.M., Dashow, E.E., Thompson, M.L. & Luthy, D.A. (2003) Recreational physical activity during pregnancy and risk of preeclampsia. Hypertension, 41: 1273-1280

- Stevenson, L. (1997) Exercise in pregnancy. Part 2: Recommendations for individuals. Canadian Family Physician, 43: 107-111

- Yeo, S., Steele, N.M., Chang, M.C., Leclaire, S.M., Ronis, D.L. & Hayashi, R. (2000) Effect of exercise on blood pressure in pregnant women with a high risk of gestational hypertensive disorders. Journal of Reproductive Medicine, 45(4): 293-298

- Zeanah, M. & Schlosser, S.P. (1993) Adherence to ACOG guidelines on exercise during pregnancy: Effect on pregnancy outcome. Journal of Obstetric, Gynecologic, and Neonatal Nursing, 22: 329-335

相關用藥

18

　　本章的內容並非要作為前述健康問題的用藥指引。這是因為相關藥品的研究發展日新月異，任何資訊發表後很快的就會變得過時。不過本章的內容確實是希望讀者能夠明瞭各疾病用藥的潛在副作用，當你考慮參加體力活動計畫時會很有幫助。身為指導員的人若指導正在服用某些疾病處方藥的患者做體力活動時有任何疑問都應該請教醫師。網路上也有一些關於處方藥物的資訊，例如Mims網站（www.mims.co.uk）、RsList網路藥物索引（www.rxlist.com）以及英國國家醫療服務網站（www.nhs.uk）。表18.1到表18.11概要說明了前述疾病處方用藥的潛在副作用。

表18.1	糖尿病的常用藥
藥物	效用
血管收縮素轉化酶抑制劑 （angiotensin converting enzyme〔ACE〕inhibitor）	通常是高血壓以及腎臟疾病癥候的推薦首選用藥；它可延遲醣類的吸收
胰島素	主要開立給第一型糖尿病患；也許會開立胰島素類似物（insulin analogues）
阿斯匹靈	預防具有下列情況的糖尿病患者罹患心臟病： • 超過40歲 • 有個人或家族心臟病史 • 有高血壓或高膽固醇 • 抽菸
雙胍類（biguanides）	降低葡萄糖的產生
葡萄糖苷酶抑制劑 （glucosidase inhibitors）	抑制腸道吸收葡萄糖

注意：

- 血管收縮素轉化酶抑制劑會降低血壓（留意是否血壓過低），並導致脹氣腹瀉。
- 阿斯匹靈——可能造成運動時血壓的收縮壓上升

表18.2	慢性阻塞性肺部疾病的常用藥
藥物	效用
氣管擴張劑（bronchodilators）	有短效型與長效型的氣管擴張劑（放鬆平滑肌以擴張氣管），優先選擇吸入式的製劑
腎上腺皮質固醇，俗稱類固醇（corticosteroids）	消炎藥物可抑制某些荷爾蒙的釋出，然而醫界對它的療效仍有爭議

注意：

- 類固醇有許多副作用（詳見表18.9）
- 有些氣管擴張劑會使心跳加速以及血壓上升

表18.3	氣喘的常用藥
藥物	效用
短效β₂- 腎上腺素受體促進劑（short-acting beta₂-adrenoceptor agonists）	歸屬於氣管擴張劑（藉由放鬆平滑肌以擴張氣管），有口服、吸入和注射型
長效控制型，譬如類固醇和白三烯阻斷劑（leukotriene blockers）	這些是消炎藥物，能夠抑制某些荷爾蒙的釋出
長效β₂- 腎上腺素受體促進劑（long-acting beta₂-agonists, LABA）	類似短效型，但其藥效可持續12小時

注意：

- 有些β₂- 腎上腺素受體促進劑會使心跳加速和血壓上升，導致顫抖、頭痛和肌肉痙攣。
- 類固醇和喉嚨痛、嘴部感染有關，長期使用可能會造成骨質疏鬆和體重增加。

表18.4	高血壓的常用藥
藥物	效用
血管收縮素轉化酶抑制劑（ACE inhibitors）	這些藥物的作用是降低血流中一種可緊縮血管的化學物質——血管收縮素（angiotensin）之濃度
鈣離子通道阻斷劑（calcium-channel blockers）	這些藥物能影響血管和心臟中鈣離子的通道，最終產生放鬆血管的效果。
利尿劑（diuretics）	苄氟噻嗪（bendroflumethiazide）是治療高血壓常用的利尿劑；利尿劑可促使鹽分和水分透過尿液排出，進而降低血壓
β-阻斷劑（beta blockers）	這些藥物的作用是降低心跳率以及心臟收縮的力量，進而降低血壓

注意：
- β-阻斷劑可能會傷害身體調控體溫的能力，並使血液中三酸甘油酯的濃度升高。
- 利尿劑可能會造成脫水以及總血膽固醇濃度升高。

表18.5	高血脂症的常用藥
藥物	效用
斯達汀（statins）	這些藥物的作用是降低身體產生低密度脂蛋白膽固醇
纖維酸鹽藥物（fibrates）	主要是降低三酸甘油酯
膽酸結合劑（bile-acid binders）	透過抑制吸收以降低低密度脂蛋白膽固醇的含量

注意：
- 斯達汀和纖維酸鹽藥物可能會導致肌肉損傷。
- 膽酸結合劑和纖維酸鹽藥物可能會引發腸胃問題。

表18.6	關節炎的常用藥
藥物	效用
止痛藥（analgesics）和非類固醇類止痛消炎藥（non-steroidal anti-inflammatory, NSAIDs）	止痛藥舒緩疼痛，NSAIDs是藥品中的一項大類，其藥效是止痛和消炎；很多非類固醇類止痛消炎藥都屬於成藥，約有十多種則需要醫師處方
疾病修飾抗風溼病藥物（disease-modifying and anti-rheumatic drugs, DMARDs）	紓解疼痛、腫脹的關節以及延緩關節傷害，其中數種藥物可在整個病程中使用；需服藥幾星期或幾個月才見效，但效果會持續
腎上腺皮質固醇	這些類固醇有口服或注射劑型；它們的作用是紓解發炎反應、消除紅腫、發癢和過敏反應

注意：
- 非類固醇類止痛消炎藥會造成胃部不適並影響腎臟功能；引起腸胃問題包括潰瘍、出血以及胃穿孔。
- 疾病修飾抗風濕病藥物可能會增加感染的風險、掉髮以及腎臟或肝臟受損。
- 腎上腺皮質固醇可能會造成消化不良、焦躁、糖尿病和骨質疏鬆。

表18.7	骨質疏鬆症的常用藥
藥物	效用
副甲狀腺素（parathyroid hormone）和維生素D	已經找出能促進骨質生成的適合劑量
雙磷酸鹽類（bisphosphonate）	預防骨質流失，主要是在髖部和脊椎
抑鈣素（calcitonin）	人體自然生成的荷爾蒙，可防止骨質流失
雌激素（estrogen）	具有多種功效可延緩骨質疏鬆症的進展

注意：
- 雙磷酸鹽類可能導致腹部或肌肉骨骼疼痛、噁心或心口灼熱（罕見）。
- 抑鈣素偶爾會引發對注射劑產生過敏反應。
- 雌激素可能會增加婦女罹患癌症的風險。

表18.8	帕金森氏症的常用藥
藥物	**效用**
多巴胺製劑（dopaminergics）例如左多巴（levodopa）	有助於增加多巴胺的量進而減輕症狀
多巴胺作用劑（dopamine agonists）	有助於刺激多巴胺的生成
兒茶酚氧位甲基轉移酶抑制劑簡稱COMT抑制劑（COMT inhibitor）	與左多巴合併使用，可延長左多巴的作用時間

注意：
• 多巴胺製劑、多巴胺作用劑和COMT抑制劑都會引起噁心、嘔吐和嗜睡。

表18.9	多發性硬化症的常用藥
藥物	**效用**
β干擾素（interferon beta）	以注射方式給藥發揮長期藥效以降低發作次數
醋酸格拉默（glatiramer acetate）	以注射方式給藥發揮長期藥效以降低發作次數
類固醇	通常在症狀發作時給藥以舒緩症狀

注意：
• 類固醇的副作用包括心臟衰竭、高血壓、高血糖、血液中鈉離子的濃度過高或過低、血液中鉀離子的濃度過低、性格改變（譬如情緒起伏）胃潰瘍和體液滯留引起的腫脹（水腫）。
• 干擾素可能導致肝臟受損和不孕。
• glatiramer acetate注射後可能會引起心悸和胸悶。

表18.10	心血管疾病的常用藥
藥物	效用
血管收縮素轉化酶抑制劑	可抑制促使血管收縮的化學物質之生成，有助於控制高血壓和協助修復受損心肌；心臟病發後可能會開立此藥物以改善心臟收縮以輸送血液
β-腎上腺素受體阻斷劑和鈣離子通道阻斷劑	主要用於心絞痛患者以降低其心跳率和血壓，並且藉由阻斷腎上腺素的作用降低心臟工作量
抗凝血劑（anticoagulants）例如香豆素（warfarin）	有助於防止血栓形成
血小板抑制劑（antiplatelets）例如阿斯匹靈	可降低血液凝結力
利尿劑	利尿劑有許多不同的類型，其作用是降低高血壓、低密度脂蛋白膽固醇與三酸甘油酯含量
有機硝酸鹽類（nitrates）	可使心肌獲得更多氧氣供給，藉此同時紓解及預防心絞痛

注意：

- 血管收縮素轉化酶抑制劑、乙型交感神經阻斷劑和鈣離子通道阻斷劑都能降低心跳速率與血壓（注意血壓過低），不過也會造成噁心、頭痛、暈眩。
- 乙型交感神經阻斷劑會使糖尿病患者血糖升高，可能會造成手腳冰冷和睡眠障礙。
- 鈣離子通道阻斷劑可能引起暈眩、腳踝腫脹和便秘。
- 香豆素會使出血惡化。
- 阿斯匹靈會造成消化不良、噁心和嘔吐。
- 利尿劑可能導致糖尿病、痛風、紅疹和腸胃不適。
- 有機硝酸鹽類可能會引起頭痛、暈眩和噁心。

表18.11	中風的常用藥
藥物	效用
斯達汀（statins）	降低膽固醇含量以及減少引發更多問題的風險
血小板抑制劑例如阿斯匹靈或氯吡格雷（clopidogrel）	缺血性腦中風患者的建議用藥，用來預防血栓
抗凝血劑例如香豆素	有助於心房顫動患者預防血栓形成
高血壓用藥（參見附表18.4）	降低血壓，因為它是中風的主要危險因子

注意：
- 斯達汀會引起腸胃不適。
- 香豆素會使出血惡化。
- 阿斯匹靈會造成消化不良、噁心和嘔吐。

名詞解釋

乙醯輔酶A　**acetyl coenzyme A**
　　丙酮酸分解後的產物。

乙醯膽鹼　**acetylcholine, ACh**
　　由數種神經元分泌的神經傳導物質。

肌動蛋白　**actin**
　　肌肉細胞內的蛋白質組成。

適應　**adaptantion**
　　由於反覆刺激而造成的改變，譬如阻力訓
　　練。

腺嘌呤核苷三磷酸
adenosine triphosphate, ATP
　　細胞主要的能量「貨幣」。

腎上腺素　**adrenaline**
　　一種可刺激分解脂肪和肝醣的神經傳導物
　　質。

有氧　**aerobic**
　　有氧氣存在的狀況。

有氧適能　**aerobic fitness**
　　將氧氣輸送至運作中的肌肉以供運動使用
　　的能力。

敏捷性　**agility**
　　可因應刺激而改變速度或方向的快速全身
　　動作

作用肌　**agonist**
　　負責執行動作的肌肉或肌群。

空氣容積計量法
air-displacement plethysmography
　　直接測量身體組成的方法【※譯註：應該
　　是「間接」才對】。

肺泡　**alveoli**
　　肺部的小氣囊。

無氧　**anaerobic**
　　沒有氧氣存在的狀況。

無氧能力　**anaerobic capacity**
　　無氧狀態下一小段運動期間內所能產生
　　的總能量。

無氧適能　**anaerobic fitness**
　　執行最大強度運動的能力。

無氧爆發力　**anaerobic power**
　　產生能量的最大速度。

無氧閾值　**anaerobic threshold**
　　呼吸循環系統所能供給的能量開始不敷運
　　動所需的臨界點。

男性型態或稱蘋果型　**android**
　　脂肪分佈在身體腰部。

心絞痛　**angina**
　　劇烈的胸痛。

無水的　**anhydrous**
　　不含水分。

僵直性脊椎炎　**ankylosing spondylitis**
　　脊椎或薦椎的關節發炎。

拮抗肌　**antagonist**

負責反向動作的肌肉或肌群。

人體測量　**anthropometryaorta**

測量身體質量和比例的一門科學。

主動脈　**aorta**

從左心室離開的大動脈。

心律不整　**arrhythmia**

心跳異常。

氣喘　**asthma**

一種阻塞性的肺部疾病。

動脈粥狀硬化　**atherosclerosis**

動脈變窄與硬化。

心房顫動　**atrial fibrillation**

心房收縮紊亂導致將血液壓縮輸送至心室
的效率低落。

心房　**atrium**

心臟的腔室用來接收血管送來的血液。

自主神經系統

autonomic nervous system

不受意識控制的神經。

缺血的　**avascular**

欠缺血液供給。

軸突　**axon**

運動神經元的分支突出部分。

生物電阻法　**bioelectrical impedance**

一種間接評估身體組成的方法。

血壓　**blood pressure**

血液施加在動脈管壁上的力。

身體質量指數　**BMI**

體重除以身高平方。

心搏過緩　**bradycardia**

休息時心跳速率過低。

支氣管炎　**bronchitis**

氣管發炎。

支氣管收縮　**bronchoconstriction**

一種阻塞性的肺部疾病。

卡路里　**calorie**

讓一公克的水升高攝氏一度所需的能量。

微血管　**capillary**

最小的血管。

心輸出量　**cardiac output**

心室每分鐘輸出的血液總量。

心血管　**cardiovascular**

指心臟及其相關的血管。

心血管疾病　**cardiovascular disease**

心臟（及其相關血管）的疾病。

細胞　**cell**

生物的基本構成與功能單位。

重心　**centre of gravity**

身體可以保持平衡的點。

膽固醇　**cholesterol**

似脂肪的類固醇用於建構細胞膜。

跛行　**claudication**

腿部有疼痛感。

共同收縮　**co-contraction**

作用肌與拮抗肌同時收縮產生衝突。

向心收縮　**concentric contraction**
　　肌肉收縮抵抗外力時其長度會縮短。

收縮　**contraction**
　　肌肉受電刺激而縮短。

相關　**correlation**
　　兩個或兩組測量結果之間的關係。

脫水　**dehydration**
　　水分從含水量正常的身體中流失。

延遲性肌肉痠痛
delayed onset muscle soreness
　　運動過後感到的酸痛。

密度檢測　**densitometry**
　　直接評估身體組成的一種方法【※譯註：應該是「間接」才對】。

發展性伸展　**developmental stretch**
　　伸展動作維持夠長時間誘導身體組織發育以增進身體柔軟度。

橫隔膜　**diaphragm**
　　用於呼吸的肌肉。

骨幹　**diaphysis**
　　骨骼的軸。

舒張的　**diastolic**
　　心室兩次收縮間用以填充血液的間隔時間。

擴散　**diffusion**
　　分子從濃度高的地方移向濃度低的地方以達到濃度均衡。

遠端的　**distal**
　　離身體中心最遠的身體部位。

血脂異常　**dyslipidaemia**
　　血液中脂質的含量異常。

呼吸困難　**dyspnoca**
　　喘不過氣。

離心收縮　**eccentric contraction**
　　肌肉收縮抵抗阻力時其長度會伸長。

運動誘發性氣喘**EIA**
　　運動誘發性支氣管收縮 EIB

彈性　**elasticity**
　　抗拒變形並維持原狀的能力。

心電圖　**electrocardiogram, ECG**
　　用來紀錄心臟電訊活動的儀器。

肺氣腫　**emphysema**
　　肺泡表面受損害。

內分泌系統　**endocrine system**
　　包含器官、腺體和組織的一整套系統，可分泌胞外訊號分子即俗稱的荷爾蒙。

能量　**energy**
　　做功的能力。

能量系統　**energy system**
　　指生成腺嘌呤核苷三磷酸（ATP）的來源或路徑。

酶　**enzymes**
　　能夠加速化學反應的蛋白質。

骨骺　**epiphysis**
　　接近骨頭兩端的部位是所謂的「生長板」。

紅血球　**erythrocyte**
　　紅色的血細胞。

呼氣　expired air
　　呼吸時排出的氣體。

伸展　extension
　　使關節角度變大的一種關節動作。

外因性傷害　extrinsic injury
　　因外在力量造成的傷害。

外在動機　extrinsic motivation
　　能獲取獎賞的任務。

筋膜　fascia
　　一種結締組織。

快縮肌　fast twitch
　　跟力量和速度有關的一種肌肉纖維。

柔軟度　flexibility
　　某一關節可活動的範圍。

屈曲　flexion
　　使關節角度變小的一種關節動作。

用力呼氣比率　forced expiratory ratio
　　用力呼氣肺活量（FVC）除以第一秒用力
　　呼氣容積（FEV₁）的比值。

第一秒用力呼氣容積

forced expiratory volume in 1 second
　　第一秒之內用力吐氣的氣體量。

用力呼氣肺活量　forced vital capacity
　　盡力吸飽氣之後再用力吐出的氣體總。

腺體　gland
　　分泌荷爾蒙的一群細胞。

角度測定法　goniometry
　　測量關節角度的一種測量方法。

痛風　gout
　　因尿酸晶體沈積而導致的關節發炎。

重力　gravity
　　地球產生的引力。

女性型態或稱西洋梨型　gynoid
　　脂肪分佈在身體臀部和大腿。

血紅素　haemoglobin
　　紅血球的組成可攜帶氧氣或二氧化碳。

心跳速率　heart rate
　　每分鐘心跳的次數。

高密度脂蛋白

high-density lipoprotein
　　是一種膽固醇載體，常歸類為「好膽固
　　醇」可將膽固醇運送到肝臟分解並排出。

組織胺　histamine
　　身體內的一種化學物質，具有擴張氣管的
　　作用。

恆定　homeostasis
　　體內各系統在其限制內極順暢的運作。

荷爾蒙　hormone
　　身體內傳導訊息的化學物質。

最大心跳率　HRmax

高血糖症　hyperglycaemia
　　血液中葡萄糖含量過高。

高脂血症　hyperlipidaemia
　　血液中脂肪含量過高。

增生　hyperplasia
　　肌肉纖維數量增加。

高血壓　**hypertension**

血壓過高。

肥厚　**hypertrophy**

器官變大，例如肌肉。

低碳酸血症　**hypocapnia**

血液中二氧化碳的含量非常低。

低血糖症　**hypoglycaemia**

血液中葡萄糖含量過低。

低血壓　**hypotension**

血壓過低。

低體溫　**hypothermia**

體溫低於34℃或35℃。

缺氧　**hypoxia**

供應組織的氧氣減少。

吸氣　**inspired air**

呼吸時吸進的氣體。

胰島素　**insulin**

由胰臟所分泌的荷爾蒙，可降低血糖濃度。

強度　**intensity**

評估運動困難度的一種度量。

內轉　**internal rotation**

身體的某個部位朝中央點旋轉。

椎間盤　**intervertebral disc**

位於椎節之間具有彈性的膠質圓盤，其功能類似避震器。

內因性傷害　**intrinsic injury**

內部力量造成的傷害。

內在動機　**intrinsic motivation**

承擔任務本身就是一種獎賞。

缺血　**ischemia**

低氧的狀態（一般是因為動脈阻塞）。

等長收縮　**isometric contraction**

肌肉收縮但其長度不變。

等張收縮　**isotonic contraction**

使用自由重量器材做訓練時，肌肉收縮對抗固定的負荷量。

酮　**ketones**

認定為在體內具有毒性的化學物質。

脊柱後凸　**kyphosis**

胸椎彎曲。

乳酸　**lactic acid**

肝醣在無氧狀態下分解產生的廢物。

韌帶　**ligament**

連結骨頭的組織，具有支撐功能。

脂質　**lipid**

泛指任何脂溶性的分子。

脂肪分解　**lipolysis**

三酸甘油酯分解為脂肪酸和甘油。

脊柱前凸　**lordosis**

腰椎原始曲度過大。

低密度脂蛋白　**low-density lipoprotein**

是所謂的「壞膽固醇」，它往往會讓膽固醇沈積在血管管壁上。

內腔　**lumen**

血管或管道內部的通道。

狼瘡　lupus

　　侵犯關節的一種自體免疫疾病。

質量　mass

　　身體所含物質的量。

肥大細胞　mast cell

　　體內釋出組織胺的所在。

最大心跳率

maximum heart rate, MHR

　　理論上個人可能的極大心跳速率。

代謝當量　metabolic equivalent, MET

　　用來表達能量消耗的一種方法。

代謝率　metabolic rate

　　在一定時間內使用掉的能量。

代謝症候群　metabolic syndrome

　　合併有腹部肥胖、高血壓、血脂異常和空
　　腹血糖異常的症狀。

公釐　millimetres

　　小單位的距離。

粒線體　mitochondria

　　有氧能量生成的地方，可說是「電池」。

毫莫耳　mmol

　　極小的量，通常用在血液檢測之類的地
　　方。

分子　molecule

　　兩個或以上的原子組何成的物質。

運動神經元　motoneuron

　　將訊號從中樞神經系統傳輸到肌肉的的神
　　經。

多發性硬化症　multiple sclerosis

　　侵襲神經纖維的慢性疾病。

肌梭　muscle spindle

　　肌肉內部可感測長度變化的結構

肌耐力　muscular endurance

　　肌肉或肌群能持續一陣子反覆收縮以抵抗
　　阻力的能力。

肌力　muscular strength

　　肌肉或肌群能產生的最大力量。

心肌梗塞　myocardial infarction

　　無法復原的心肌傷害。

心肌　myocardium

　　基本上就是心臟的肌肉。

肌原纖維　myofibril

　　最小的肌肉纖維。

肌凝蛋白　myosin

　　肌肉細胞內的蛋白質組成。

神經的　neural

　　與神經系統有關的。

神經肌肉的　neuromuscular

　　與肌肉及其相關神經系統有關的。

正腎上腺素　noradrenaline

　　一種壓力荷爾蒙。

肥胖　obesity

　　體脂肪比例高到讓個體罹患疾病的風險增加。

起端　origin

　　肌肉連結骨頭的附著點中最接近身體中線
　　的附著點稱為起端。

骨化　ossification
　　骨的發育過成。

骨關節炎　osteoarthritis
　　由於骨頭表面磨損引起的發炎。

造骨細胞　osteoblast
　　建造骨頭的細胞。

蝕骨細胞　osteoclast
　　塑型骨頭的細胞。

骨質疏鬆症　osteoporosis
　　骨質密度降低的狀況。

觸診　palpation
　　身體檢查的一環，藉由觸摸加以診斷。

胰臟　pancreas
　　分泌胰島素的身體器官。

副交感神經系統
parasympathetic nervous system
　　自律神經系統的一支，可降低心跳速率。

帕金森氏症　parkinson's disease
　　與運動失調有關的疾病。

體力活動準備就緒問卷　PAR-Q

峰值呼氣速　PEFR

運動自覺強度　perceived exertion
　　個人對運動強度的主觀評斷。

骨膜　periosteum
　　長骨堅韌的外層。

周邊血管疾病
peripheral vascular disease
　　與心臟或大腦無關的動脈變窄。

磷酸肌酸　phosphate-creatine, PCr
　　儲存於肌肉中的化合物。

血漿　plasma
　　血液的主要液體成分，血球懸浮其中。

血小板　platelets
　　具凝結功能的細胞。

肋膜　pleura
　　包覆肺部的雙層膜。

增強式（訓練）　plyometric
　　快速的離心動作後有短暫的等長期，再利
　　用儲存的彈性能量以及強力的向心收縮產
　　生爆發性的反彈。

情緒狀態量表
profile of mood states, POMS
　　用來判斷情緒狀態的心理問卷調查。

功率　power
　　等於力乘以速度。功率＝功（力　×　距
　　離）÷ 時間。

俯臥　prone
　　面朝下趴著。

本體感覺　proprioception
　　在空間中的方位感。

本體感覺神經肌肉促進術　proprio-
ceptive neuromuscular facilitation
　　一種由同伴協助進行的伸展運動。

近側的　proximal
　　某物體最接近身體中心的部位。

交互抑制　reciprocal inhibition
　　用來描述當作用肌收縮時引起拮抗肌放鬆
　　的效用。

肺餘容積　residual volume

盡力吐氣後殘留肺部的氣體容量。

休息時心跳速率

resting heart rate, RHR

休息狀態下每分鐘的心跳次數。

類風濕性關節炎　**rheumatoid arthritis**

關節發炎的疾病。

RM

最大重複量縮寫。

肌節　**sarcomere**

骨骼肌收縮的基本單位。

肌漿網　**sarcoplasmic reticulum**

骨骼肌內的構造，可釋出鈣離子促使肌肉
收縮。

脊椎側彎　**scoliosis**

脊椎扭曲。

篩查　**screening**

用來判斷健康狀況的方法。

血清素　**serotonin**

可引發血管收縮的化合物。

竇房結　**sinoatrial node**

位於右心房內會產生神經衝動的「節律
器」。

技能　**skill**

熟練某項差事。

皮脂厚測量　**skinfolds**

間接測量身體組成的方法。

慢縮肌　**slow twitch**

與耐力有關的一種肌肉纖維。

平滑肌　**smooth muscle**

構成中空器官外壁的肌肉，不受意識控制。

速度　**speed**

單位時間內無方向性的移動。

血壓計　**sphygmomanometer**

利用氣壓對水銀的作用以測量血壓的儀器。

肺量計　**spirometer**

檢測肺部功能的儀器。

穩定性　**stability**

身體抵抗對平衡狀態的干擾。

身高測量器　**stadiometer**

一種測量身高的儀器。

伸張反射　**stretch reflex**

肌肉中引起收縮的一種反射動作。

伸展運動　**stretching**

用來影響關節活動範圍的方法或技巧。

中風　**stroke**

快速損壞大腦功能且持續24小時以上的狀
況。

心搏血量　**stroke volume**

每次心跳心臟收縮時從心室排出的血液容
積。

皮下（組織）　**subcutaneous**

就位於真皮層底下的一層組織。

仰臥　**supine**

背朝下躺著。

交感神經系統

sympathetic nervous system

自律神經系統的一支，可加快心跳速率。

協同肌　**synergist**

協助執行動作的肌肉或肌群。

收縮壓　**systolic**

左心室收縮時動脈管壁所承受的最大壓力。

心搏過速　**tachycardia**

休息時心跳率太快。

遙測心電圖系統　**telemetry**

在遠方監測心跳率的辦法。

肌腱　**tendon**

包覆肌肉纖維的結締組織。

睪固酮　**testosterone**

負責肌肉生長的荷爾蒙。

體溫調節　**thermoregulation**

體內運用不同的系統以調整身體溫度。

潮氣容積　**tidal volume**

單次呼吸所吸入或吐出的氣體容量

組織　**tissue**

具有同一生理功能的細胞群體。

TLC

全肺量的縮寫。

腹橫肌　**transversus abdominis**

屬於核心的肌肉與用力呼氣有關。

三酸甘油酯　**triglyceride**

脂肪的一種，在體內的作用是當成燃料。

可信性（檢測）　**validity (test)**

標榜確切評估測量者或測量團隊所做的研究

血管收縮　**vasoconstriction**

血管的內腔變窄。

血管擴張　**vasodilation**

血管的內腔變大。

靜脈　**vein**

輸送血液回心臟的血管。

速率　**velocity**

單位時間內具方向性的移動。

心室　**ventricle**

心臟的一個腔室，接收來自心房的血液。

前庭　**vestibular**

藉由內耳的機制發送平衡訊號傳至大腦。

黏度　**viscosity**

液體抗拒流動的程度。

VO$_2$

用以表示氧氣消耗的符號。

最大攝氧量　**VO$_2$ max**

代表氧氣消耗極大值的符號：最多可輸送至運動中肌肉的氧氣量。

自願　**voluntary**

經過有意識思考的結果。

瓦特　**watts**

功率的單位。

WHR

腰臀比的縮寫。

國家圖書館出版品預行編目資料

醫生，我可以運動嗎？--家庭必備16種運動處方
摩克·庫爾森（Morc Coulson）著；吳春諭譯 – 一版 . 臺
北市：臉譜出版：家庭傳媒城邦分公司發行，2013.4
　　面； 公分——（心靈養生；FJ2048）
　　譯自：THE COMPLETE GUIDE TO TEACHING EX-
ERCISE TO SPECIAL POPULATIONS
ISBN：978-986-235-246-5（平裝）

1.運動教學
528.92　　　　　　　　　　　　　　　102004705

臉譜 心靈養生：FJ2048

醫生，我可以運動嗎？－家庭必備16種運動處方
THE COMPLETE GUIDE TO TEACHING EXERCISE TO SPECIAL POPULATIONS

原 著 作 者	摩克·庫爾森（Morc Coulson）
譯　　　　者	吳春諭
審　　　　訂	林嘉志
責 任 編 輯	胡文瓊
封　　　　面	巫麗雪
排　　　　版	漾格科技股份有限公司
行 銷 企 劃	陳彩玉、陳玫潾、蔡宛玲
發 行 人	涂玉雲
出　　　　版	臉譜出版

城邦文化事業股份有限公司
台北市民生東路二段141號5樓
電話：886-2-25007696 傳真：886-2-25001952

發　　　行　英屬蓋曼群島商家庭傳媒股份有限公司城邦分公司
台北市中山區民生東路141號11樓
客服服務專線：02-25007718；25007719
24小時傳真專線：02-25001990；25001991
服務時間：週一至週五上午09:30-12:00；下午13:30-17:00
畫撥帳號：19863813 戶名：書虫股份有限公司
讀者服務信箱：service@readingclub.com.tw
城邦網址：http://www.cite.com.tw

香港發行所　城邦（香港）出版集團有限公司
香港灣仔駱克道193號東超商業中心1樓
電話：852-25086231或25086217 傳真：852-25789337
電子信箱：citehk@hknet.com

新馬發行所　城邦（新、馬）出版集團
Cite（M）Sdn. Bhd.（458372U）
41, Jalan Radin Anum, Bandar Baru Sri Petaling,
57000 Kuala Lumpur, Malaysia.
電話：603-90578822 傳真：603-90576622

一版一刷　2013年4月

ISBN　　978-986-235-246-5
版權所有·翻印必究（Printed in Taiwan）

售價：350元　HK$117

（本書如有缺頁、破損、倒裝、請寄回更換）